科学の不定性と社会

現代の科学リテラシー

本堂　毅・平田光司
尾内隆之・中島貴子
編

信山社
SHINZANSHA

はじめに

「科学的」という言葉はよく使われていますが，みなさんは，どのような意味でとらえているでしょう。「科学的」とは，どのような状態を指すのでしょうか？　あるいは，「科学的」な理解が進めば，私たちが直面するさまざまな問題はみな解決するのでしょうか？

現代社会の安定と繁栄に，「科学の知識」が重要な役割を果たしてきたことに疑う余地はありません。天気予報には物理学の法則が使われ，病気の時は化学合成された薬が頻用されます。しかし，科学のあり方や用いられ方に対し様々な批判や疑問の目が向けられていることも，また確かです。

社会の中で，私たちはどんな科学者にも分からない，予測出来ない問題や，科学だけでは答えが出ない問題に出会うことがあります。このような科学の不定性に対して，私たちはどう対処したらよいのでしょう。どのような知識を身につけるべきなのでしょう。

市民が身につけるべき科学的知識を「科学リテラシー」と呼ぶことがあります。その解説書の多くは科学が解明できること，すなわち科学の知識 (knowledge of science) を教えてくれます。しかし，この本で明らかにするように，科学の知識だけで科学をめぐる諸課題を解決することは原理的に不可能です。私たちは科学個々の知識だけに目を奪われることなく，むしろ，科学の性質や限界，すなわち科学に関する知識 (knowledge about science) を社会との関わりの中で理解することが必要です。

自然科学から医学，法学，政治学，人類学，教育学までいたる私たち執筆者は，個々の専門分野は異なるものの，この現代的な問題意識を共有し，科学技術振興機構の委託研究や日本学術振興会の助成研究を通して議論を重ねてきました。この本は私たちの研究成果を踏まえ，旧来の科学リテラシー本とは質的に異なる，「現代の科学リテラシー」入門として作られたものです。ここでは科学的知識から問題を眺めるのではなく，むしろ，現実社会の科学技術・医学問題などから科学・技術，医学とは何かを問い直していきます。また，「現代の科学リテラシー」が社会で育まれるためには，新しい科学教育カリキュラムが必要になります。私たちは，科学教育の最新研究や，海外の先行例にも触れ

はじめに

ながら，現代に必要な，新しい科学教育の可能性を考えていきます。

　本書では全体を2部構成にします。第1部「科学の不定性に気づく」では，科学の不定性が問題となる具体的現場での不定性の現れ方を見ることにより，現実社会で科学的知識を使うために不定性への理解が欠かせないことを明らかにします。ここでは，一口に「不定性」と言われるものの中にも，様々な多様性・階層があることに読者は気がつくことと思います。また，社会的判断には，科学だけでなく，不定性を直視した人文・社会科学の視点も不可欠であることに気づくことでしょう。第2部「科学の不定性と向き合う」の冒頭となる第7章では，ここまで科学の不確実性，あるいは不定性などと一括りで呼ばれてきたものが，状況に応じて異なる性質を持つこと，そして，その多様性に気づくことで建設的な視点に立てることを，第1章の実例にも言及しながら明らかにしていきます。この概念的な整理を経て，第2部では，科学の不定性に向き合ったとき，あるいは向き合うために私たちにできることを考えていきます。

　Appendix 1, 2では，私たちの海外共同研究者であるお二人にも原稿を寄せてもらいました。世界的に注目される新しい科学裁判「コンカレント・エビデンス」の第一人者であるオーストラリア・ニューサウスウェールズ州最高裁判所判事のピーター・マクレランさんには，その裁判の方法論を解説頂きました。科学の不定性概念の第一人者である英国サセックス大学科学政策研究所教授のアンディ・スターリングさんには，不定性概念が生まれた背景や，不定性への気づきが科学をめぐる社会的問題の解決につながることを解説頂きました。また，第11章のさらなる発展となる方法論もAppendix 3に加えました。

　この本では，医学，法学，物理学など，様々な分野の話が登場します。そのため，読者によっては「ちょっと苦手だな」と思う内容も，少しあるかもしれません。そんなときはあまり気にせず，読み飛ばしても大丈夫です。むしろ，本書全体の内容を大きく捉えて不定性に親しみ，感覚的に理解することがまずは重要です。一つの用語が，異なる章では異なった意味に使われている場合もありますが，理解の大きな妨げにはならないと思いますので読み進んでみてください。用語の説明などは，本書のホームページにも掲載する予定です。このホームページでは，読者からの質問なども投稿できるようになる予定です。

　フランスの大学入学資格試験であるバカロレアでは，哲学の論述試験が必修で課されます。2009年6月は「いかなる科学でも答えられない問い(questions)はあるか？」という問いが出されました。本書を通して，科学へのそうした率

直な疑問について読者が一緒に考えてくださり，理解を深めていけたら，執筆陣にとってこれ以上のよろこびはありません．

執筆陣を代表して　本　堂　　毅

〔全体に共通する文献〕
平川秀幸　『科学は誰のものか ── 社会の側から問い直す』(NHK 出版，2010 年)
JST-RISTEX 委託研究プロジェクト「不確実な科学的状況での法的意思決定」編『法と科学のハンドブック』(2012 年)〈http://www.law-science.org/items/handbook.pdf〉
小林傳司　『トランス・サイエンスの時代 ── 科学技術と社会をつなぐ』(NTT 出版，2007 年)
藤垣裕子　『専門知と公共性 ── 科学技術社会論の構築へ向けて』(東京大学出版会，2003年)
亀本洋編　『岩波講座「現代法の動態」6「法と科学の交錯」』(岩波書店，2014 年)
野家啓一　『科学哲学への招待』(筑摩書房，2015 年)
尾内隆之＝調麻佐志編『科学者に委ねてはいけないこと』(岩波書店，2013 年)
戸田山和久　『『科学的思考』のレッスン ── 学校で教えてくれないサイエンス』(NHK出版，2011 年)
中島秀人編　『岩波講座「現代」2「ポスト冷戦時代の科学／技術」』(岩波書店，2017 年)

目　次

はじめに ……………………………………………… 本堂　毅 …iii

◆ 第Ⅰ部 ◆　科学の不定性に気づく

◆第1章◆ ─────────────────────────

科学の卓越性と不定性 …………………………… 平田光司 …5

　Ⅰ　はじめに（5）
　Ⅱ　科学の得意分野（8）
　Ⅲ　現実の中の科学（12）
　Ⅳ　不定性を避けられない科学（17）

◆第2章◆ ─────────────────────────

科学と防災 ── 地震学を例に
　　　　………………………………………………… 纐纈一起 …21

　Ⅰ　はじめに（21）
　Ⅱ　東日本大震災（22）
　Ⅲ　おわりに（29）

◆第3章◆ ─────────────────────────

"メタボ"の誕生 ── 医学的診断の社会性
　　　　…………………………………………… 辻内琢也 …30

　Ⅰ　はじめに（30）
　Ⅱ　EBMが提示する「医学の中の科学」（30）
　Ⅲ　メタボリックシンドロームの診断基準をめぐる疑問（32）

目　次

　　Ⅳ　3層の医学から見た「メタボ」（42）
　　Ⅴ　狭義のEBMを超え，医学・医療を理解する（48）
　　Ⅵ　おわりに（50）

◆ 第4章 ◆

犯罪捜査と科学──DNA型鑑定をめぐる諸課題
　　………………………………………………… 鈴木　舞 …52

　　Ⅰ　はじめに（52）
　　Ⅱ　科学鑑定を行う側の問題（53）
　　Ⅲ　科学鑑定を利用する側の問題（61）
　　Ⅳ　おわりに（66）

◆ 第5章 ◆

科学と裁判………………………………………… 渡辺千原 …68

　　Ⅰ　はじめに──科学が裁判に現れる時（68）
　　Ⅱ　科学技術の危険を避ける──リスク裁判（70）
　　Ⅲ　科学技術による被害を救済する（71）
　　Ⅳ　科学的証拠で事実を解明する（74）
　　Ⅴ　裁判の中で行われていること（77）
　　Ⅵ　裁判で科学を扱うということ（82）

◆ 第6章 ◆

家族概念の科学と民法 …………………………… 水野紀子 …87

　　Ⅰ　民法と親子関係（87）
　　Ⅱ　生殖補助医療の登場（94）

◆ 第Ⅱ部 ◆　科学の不定性と向き合う

◆ 第7章 ◆
───────────────────────────────

「科学の不定性」に気づき，向き合うとは …… 中島貴子 …107

 Ⅰ　はじめに（107）
 Ⅱ　「科学の不定性」を捉える概念枠組（107）
 Ⅲ　「科学の不定性」から浮かび上がる課題（117）
 Ⅳ　気づきの先にあるもの（120）

◆ 第8章 ◆
───────────────────────────────

理科教育における不定性の取り扱いの可能性
　……………………………………………… 笠　潤平 …122

 Ⅰ　はじめに── 3.11と理科教育（122）
 Ⅱ　理科教育と不定性（122）
 Ⅲ　英国の先例── 2006年GCSE改革（123）
 Ⅳ　『21世紀科学・GCSE科学』コース（125）
 Ⅴ　『21世紀科学・GCSE科学』のトピック例（127）
 Ⅵ　モジュールP3「放射性廃棄物」の授業の流れ（129）
 Ⅶ　英国の改革の背景（131）
 Ⅷ　批判と反動（132）
 Ⅸ　日本での試み（133）
 Ⅹ　おわりに（134）

◆ 第9章 ◆
───────────────────────────────

教養教育への東北大学の挑戦── 実験を通して学ぶ科学の営み
　……………………………………………… 関根　勉 …136

 Ⅰ　はじめに（136）

目　次

　　Ⅱ　東北大学での新たな理科実験授業
　　　　「自然科学総合実験」の立ち上げ（*137*）
　　Ⅲ　文科系のための自然科学総合実験（*138*）
　　Ⅳ　これからの教養教育（*142*）

◆ 第 10 章 ◆ ─────────────────

法教育における科学リテラシーの展望と課題
……………………………………………… 米村滋人 …*144*

　　Ⅰ　科学教育と法教育（*144*）
　　Ⅱ　現在の法教育の概要（*144*）
　　Ⅲ　法教育の意義と課題（*150*）
　　Ⅳ　科学リテラシーと法教育（*155*）

◆ 第 11 章 ◆ ─────────────────

学習，コミュニケーション，意思決定のための不定性評価の新手法
……………………………………………… 吉澤　剛 …*159*

　　Ⅰ　はじめに（*159*）
　　Ⅱ　多基準マッピング（*161*）
　　Ⅲ　具体的な事例（*166*）
　　Ⅳ　おわりに（*168*）

◆ 第 12 章 ◆ ─────────────────

科学の不定性と市民参加 ……………… 尾内隆之 …*169*

　　Ⅰ　はじめに（*169*）
　　Ⅱ　科学と社会 ── 乖離から「対話」へ（*170*）
　　Ⅲ　市民が関わり得る理由（*174*）
　　Ⅳ　「対抗」としての市民参加（*179*）
　　Ⅴ　「不定性」に向き合う市民社会へ（*183*）

おわりに ……………………………………… 尾内隆之 …185

■Appendix 1　オーストラリアでのコンカレント・エビデンスの
　　　　　　　経験から／ピーター・マクレラン（本堂毅訳）…（190）
■Appendix 2　「不定性マトリックス」の舞台裏
　　　　　　　／アンディ・スターリング（吉澤剛訳）…………（192）
■Appendix 3　Qマッピング／吉澤　剛 ………………………（199）

あとがき …… 平田光司 …209

索　　引（213）

『科学の不定性と社会』

〈執筆者一覧〉（掲載順）
＊は編者

＊本堂　毅（ほんどう　つよし）	東北大学大学院理学研究科准教授
＊平田光司（ひらた　こうじ）	高エネルギー加速器研究機構特別教授
纐纈一起（こうけつ　かずき）	東京大学地震研究所教授
辻内琢也（つじうち　たくや）	早稲田大学人間科学学術院教授・医師
鈴木　舞（すずき　まい）	東京大学地震研究所特任研究員
渡辺千原（わたなべ　ちはら）	立命館大学法学部教授
水野紀子（みずの　のりこ）	東北大学大学院法学研究科教授
＊中島貴子（なかじま　たかこ）	立教大学兼任講師
笠　潤平（りゅう　じゅんぺい）	香川大学教育学部教授
関根　勉（せきね　つとむ）	東北大学高度教養教育・学生支援機構教授
米村滋人（よねむら　しげと）	東京大学大学院法学政治学研究科准教授
吉澤　剛（よしざわ　ごう）	大阪大学大学院医学系研究科准教授
＊尾内隆之（おない　たかゆき）	流通経済大学法学部准教授
ピーター・マクレラン （Peter McClellan）	オーストラリア・ニューサウスウェールズ州最高裁判所判事
アンディ・スターリング （Andy Stirling）	英国・サセックス大学科学政策研究所教授

科学の不定性と社会

◆ 第Ⅰ部 ◆

科学の不定性に気づく

第1章

科学の卓越性と不定性

平田 光司

I　はじめに

　私たちの生活が大きく科学に依存していることは，誰もが認めることでしょう。医療，土木，交通，通信，エネルギーなど私たちの生活を支えている「技術」は科学に基礎を置いています。科学とは無縁な技術を探すほうが難しいくらいです。社会制度においても科学は重要で，例えば裁判では科学的な証拠が求められています。

　科学がこのように重要視されるようになったのは，江戸から明治へと続く文明開化と呼ばれる時代でした。ともかく科学の成果を早く取り入れて，欧米列強に対抗していかなければならない時代に，科学の持つ有効性，確実さ，問題解決能力が重要視されました。そのころの啓蒙的指導者のひとりであった福沢諭吉は科学的，合理的な知識を普及することに熱心に取り組みました。福沢は子供のころに，神様の名前のあるお札を粗末にするとバチがあたるという考えが信じられず，試しにお札を粗末にしてみました。しかしなにも起きなかったのでその疑問は正しかったのだ，と得心がいったそうです（『福翁自伝』，たとえば岩波文庫など）。かなりの悪ガキだったことが伺えますが，このような実証性こそ近代的，科学的態度の基本と言えるでしょう。彼の著書の一つである訓蒙窮理図解には，現在，小・中学校で教えられているような科学的解説が多数含まれています（図1参照）。

　月が地球の周りを回る運動は，地上での小石の自由落下（投げた後の小石の運動）と同じ法則によって説明され，月の運動を正確に予測することもできま

◆第Ⅰ部◆ 科学の不定性に気づく

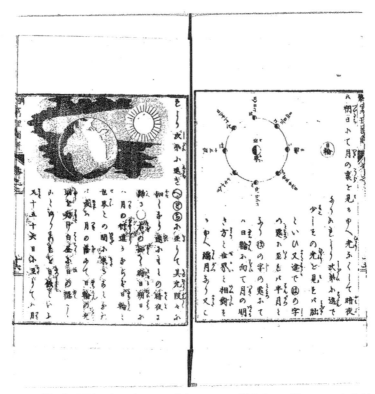

図1　訓網窮理図解（1868）。月の公転によって満ち欠けが生じることを示す図解（この後に，日蝕，月蝕が起きるメカニズムの説明がある。訓蒙窮理図解はネット上に公開されています（国立国会図書館デジタルコレクション：書誌IDは000000471150）。）

す。次の月蝕が何日の何時何分から始まり，東京からではどのような見え方をするかは月蝕のはるか前に天文台が公表しています。この場合の科学的根拠とはニュートンの力学法則（力は質量と加速度の積に等しい）と，ある時点での月と地球，太陽の位置と速度というデータ（初期条件）です。この計算方法が正しい結果を与えることは無数と言える実績から明らかでしょう。科学には実証性だけでなく予言能力があり，「ときどき月蝕が起きる」というような定性的なことだけではなく「何日の何時何分から起きる」というような定量性があります。

　ニュートンの力学法則によって，さまざまな現象が理解され，予言も可能と

なりました。中でも印象深いのは海王星の発見でした。天王星の動きが異常であることから何か未知の惑星があるはずだ、その軌道はこのようなものだ、という予言が行なわれ、ほんとうに発見されたのです（1846年）。これはニュートン力学の初期の成功例の一つでした。諸現象の理解だけでなく、工学的な応用も盛んになり、19世紀の終わりには「物理学のことはだいたい判った。あとは精度をあげることだけだ」と思われていたようです。しかし、物体の速度が非常に大きい場合や原子のような極微の世界ではニュートン力学からのずれが顕著になり、20世紀初頭の相対性理論や量子力学の発見につながりました。現在の見方では、ニュートン力学はある種の近似的な理論であって、それが成り立たなくなる限界も判っています。量子力学と相対性理論を統合した量子電気力学では、例えば電子の異常磁気能率と呼ばれる量の理論値（計算値）と実測値が10ケタまで合致するという驚くべき精度を持っています。

　もちろん、量子電気力学も100％確実に正しい知識とは言えません。多くの科学者は「かなり正確ではあるが、絶対とは言えない」と答えると思います。科学の知識とはそういうものであって、絶対に正しいと判っている科学知識は無いのです。どんなに確実と思われている知識でも、何らかの実験によって反証される可能性があります。反証とは正しくないことが示される、法則の例外現象の発見のようなものです。しかし、何か、積極的に量子電気力学に疑問を抱かせる新現象が無いかぎり、一応、これを信じて活用していく、というのが健全な考え方でしょう。依拠するが信じない、ということでしょうか。電子の異常磁気能率の例は量子電気力学の正しさが、その程度には保証されていることを示すものと言えます。

　電子の異常磁気能率のような精密科学から離れて、より生活に密着した場面ではどうでしょう。地球温暖化をめぐっては、人類の活動によるCO_2の増加が温暖化の原因であるのか、地球が温暖化しているのでCO_2が増えているのか、という点で論争もあります。高校までの物理の問題にはかならず正解がありますので、科学の問題には必ず正解があって、論争が起きるのはどちらかが間違っているから、であるように見えるかもしれませんが、科学の問題ではあっても、科学的に明確な答えが得られない事も多いのです。論点の対立する双方が相手方を「非科学的だ、科学的根拠を示せ」と非難する状況もあります。これはどちらか、または双方で科学的な内容が不十分である、科学の使い方を間違えている、さらにはデータ改ざんのような不正が行なわれている、というこ

とでしょうか。そういう場合もあるかもしれませんが，双方がまじめに取り組んでいながら，簡単には議論が収束しない場合も多いのです。科学が関わる問題ではあっても，科学的に十分な説得力のある結論が得られないことも数多くあると言えるでしょう。このような問題はトランス・サイエンスと呼ばれていて本書では7章にくわしく説明されています。トランス・サイエンスの領域では科学者ごとに正しいと思う答えが異なることもあります。このようなことが「科学の不定性」の現れです。

　これが科学研究における論争であるなら，論争を繰り返しつつ，次第に解決に近づくことを期待していれば済むことです。学会ではそのような論争が多数行なわれています。しかし，誰かの生命に関わる問題であったり，人類の運命に関することがらでは，科学論争の終結を待ってから行動する，というようなわけにはいきません。患者の治療法が確定するころには，患者は亡くなっているかもしれません。人類の活動によるCO_2の増加が地球温暖化の原因であることが反論の余地無く立証されたころには，人類は滅亡寸前かもしれません。

　科学の成果は利用しつつ，科学では（少なくとも当面は）「正解が得られない」問題について，どのように現実的な選択を行なうことが可能か，という「科学の不定性とその対処」について考えるのがこの本の目的です。

II　科学の得意分野

　月蝕の予言などは科学の得意分野と言えます。この現象に関する限り，天文台の予言を疑う理由は無いでしょう。もし，予言が外れるようなことがあったら，月や地球の位置，速度のデータが違うか，ニュートンの法則を適用するときの計算間違いのようなことしか考えられません。コンピュータへの入力ミスがまず疑うべきことであり，ニュートン力学が反証された，と思う人はいないでしょう。

　ニュートン力学が正しいと考えられる根拠は，なんと言っても膨大なデータを説明できるからです。また，明らかに矛盾する現象が無いことも重要です。この節では科学が信頼されている理由について考えます。

1　反復

「ある人にもらった木の実（A）を食べたら直後に腹痛が起きた。というよ

うな場合に、「この木の実 A が腹痛の原因だ」と決められるでしょうか？　他に思い当たる可能性が無い以上、やはり木の実 A が原因だろう、とも考えられるわけですが、他の可能性もあるかもしれません。朝食に食べた魚のせいかもしれません。どこかでウイルスに感染していたのかもしれません。次の日に同じ人にもらった魚を食べたら、また腹痛が起きた。となると、その人があやしい可能性が高まります。同じ木の実を別の場所で見つけて食べたらまた腹痛になった、とすると問題は誰がくれたかでなく、その木の実の問題でしょう。その木の実を他の人にあげてみたら、その人も腹痛を起こした、というような例が数多く重なれば、その木の実は人間に腹痛を起こさせる、という「法則」が得られるわけです。そう言い切るためには、数多くの木の実を、数多くの人に食べさせてみる必要があります。この法則が正しいかどうかは、（周辺の人にはちょっと迷惑ですが）いつでも検証することができるでしょう。

　木の実と腹痛の間に実は何の関係も無いのに、たまたまそのような法則性があるように見えてしまう場合もあります。確率論によって、そのようなことが起きる可能性は調べることができます。2012 年に存在が確立したとされるヒッグス粒子（予言したヒッグス氏は 2013 年度のノーベル賞を受賞）も、それを「見た」人が居るわけではなく、ヒッグス粒子が存在すると起きるはずの特定の現象をたくさん観察し、「ヒッグス粒子が存在しないのに、たまたまそういう現象がそのくらい数多く観察される確率」が百万分の一以下であることをもってヒッグス粒子が「存在する」ことの証明としているのです。その小さな確率の事象が起きているのかもしれませんが、当面はヒッグス粒子の存在を信じておいて良いのではないでしょうか。万が一（この場合は百万が一）ヒッグス粒子の存在が誤りであれば、将来、更に大量のデータを使うことによってわかるはずです。

　この例で明らかなように、科学法則、科学知識の強みは、多くの例によってチェックされているだけでなく、今後何度でも実験や観測によって確かめることができることにあります。もちろん個々の実験や観察が常に再現できるとは限りませんが。

2　純粋状態 ● ● ●

　木の実 A の例を続けますが、実は木の実にもいろいろなものがあり、生えている場所、採集した季節などによって効果が異なることもあるでしょう。ま

た，食べる人の体質によって腹痛が起きたり，起きなかったりすることもあるかもしれません。「法則」が成り立たない例外的な事例が増えてくれば，法則を疑うことも可能ですし，法則が成り立たない場合を精密化して「ある条件で栽培された木の実Aは，これこれの条件を持つ人に腹痛を起こさせる」というようなより完成された形にすることも可能です。

　そのような完成に行き着くためには，実験対象者や木の実の数などサンプル数を増やすことの他に，木の実や人の状態を正確に分類し，その分類に従った比較を行なう必要があります。木の実Aの状態と人の条件を精密かつ明確に分類し，腹痛の起きる条件が明示されているという場合に，それは自然法則と言えるでしょう。科学知識が成立するためには，状態の区別，分離が十分になされている必要があります。こうなると，その法則は予言に使うこともできますし，腹痛の予防などに応用できるでしょう。

　月の運動も，地上の小石の運動も同じ法則で理解できると書きましたが，実は，地上の運動では空気との摩擦という邪魔ものが存在します。物体が落ちる速さは重さによらない（落体の法則）とはガリレイの発見した事実でありニュートン力学の基礎となっているものですが，これは空気による抵抗が無視できる場合です。鳥のハネのようなものであれば，空気抵抗は非常に大きくなります。ホコリくらいになると，そもそも，なかなか落ちてきませんね。鳥のハネやホコリのようなものでもガリレオの発見した法則が成り立つことは，真空装置のなかで実験すれば確かめることができます。真空中ではホコリも小石と同じようにスッと落ちるはずです。落体の法則は真空中という「純粋状態」の中で成立するものです。

　科学の法則が成り立つためには，まず，その法則が前提としている条件が明らかにされていなければなりません。木の実の例では木の実の種類と食べる人の特徴，落下物なら真空度などのことです。逆に，法則を利用するためには，それが成立する条件を満たしている事を確認しなければなりません。真空中でのホコリの落下の実験であれば，真空度が十分に高いことに加えて，重力以外の力（例えば静電気）が存在しないように気をつけなければなりません。自然法則を確認するには，高度の真空，高度の絶縁状態などの「不自然」な状況を作って，コントロールする必要があるというわけです。科学法則には常に前提条件があり，それが明示されなければ法則を使えません。しかし，多くの場合に，この前提条件はまじめに書き出すと長くなり過ぎてしまいますので，科学

の議論の中では省略されることが多いのです。落体の法則を議論するときに，いちいち「真空中で」などの仮定を述べることは共通の了解事項として省かれます。これを悪用して科学者の言明を誤っているとする詭弁的な手法の例は「はじめに」にあげられている全体に共通する文献（法と科学のハンドブック）に紹介されています。

3　知識の体系 ● ● ●

　落体の法則を確認するためには高度な真空が必要で，それを作るには真空ポンプが必要です。この真空ポンプは（一部）ニュートン力学に依拠して作られています。実験装置や実験計画という科学法則を確認するためのセットアップ自体が科学知識に依存しているのです。科学知識はそれぞれの法則の正しさが実験的に確かめられているだけでは無く，法則同士もネットワークをくんでいる「体系的知識」です。

　ある意味で科学知識はすべてが「持ちつもたれつ」の関係にあります。ニュートン力学の正しさを証明するのに使った真空ポンプは，電気も使うでしょうし熱も発生しますので，電磁気学や熱力学も基礎としています。また，本当に真空になっているかを調べるための装置も必要ですね。これらすべてが，一方ではニュートン力学を基礎としている部分もあるのです。ニュートン力学を使って作った装置を使って，ニュートン力学をさらに検証する，というような営みが科学研究の重要な部分でもあります。電子の異常磁気能率の測定には，真空ポンプなどよりはるかに複雑な装置（加速器）を使って「純粋状態」を作ってやらなければなりません。

　これが，科学が単に「経験を整理」したものとは異なる点です（「高度で網羅的な整理」という言い方をすれば，最終的には経験を整理したものであることは当然です）。落体の法則の実験において，実験者が装置に優しい言葉をかけるとすべてのものが同じ速さで落ちるけれど，意地悪な言葉をかけると速さがまちまちになって，落体の法則が破綻する，などということはあり得ません。それは，実験してみるまでもなく，ニュートンの法則にはことばの優しさのようなものが入る余地が無いからです。もしそんなことが事実なら，地上の小石も月も同じ法則に従っているのですから，月に優しい言葉をかけたら月蝕が起きなかった，というようなこともおきるはずでしょう。木の実の例で考えると，ある人がおまじないをとなえて処理した木の実は食べても腹痛が起きない，などとい

うことが，食べる人には判らないようにして何度も繰り返されたとしても，これを経験則とはしません。まず疑うのはインチキの存在です。「優しい言葉」や「おまじない」というものが物理法則の一部として入るためには物理学の体系を土台からひっくり返すような「革命」が必要となります。

III 現実の中の科学

前節IIで見ましたように，自然法則が成立し，予言が可能となるためには多数の，良くコントロールされた実験，観察が必要でした。同じように，科学法則を適用するためには，前提となる条件がすべて「十分な精度」で満たされている必要があります。科学法則を用いて行われる判断の信頼性はそれに依存します。

そのような「自然法則」についても科学研究においては様々な疑問が提出され，さらに精密な研究に進むというのが，よくあるパターンと言えるでしょう。研究の最前線で論争が起きているようなことはありますが，ある範囲までのことでは「法則」が十分に成立しており，それを適用するための前提条件も明確である場合も多いです。この範囲では，適用を間違えなければ，科学は信頼でき，不定性もないと思って良いでしょう。月蝕の予測や電子の異常磁気能率などはこの例です。

しかし，社会の中で現れる「科学的」問題には，法則はあっても前提条件が成立しているかどうか不明であったり，そもそも法則が無いことも多いわけです。

1 初めての事象

先に使った例で「ある人（a さん）にもらった新種の木の実（A）を食べたら腹痛（B）が起きた。ほかに思いあたるふしもないので，この木の実 A が腹痛 B の原因だろう」という段階で，その人に，損害賠償を要求できるでしょうか？ 腹痛を起こした人（b さん）が木の実をくれた a さんに文句を言います。
b さん「あなたがくれた木の実で腹痛をおこしたので，治療費を出してください」
a さん「あなたの腹痛がその木の実のせいであると証明してくれたら払いましょう」

第1章 科学の卓越性と不定性

bさん「‥‥。それなら，私の腹痛がその木の実のせいでないことを証明してください」

　これは因果関係の証明という問題です。因果関係とはAをすればBとなる，AをしなければBは起きなかった，ということです。この因果関係を証明，または否定できるでしょうか？　果たしてその木の実（A）に腹痛を起こす働きがあるのかどうか，という点からしてよくわからないわけです。「同じ木の実」をaさんが食べてみたら腹痛が起きなかったとしても，「同じ木の実」かどうかという点が証明できませんね。

　その木の実Aは，これこれの条件を持つ人に「必ず」あるタイプの腹痛を起こさせる，そのタイプの腹痛は他の理由では起きない，ということが法則としてすでに確立しているなら，木の実と腹痛の因果関係はあきらかでしょう。例えば，すでに法則化されているフグの毒のような場合は，これに近いのではないでしょうか。しかし，新種の木の実ではそんなことは言えません。法則化されるためには何度も反復されなければなりませんでした（Ⅱ-1参照）。「それまでにも何人かが食べていて何ともなかったのだから，その木の実のせいでは無い」とも言えないでしょう。「同じ」木の実かどうかはわかりませんし，特異体質の人にだけ有害，という場合もあります。二人の言い争いをやめさせようと「長老」のような人が科学者の助言を依頼するかもしれませんが，このケースで科学者が言えることは「因果関係がある可能性は否定できませんが，あると断言することもできません。どうもスミマセン。」というようなことでしょう。

　実際に起きる状況の多くでは，他に思い当たることも無いので，木の実Aが原因ではないだろうか，というようなレベルのことも多いように思われます。社会的に重要な問題の多くが，科学の問題を含んでいるにもかかわらず，イザ科学を使おうと思うと，科学の答えが定まらず，なにが正しいのか判らないという状況の多くはこのようなことではないでしょうか。科学の不定性が困った問題を起こす，典型的な例ですね。反復によって法則化されていない「初めて」の事象については，これまでの法則化され，かなり確かと思われていることから類推して判断するしか無いわけですが，その場合の判断は科学的判断というより科学的類推です。類推による結論は，その確からしさの感覚を含めて科学者ごとに異なることがあり得ますし，本人が意識していなくても科学以外の要素（価値観，社会的利害，経済的利害，文化）が入ってきてしまうこともあり得

13

ます。この点，岩波書店「科学」2011年9月号の尾内隆之と本堂毅による記事「御用学者が作られる理由」が詳しく解説しています（ネット上に公開されています。検索してみてください）。

2　医療裁判の例 ── ルンバール判決 ●●●

　前例が（ほとんど）無い事例で，科学的に確かなことはわからないけれど早急に判断しなければならない場合の例としては法廷があります。判決に必要な「事実」が明らかになるまで判決を延期することは許されません。科学の不定性が現れる事例として，裁判が重要であるのは，このような事情があるからです。本書でも法と裁判に多くのページをあてています。

　有名な例にルンバール裁判があります（5章も参照のこと）。国立大学の病院で化膿性髄膜炎の治療をうけていた3才の男の子に対する医療過誤の裁判です。治療がほぼ終わり症状も改善しつつあるなかで起きたことでした。ルンバールとは腰椎穿刺（ようついせんし）とも呼ばれ，患者の背骨の腰に近い部分（腰椎）の骨と骨の間の部分に注射針を入れて髄液の採集や薬品の注入を行なうもので，想像するだけでいかにも痛そうな感じのする治療です。

　通常は嘔吐の怖れがあるので食後すぐのルンバールは行なわないことになっているにもかかわらず，担当の医師が学会に行く必要があることから，食後すぐのルンバールを行いました。いやがって泣き叫ぶ幼児を看護師が馬乗りになって押さえつけ，何度もやり直しをしながら無理矢理実施したようです。直後に幼児は嘔吐／痙攣をおこし，右半身けいれん性不全麻痺，知能障害及び運動障害等の症状を生じました。これはルンバールを原因とする脳内出血によるものであるとして，国に損害賠償を請求した事例です。

　裁判所では専門家（医師）による鑑定を行いましたが，すべての鑑定がルンバールと脳への障害の因果関係があるとは言えないとしました。前に見た木の実の例と同じです。化膿性髄膜炎を発症している泣き叫ぶ幼児に無理矢理ルンバールを施した事例などは過去にそうそう無かったでしょうし，これが脳出血を引きおこすかどうかについての法則化された知見もありません。因果関係があるとは言えない，しかしその可能性も完全に否定はできない，とは鑑定にあたった医師達の共通した意見であったようです。少年の症状がルンバールによる脳出血とルンバールとは関係ない化膿性髄膜炎の再発のいずれによるものかは科学的には判定しがたいという判断です。因果関係が証明できない以上，高

等裁判所では医師の過失なしとして原告の請求を退けました。

　上告を受けた最高裁は，「科学的に完璧な証明はなくとも，状況から見て普通の人なら因果関係があると考える程度の確実性があれば良い」として原判決を破棄，因果関係を認めた上で過失の有無についてはさしもどし裁判となり，そこで原告の勝訴が確定したものです。

　この裁判例は「初めての事象」にかなり近いものです。泣き叫んでいやがる男の子にルンバールを施すとある程度の確率で脳出血を起こす，などという法則的知識があるわけではありません。ルンバールと脳障害の間に因果関係があるとしてもおかしくはありませんが，そうだという証明も出来ない，というところです。科学による明快な判定ができないなら，さまざまな状況を考慮に入れた上で社会的常識（通念）に従って判断するとしたものと考えることが出来ます。

　いやがる子供を押さえつけて痛い治療を行なった場合に脳出血が起きるかどうか，多くのコントロールされた反復事例を用いて法則化することは，ほぼ不可能です。損害賠償請求において因果関係の証明は原告側が行なわなければいけないのですが，厳密な証明などほとんどの場合に不可能であって訴訟をあきらめる例も多いと思います。この判決によって必要な証明度が大きく引き下げられたと言えるでしょう。被害者の救済という面から考えれば，妥当な結論と思われます。これは科学の「にがて分野」であって，そこで無理に「科学的」な判断を行おうとすれば，かえって不合理を招く場合もある，ということでしょう。

3　先端巨大技術

　巨大技術とはヒッグス粒子を発見したLHC加速器（スイスとフランスの国境をまたいで建設されています）や多くの宇宙ロケットのように装置が大きく巨費のかかるものですが，それまでに無かったような，より高性能の装置を「最先端」と呼びます。世界でもっとも高いタワー，スカイツリーも最先端の巨大技術です。スカイツリーが安全かどうか確かめるために，まず，人の住んでいない所に100本ほど建て，50年くらい様子を見て，安全とわかった後に本物の建設を始める，というようなことは，実際上あり得ませんね。このような物は安全性が証明されたから作るのでは無く，考えられる限りの安全性を考慮した上で建設にかかり，施行ミス（手抜き工事）などが無いように慎重に作り，完

成してからのさまざまな経験を含めて，はじめて「安全だった」ことが証明される，というようなものです。「安全である」という仮説を実施によって証明する，という構造になっています。良い表現ではありませんが，技術の実現そのものが大きな実験とも見なせるものです。この意味では前例のない「初めての事象」です（というより「一発勝負」と言うほうが良いかもしれません）。先端巨大技術はトランス・サイエンスの典型の一つです。

　地震に対するスカイツリーの安全性はニュートン力学に基づいて調べることができます。量子電気力学は必要ありません。ニュートン力学は安心して使えるからと言って，しかし，それでスカイツリーの運動が完全にとらえられるわけではありません。そもそも，ニュートン力学を使って物体の運動を完全に予測できるのは，むしろ非常に限られた場合だけです。天体の運動でも太陽と地球だけの場合であれば，ニュートン力学を使って完璧な予測を行なえます。しかし，それに月が入ると，もはやニュートン力学の厳密解は得られません。これは3体問題として知られているものです。解は存在するはずだけれどわからない（解けない）のです。実際にはさまざまな近似法があって，月蝕の予測も可能となっていますが，精度は高いとは云え，あくまで近似的なものです。

　スカイツリーなどの複雑で現実的な問題では，無数の部品，それらの弾性や塑性のデータ，立っている地面の強度，安定性，影響を与える風や雨の影響，どうしても排除できない不良部品の影響，などをすべて考慮に入れる必要があります。そういう場合には，普通，コンピュータによるシミュレーションを行います。シミュレーションを行なうには，必要な要素をすべて含んだモデルが必要です。しかし，どのようなモデルも現実そのものではなく，多くの仮定や近似を含んでいます。これらの仮定（前提条件）や近似は過去の例では有効だったとしても，規模を拡大したスカイツリーでも許されるのか，完全にはわかりません。何が「必要な要素」であるのかということですら，明確には判りませんので，「必要な要素がすべて入っているかどうか」はもちろん判りません。例えば，想定される地震の規模や揺れ方などについての仮定はどうしても必要となりますが「想定外」もある事を「想定」する必要もあるでしょう（第2章参照）。過去の経験を活かしつつも，新しく必要となるかもしれない事柄を含めて，考えられる限りの検討を行なった上で，最後にはある種の決断が必要となります。この決断を誰が行なうのかは，民主的な社会の課題として重要な視点となるのではないでしょうか。「専門家」が住民の代わりに勝手に決めても

困りますね(「決断」については第7章,第12章でも触れられます)。

最先端の巨大技術で,使い始めてから安全で無いことが判った例はたくさんあります(タイタニック号,スペースシャトル・チャレンジャー号など)。「昨日まで無事故だったから安全だ」とも言えないのです。科学的に確かなことがわからないからと言って,何でもあり,というわけではありません。専門家であれば既存の知識から言えること,比較的確からしいことを広い視野から考察して,最善の選択をするように努力する必要があるでしょう。先端巨大技術は,既存の科学知識をフルに利用し,それでも不確定な所には出来る限りの対策を行った上で,最後は実施グループの決断と社会の同意によって存在の許されるものです。たまには事故を起こすものでも社会的に許容されていると言えるものも多いでしょう。

先端巨大技術では無くとも,似たような事例も多いのです。天文台の日食の予測は確実にあたるので,日蝕を見ようとして天気予報で快晴マークのある所に出かけたら雨だった,というような例はよくあります。天気予報もニュートン力学を基礎とする流体力学で扱えるとは云え,予報に必要な条件がおびただしく多く,ほんの小さなデータの違いが大きな差に結びつくのです。つまり,まったく同じと見なせる初期状態は無く,すべての状態がほぼ「初めて」の経験とも言えるもので,そのようなことは「複雑系」として広く認識されています。天気予報は流体力学の知識と気象観測の経験を両方とも使った専門家の判断によるのです。

Ⅳ 不定性を避けられない科学

1 「科学的根拠」という決まり文句

これまで少し見ただけでも,科学によって明確に判断がつく場合はむしろ少なく,多くの場合に科学的な判断が出せない,科学者によって意見が異なる(不定性)ということが予想されます。人生にとって重要な問題ほど不定性が現れるように感じますが,どうでしょうか? 不定性が現れると論争が生じ,双方が相手に「科学的根拠を示せ」と要求します。これはかなり気をつけて使うべき言葉です。例えば,次の事例はどうでしょう?

福島第一原発の事故に関連して,「年間20mSv以下の放射線被曝では健康障害の発生は観察されていない。つまり無害なのだから避難は不要である。そ

れでも帰還しないのは個人の自由であるが，補償の対象とはならない」という主張があります。それに対して，住民側が「今後も無害であることを証明せよ」と要求することもできます。この 2 つの主張はどういう関係にあるでしょうか。a さん b さん論争と同じでしょうか。

「これまで健康被害が観察されていない」ということは無害であることの証明にはなりません。ロシアンルーレットで 1 発目で無事だったからと言って 2 発目も無事であるとは言えないのと同じことです。スペースシャトル・チャレンジャー号の事故がこのケースにあたることはノーベル賞物理学者であるファインマンが指摘しています（R.P. ファインマン「ファインマンさんベストエッセイ」岩波書店，2001）。次に，そもそも，「何が害であるか」というところは科学を越えているものであって，科学者が決めるものではありません。放射線の人間への影響として何を考えるか，ということは科学で決めることはできないのです。影響はガンの発生だけではありません。これまで知られていない「想定外」の影響への不安も含め，公正な社会的判断で決めるべきものではないでしょうか。

「有害であると主張するなら科学的根拠を示せ」と言われると，まず，放射線の影響であろうと思われる測定（数量化）可能な事象を定義した上で，膨大な資料を集めなければなりません。それだけでも住民側にとってほとんど不可能な要求です。さらに，そのようなプロセスでは不快感であるとか，コミュニティーの崩壊，いわゆる風評被害などの面をとりこぼすことになります。つまり「科学的根拠を示せ」という要求によって，住民側の主張にある枠をはめることが可能になります。

2　マニュアル思考 ● ● ●

　高速増殖炉「もんじゅ」の事故（1995 年）は，液体ナトリウムが流れるパイプの中に設置された温度計の破損によって起こりました。液体ナトリウムが温度計の表面で乱流を生じ，温度計が振動したことが原因とされています。この温度計の設計はアメリカ機械学会の規格に従ったものでしたが，その規格は1974 年に出版されたものでした。そこでは，このような振動についての記述が無かったと言われています。しかし 1991 年版には，この振動に関する記述が付け加えられていましたので，設計の見直しをする機会はあったのです。くわしい解説は「もんじゅ事故総合評価会議『もんじゅ事故と日本のプルトニウ

> **系統的懐疑主義**(organized skepticism): いかなる主張も経験的,論理的基準に照らして客観的に吟味するまでは受け入れない事。どんな偉い先生の言ったことでも,また,どんなに大勢の人が認めている考えでも,まず疑ってかかり,納得するまでは受け入れない,という態度。「科学という制度は懐疑を持って徳としている」。

図2 マートンのノルムの一つ,系統的懐疑主義

ム政策 ── 政策転換への提言 ──』(七つ森書館,1997)」にあります。

　科学的技術では,すべてのことが原理から導かれているわけでは無く,天気予報のように,さまざまな経験的知識が集積され,それを利用しています。それが規格やマニュアルの形となっています。しかし,逆に経験的知識だけで何かを作れるわけではなく,科学的な反省,探求もおこなわれていなければなりません。もんじゅの温度計も,なるほど設計時には振動のことが規格になかったので,設計における過失とは言えないかもしれませんが,マニュアルにあろうがなかろうが,設計者であればさまざまな可能性を考慮しておくべきものです。想定外を想定する,とはそういうことでしょう。また,設計のあとも,常にその設計を気にしていて,あらたな基準に気がついたら自発的に設計を見直すべきものではないでしょうか？

　「マニュアルに従っているなら,事故が起きても責任は無い。責任はマニュアルを作ったほうにある」という意識は科学に不定性がある場合には恐ろしく無責任なことにつながりかねません。不定性があるからこそ,マニュアルをも疑い,その先を行く探求心が必要とされるのです。そのための専門家です。この懐疑的探究心こそが科学的精神であることは福沢諭吉の例からもあきらかですが,社会学者R. マートンも「系統的懐疑主義」が科学者の社会に広く見られる精神であるとしています。マートンのノルム(規範)と呼ばれるもののひとつです(図2参照)。

　すべての科学者が常にこの態度を貫いているわけではありません(実際,この態度を貫くと,科学の勉強がさっぱり進まないことになります)。しかし,重要な発見,発明はこの懐疑主義によるものであることが多いことも事実です。

3　科学の不定性とその対処

　科学はその得意分野では信じられないような精密さで自然を記述しています

が，その得意分野とはむしろ真空状態のような，人間にとっては不自然で人工的な「自然」の場合が多いのです。人間の生活の中で現れる問題の多くは，科学の対象となる事例ではあっても科学が（少なくともすぐには）答えられないものです。その中で少しでも知見を深めようとすることが科学の営みですが，不十分な知見に頼ってでもなんらかの現実的な結論を出さなければならないことが沢山あるのを見てきました。

　科学の不定性のあらわれとして，専門家によって意見が異なる，という現象があります。この不定性は本人は意識していなくとも個々の専門家の価値観や利益，社会的立場などと結びついている可能性もあり得ます。専門家は科学的な判断と価値的な判断を区別するように努めるとともに，科学を越えて発言，行動しているときにはそれを自覚していることが必要でしょう。専門家の判断を求める側も，科学の不定性のさまざまな面を知り，意識しておくことは，科学を有効に，また社会的な合意のもとに利用する上で重要なポイントではないでしょうか。

　次章では経験に基づくという科学の本質から，経験を超えた事象には対応できない，という想定外の問題の例として巨大地震の予測について考えて行きます。

〔参考文献〕
平田光司「ファインマンが見た巨大装置の安全性 —— 原発への示唆」科学 949 号（2011年）。ネット上に公開されています。

R. K. マートン（森東吾・森好夫・金沢実・中島竜太郎共訳）『社会理論と社会構造』（みすず書房，1961 年）

第2章

科学と防災
―― 地震学を例に ――

纐纈一起

● ● ● Ⅰ　はじめに ● ● ●

　「防災」とは文字通り災害を防止することですが、現実には災害を完全に防ぎ止めることは難しく、できるだけ今後の災害を減らすという意味の「減災」を含んだ活動全体を防災と呼ぶことが多くなっています。また、災害には大きく分けて二種類、自然現象による災害と、人為的原因による災害がありますが、多くの場合、前者を指しており、後者とあえて区別するときには自然災害、あるいは天災と呼ばれています。

　起こってしまった自然災害を防止したり減らしたりすることはできませんので、防災は当然、今後起こる将来の自然災害が対象となります。将来の自然災害に対して対策を立て防災を実現するには、その自然災害を引き起こす自然現象を予測しなければなりません。この予測を通して、科学が防災に関係してくることになります。

　しかし、災害を引き起こす自然現象は稀にしか起こりませんから、それを研究する科学にはいろいろな制約や限界があり、その研究成果も大きな不定性（第1章を参照）を伴ってしまうことが多くなります。たとえば、地震という自然現象を扱う科学をここでは「地震学」と呼ぶことにしますが、この地震学には三重苦ともいえる大きな制約があります。まず第一に、研究対象となる地震は、災害につながるような大地震なら数十から数百キロ規模と非常に大きく、実験ができません。そうなると過去に起こった地震のデータを分析して研究するわけですが、第二に、大地震は海で起こるものなら数百年に一回程度、陸で起こ

◆第Ⅰ部◆ 科学の不定性に気づく

るものは数千年に一回程度しか起きないので，なかなかデータの蓄積が進みません。そして第三に，地震のおおもとは地中の岩盤が破壊する現象なので，理論的に研究することにも限界があります。

このように地震学は，同じように地球の自然現象を扱っていることから比較的共通点の多い気象学と比べても，研究のためのデータや手法に制約が大きく，その研究成果がただちに精度の高い予測につながるような状況にはありません。しかし，いったん大地震が起これば社会に大変大きな影響を与えるため，防災のための予測を社会から強く求められ，不定性の高い予測でも社会に提供せざるを得ない状況にあります。その結果，どのようなことが起こるのかを，東日本大震災を題材にして，この章では考えてみたいと思います。

Ⅱ　東日本大震災

1　東北地方太平洋沖地震

「東日本大震災」とは最後に「災」が付くことからわかるように，地震の名前ではなく災害の名前です。この災害を起こした地震は「東北地方太平洋沖地震」と呼ばれています。どちらも内閣あるいは気象庁が命名した，政府の公式名称です。まずは，この東北地方太平洋沖地震がどんな地震だったか，から始めましょう。ただし，東北地方太平洋沖地震ではあまりに長いので，ここからは短く「東北地震」と呼ぶことにします。

主要な被災地が位置する日本列島の東北地方は北アメリカプレートの上に存在し（北アメリカプレートをオホーツク海北部で分けてオホーツクプレートとする考え方もあります），その下には太平洋プレートが日本海溝から年間8cm程度の速さで沈み込んでいます。この沈み込みに伴って，太平洋プレートと北アメリカプレートの境界の固着した部分（普段はくっついている部分）には徐々にひずみが蓄積されます。その蓄積量が固着の強度に達すると，固着がはがれて太平洋プレートと北アメリカプレートが境界面に沿って相互に反対向きに急激にすべり，それが地震となるというのが，現在の地震学の考え方であり，プレート境界で巨大地震が発生する原理として解釈されています。

東北地震も同様の原理で発生していますが（図1），マグニチュード9.0と非常に規模の大きい地震でした（以下ではマグニチュードをMと略記します）。宇津徳治による『地震活動総説』（東大出版会，1999年）によれば，概ね$M8$

弱の地震が巨大地震と呼ばれています（ちなみに，なぜM8「弱」かというと，$M7.9$の関東大震災の地震が通例，巨大地震と呼ばれているためです）。その定義式から，Mが0.2大きいと地震のエネルギー（正確にはモーメント）は2倍になります。$M8.0$に比べて東北地震のMは0.2×5大きいですから，そのエネルギーは$M8.0$の地震に比べ2^5倍，つまり32倍にもなります。これほど大きくては巨大地震の範疇を超えていると言わざるを得ず，そのため東北地震規模の地震を，きちんとした学術用語ではありませんが，超巨大地震と呼ぶことが多くなっています。

この地震の概要について，私が担当している理科年表の「日本付近のおもな被害地震年代表」では図2のように書きました。科学的には最後の部分，「この領域では未知

図1　東北地震の震源域（網掛け部分）と貞観の地震の震源モデル（実線長方形）
（点線の区域は長期評価の対象領域を表す（著者による「自主防災」No. 224の記事より））

の規模で，869年貞観の三陸沖地震と1896年三陸沖地震級の津波地震が合わせて襲来との見方がある」が重要です。特に「合わせて襲来」が現実であることは，いろいろな科学者が津波のデータなどを解析して明らかにしました（たとえば佐竹らによるBulletin of the Seismological Society of America 103巻 No. 2Bの2013年論文）。貞観の地震と東北地震の位置関係は図1を見てください。なぜ科学的に重要かは，次節で詳しく説明します。

◆第Ⅰ部◆ 科学の不定性に気づく

> 2011 年 3 月 11 日（平成 23）38.1° N　142.9° E　M9.0　Mw9.1　[7]
> 三陸沖：『東北地方太平洋沖地震』(Tohoku earthquake)：『東日本大震災』：日本海溝沿いの沈み込み帯の大部分，三陸沖中部から茨城県沖までのプレート境界を震源域とする逆断層型超巨大地震（深さ 24km）。3 月 9 日に M7.3（Mw7.4）の前震，震源域内や付近の余震・誘発地震は M7.0 以上が 6 回，M6.0 以上が 97 回，死 18958，不明 2655，傷 6219，住家全壊 127291，半壊 272810（余震・誘発地震を一部含む：2014 年 3 月現在）。死者の 90% 以上が水死で，原発事故を含む被害の多くは巨大津波（現地調査によれば最大約 40m）によるもの。最大震度 7（宮城県栗原市），6 強が宮城県 13 市町村，福島県 11 市町，茨城県 8 市，栃木県 5 市町だが，揺れによる被害は比較的大きくなかった。この領域では未知の規模で，869 年貞観の三陸沖地震と 1896 年三陸沖地震級の津波地震が合わせて襲来との見方がある。

図 2　『平成 27 年版　理科年表』に記載された東北地震の概要

2　科学的予測の経緯

　1995 年阪神・淡路大震災の神戸側の大きな被害は，六甲山地と神戸市街地を区切る五助橋断層などの活断層が活動することにより引き起こされました。これら断層は震災前から科学者によって最大の確実度がある活断層と認定され，当時の研究成果の集大成である『[新編] 日本の活断層』では，その活動度が「㊽㊾㊿などの断層は個別的には B 級であるが，その運動の総和は A 級である」と記述されていました（㊽㊾㊿は五助橋断層・芦屋断層・甲陽断層を表す）。しかし，こうした科学的研究の成果が神戸市などの地震防災対策に生かされることがなかったため，阪神・淡路大震災の被害の規模を格段に大きなものにしてしまったという反省がありました。この反省に立って制定された地震防災対策特別措置法に基づき，地震調査研究推進本部（以下では地震本部と略記します）が政府の機関として設置されました。

　地震本部の活動の柱のひとつに，「主要活断層帯（中略）及び主要な海溝型地震を対象とした調査観測・研究（中略）から得られた結果等に基づき，関係機関の協力の下，地震調査委員会において，地震の発生場所，規模，将来的な発生確率についての評価（「長期評価」）を行い，順次公表」することがあります（地震調査研究推進本部「新たな地震調査研究の推進について」より）。「地震調査委員会」とは，長期評価をはじめとする，調査観測・研究の結果の分析と評

第2章 科学と防災

領域または地震名		長期評価で予想した地震規模（マグニチュード）	地震発生確率			地震後経過率	平均発生間隔（上段） 最新発生時期（下段：ポアソン過程を適用したものを除く）
			10年以内	30年以内	50年以内		
三陸沖から房総沖にかけての地震	三陸沖から房総沖の海溝寄り	津波地震	Mt 8.2前後（Mtは津波の高さから求める地震の規模）	7％程度（2％程度）*	20％程度（6％程度）*	30％程度（9％程度）*	—	133.3年程度（530年程度）* *（ ）は特定海域での値 —
		正断層型	8.2前後	1％～2％（0.3％～0.6％）*	4％～7％（1％～2％）*	6％～10％（2％～3％）*	—	400年～750年（1600年～3000年）* *（ ）は特定海域での値 —
	三陸沖北部		8.0前後	ほぼ0％～0.5％	0.3％～10％	30％～50％	0.43	約97.0年 41.6年前
	固有地震以外のプレート間地震		7.1～7.6	60％程度	90％程度	—	—	11.3年程度 —
	宮城県沖		7.5前後	70％程度	99％	—	0.85	37.1年 31.6年前
	三陸沖南部海溝寄り		7.7前後 連動8.0前後	40％程度	80％～90％	90％～98％	1.08	105年程度 112.4年前
	福島県沖		7.4前後（複数の地震が続発する）	2％程度以下	7％程度以下	10％程度以下	—	400年以上 —
	茨城県沖		6.7～7.2	0.01％～0.8％	90％程度以上	—	0.08	約21.2年 1.7年前

図3　三陸沖から房総沖にかけての領域の長期評価結果の一覧
（地震調査委員会「今まで公表した活断層及び海溝型地震の長期評価結果一覧」より。地震発生確率は長期評価結果のうち平均発生間隔と最新発生時期から2010年1月1日現在で計算された）

価を行うために地震本部内に設置され，主に科学者によって構成されている委員会です。その下にはさらに，やはり主に科学者で構成されている複数の部会が設置されていて，そのひとつが長期評価の実務を行う長期評価部会です。つまり，この長期評価部会が行う長期評価が，わが国の地震に関する「公的な」科学的予測ということができるでしょう。

長期評価部会は図1全体の領域を「三陸沖から房総沖にかけての領域」と呼んで，長期評価の結果を東日本大震災前に公表していました。図3はそれを一覧表にまとめたものです。これを見ればわかるように，三陸沖から房総沖にかけての領域は，図1に示した三陸沖北部，宮城県沖，福島県沖などの8領域にさらに分けられ，それぞれの領域が独立に地震を起こすという前提に基づいて長期評価されています。唯一の例外が宮城県沖と三陸沖南部海溝寄りの領域で，隣り合うこれらふたつの領域だけは同時に活動してより大きな地震を起こす可能性が認識されていたので，その場合のMと発生確率も，個別に地震を起こす場合とは別に評価されています。

ところが，実際に起こった東北地震は図1に示したように，三陸沖中部，宮城県沖，三陸沖南部，福島県沖，茨城県沖と三陸沖から房総沖の海溝寄りという6領域が同時に活動して発生してしまいました。そのため，地震直後に開かれた記者会見で阿部勝征・地震調査委員長（当時）は「4つの想定域が連動するとは想定できなかった。地震研究の限界だ」と述べました。4つというのは勘違いで上記のように6つです。また，ここで初めて「想定」という言葉が出てきます。広辞苑を引いてみると「ある一定の情況や条件を仮に想い描くこと」としか書かれていませんが，政府機関の地震本部が公表する地震の想定に関しては「将来の地震を予測して，起こる場所と規模を設定すること」ぐらいの重い意味があるでしょう。

3 想定外だったのか ●●●●

それではなぜ，図3のような科学的予測（あるいは想定）が行われたのでしょうか。前述したように地震学では実験ができないし理論的な研究も難しいので，予測も研究と同じように過去に起こった地震のデータを集めて分析することで行われます。予測（長期評価）に先立ってデータが集められた過去の地震を図4に示しました。この図4と図1の点線の区域を見比べてみれば，一つの地震は一つの領域でのみ起こってきたことが見て取れ，「それぞれの領域が独立に

第 2 章 科学と防災

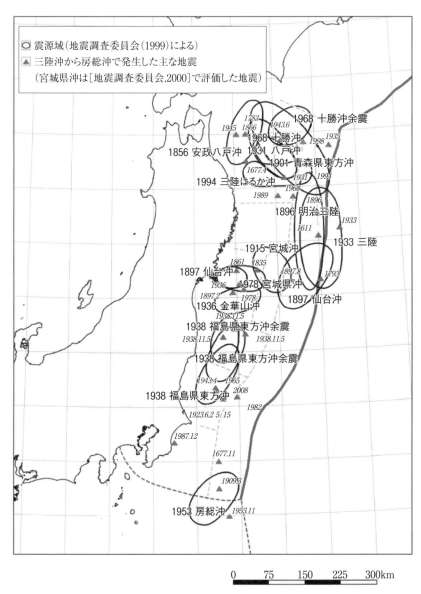

図 4　東日本大震災前の長期評価に先立ってデータが収集された過去の地震
　　（地震調査委員会「三陸沖から房総沖にかけての地震活動の長期評価」より）

地震を起こす」という前提を置いた背景が理解できると思います。三陸沖中部では過去の大地震がまったく見つかっていなかったので，その長期評価が図3には書かれていませんが，長期評価の報告書の本文には「この領域については，現在知られている資料からは，規模の大きな地震は知られていないため，将来の大地震の発生の可能性もかなり低いと考えられる。しかし，発生確率を評価するだけの資料がないため，確率の評価は行わなかった」と書かれていました。

　この長期評価の前提に関しては，「アスペリティモデル」や「比較沈み込み学」といった仮説が地震学界の主流にいる科学者によって提唱されていたため，仮説でありながら確からしい前提として科学者の間で広く受容されていたという事情も関係しているでしょう。いずれにしろ，この仮説を覆して6つの領域が同時に活動して東北地震が発生したわけですから，東北地震は地震学が想定していなかった，という意味で想定外と言わざるを得ないと思います。

　一方，こうした地震本部の長期評価という流れとは別に，東北地震のような海溝型地震は津波を発生させ，その津波が海の砂などを陸上に運んで堆積させるので，津波堆積物から海溝型の歴史地震を研究するという手法が1980年代後半に開発されました。この手法が東北電力の研究者によって仙台平野の津波堆積物に適用され，869年の貞観の地震の津波は海岸線から3kmも押し寄せていたことがわかりました。その後，東北大学や産業技術総合研究所などの科学者が，仙台湾の各地や福島県沿岸などで同様の調査を行ったため，貞観の地震の津波の全貌が明らかになり，それらを使って貞観の地震はプレート境界で発生した$M8.4$程度の地震とわかってきました。

　これら研究成果は多くの科学者に受け入れられつつあり，地震調査委員会や長期評価部会でも，貞観の地震を「どのように評価し，地震防災に役立てるか」議論を始めたところでしたが，「その結論を得る前に超巨大地震が発生した」とのことでした（岩波書店「科学」2011年5月号の島崎邦彦による記事）。しかし，このような状況をもって，想定外の程度はそれほどでもないと言えるでしょうか。$M8.4$という規模は東北地震の$M9.0$に遠く及ばず，巨大地震ではありますが「超」巨大地震には決してなっていません。図2の理科年表に書いたように貞観の地震だけではなく海溝寄りの津波地震が合わさって，しかもそれぞれが倍以上の規模を持っていなければなりません。地震学の予測と実際の地震にズレが生じたことは，過去の経験から理論をつくりあげる，経験的方法論としての科学の限界とも言えます。十分多くの事象を実験・観察できない現象

に対して，科学は未来の予測を高い精度で行うことが原理的に困難だからです。

Ⅲ　おわりに

　東日本大震災以前の，東北地震に関連した科学的予測を振り返り，それらを地震の科学から検証してみました。その結果，東北地震とそれに伴う津波は，これまでの地震学が，この地域について持っていたデータや，そのデータに基づく予測にはない規模のものでした。これは，地震学の研究成果が大きな不定性を伴わざるを得ないことの帰結と言えます。

　経験的方法論である以上，科学的知識やそれに基づく予測には，様々な階層の不確かさを避けられません。このような不定性を避け得ない科学的知識を，社会は防災のため，どのように用いていくべきでしょうか。予測の科学的不定性を踏まえた社会的想定をどのように行うべきなのでしょうか。また，社会的想定の前提となるべき科学的予測は，どのような形であるべきなのでしょうか。今回の震災は，社会と科学者の双方に，多くの課題を残しています。

〔参考文献〕
宇津徳治『地震学（第3版）』（共立出版，2001年）
大木聖子・纐纈一起『超巨大地震に迫る』（NHK出版，2011年）

◆第Ⅰ部◆ 科学の不定性に気づく

第3章
"メタボ"の誕生
── 医学的診断の社会性 ──

辻内琢也

Ⅰ　はじめに

　みなさんは，医学や医師に対してどの程度の信頼を寄せているでしょうか。医師は人間だからミスもするだろうし誤診もやむを得ない，しかし医学はしっかりとした科学的研究に基づく学問体系だから信頼できる，そう思ってはいないでしょうか。この章では，「医学や医療はどこまで科学的たりうるのか」を中心テーマとして，医学的診断の不確実性と社会性を考えます。

　今の医療界では，20世紀末に新しい潮流として登場した「エビデンス・ベイスト・メディスン（Evidence Based Medicine：EBM）」という言葉が流行っています。「根拠に基づく医療」あるいは「科学的根拠に基づく医療」と訳されることもあるEBM（イービーエム）は，1992年に米国の医学雑誌JAMAにその提案が掲載されてから，世界中を席巻する勢いで広まりました。わが国では，2000年に『EBMジャーナル：医療の新しいパラダイム』という医学雑誌が刊行されています。

　この「根拠に基づく医療」という考え方が近年になって流行したということは，裏を返せば，これまでの医療は必ずしも十分な根拠に基づいていなかった，と医療界自身も認識していることが分かります。

Ⅱ　EBMが提示する「医学の中の科学」

　医学の世界では，最もすぐれた根拠を示す研究方法として「二重盲検法（double blind test)」が知られてきました。これは新薬を開発する際に必ず使われる研究手法です。心理的・主観的な効果を除外するため、有効成分の入っている薬（新薬）と、「プラシーボ薬」と呼ばれる有効成分が入っていない「偽の薬」とを用意し、そのどちらが投与されているのか、薬を投与される患者だけでなく、投与する医師も分からないよう、二重の工夫をする（＝ブラインドをかける）手法です。

　錠剤・カプセル・点滴液などの物体としての薬については、この二重盲検法を使って研究することが可能ですが、すべての医学的処置や治療法の効果をこの方法で調べることは不可能です。手術や心理療法のような人間の手が加わる手技的・技術的な治療法を調べる際、また健康診査や健康教育などの効果を調べる際、それを行なう治療者・研究者側までもがブラインド状態になることは不可能だからです。そこで考案されたのが、ランダム化比較試験（randomized controlled trial: RCT）という研究方法です。EBMの分野では、エビデンス＝根拠のレベルを表1のように設定しており、最も信頼できるレベルが「Ⅰa：複数のランダム化比較試験のメタ分析による」ものとしています。

表1：エビデンスの質の分類

Ⅰa	複数のランダム化比較試験のメタ分析による
Ⅰb	少なくとも1つのランダム化比較試験による
Ⅱa	少なくとも1つのよくデザインされた非ランダム化比較試験による
Ⅱb	少なくとも1つの他のタイプのよくデザインされた準実験的研究による
Ⅲ	比較研究や相関研究、症例対照研究など、よくデザインされた非実験的記述的研究による
Ⅳ	専門家委員会の報告や意見、あるいは権威者の臨床経験

（米国保健政策研究局：Agency for Health Care Policy and Research; AHCPR, 1993 より）

　RCTという手法では、患者たちは、異なる治療を受ける複数のグループに、くじ引きなどの方法で無作為に分類されます。研究を実施する治療者・研究者の側は、自分がどのグループにどのような治療を行なうのかを知っています。そこで客観性を高めるため、医学的治療の効果を「事象の発生率」という数量データを用いて判断します。事象とは、病気の罹患率や死亡率、症状の軽快や悪化、血液検査などの医学的検査数値の変化、心理テストや定量的に把握したQOL（Quality of Life＝生活の質）の変化などを指します。

レベルⅠaの「複数のランダム化比較試験のメタ分析による」とは，世界各地の研究機関で行なわれたRCTによる研究成果を集めて，ある治療法の効果を総合的に比較検討する方法（メタ分析）を意味します。この手法で編み出された知識が，現在のEBMの世界では最も確からしいものとしてみなされているのです。

レベルⅡは，RCTを採用していない実験的研究です。その次のレベルⅢが，比較研究・相関研究・症例対照研究などの記述的研究です。医学の世界では，歴史的に「ある新しい治療法を試みたら，このように治療効果があった」と記述する症例報告が重要視されてきました。ひとりの症例報告が発端になり，次々にその治療法が試みられ，最終的にはスタンダードな治療法として確立された事例は数々あります。しかし，「科学的」な観点からすれば，一例や数例の結果は偶然の産物かもしれないので，エビデンスとして低く評価されるのです。

これまでの医療がいかに根拠に基づいていないものであったかを知る上で，筆者が最も注目しているのはレベルⅣの「専門家委員会の報告や意見，あるいは権威者の臨床経験」です。エビデンスの質として最も低い位置に置かれたのが，専門家委員会や権威者なのです。これまでの医学の世界が，この分野の権威者とされる人たちの知識や経験に支配されてきたことに気づくと，EBMという考え方は，従来の医学界の権威構造をひっくり返そうとする非常に革命的＝ラディカルなものだと言えるでしょう。

それでは，実際の医学の世界で，どのようにエビデンスが作られ，使われているのかを見てみましょう。

Ⅲ　メタボリックシンドロームの診断基準をめぐる疑問

1　「メタボ」診断基準の登場

ここでは，筆者がこれまで行なってきた，「メタボリックシンドローム」の診断基準をめぐる批判的医療人類学的研究を事例に考えていきます。

わが国では，2005年に診断基準が作成され，2008年からはメタボリックシンドロームに着目した「特定健康診査・特定保健指導」が実施されています。この検診は40歳から74歳までの公的医療保険加入者全員を対象として全国的に実施されるようになったもので，検診に加えて保健指導までもが保険事業

者に義務化されました。「メタボ健診」の異名で知られているこの特定健診は，「ウエスト周囲径」すなわち「お腹まわりの長さ」の簡易な計測による健診と，「行動変容理論」という，行動科学に基づいて個人の生活習慣を変化させる新しい方法論をもとにした保健指導を目玉とし，今では社会に定着したものとなっています。

わが国のメタボリックシンドロームの診断基準は，2004年に発足した「メタボリックシンドローム診断基準検討委員会」（以下では「検討委員会」と略）によって作られました。大阪大学名誉教授で当時の住友病院院長であった松澤佑次氏が委員長を務め，表2のように8つの学会の代表者が委員（オブザーバー含む）として参加しました。

「検討委員会」は，「海外でも複数の診断基準が発表されており，少し混乱が生じている。病態を正しく認識し，日本人に即したエビデンスに基づいた診断基準を作成することが日本人の予防医学上重要であり，世界に向けた発信にもなる」と述べています（内科学会雑誌に発表された記事による）。この文章には，まさに「エビデンス」という用語が使われているように，日本人に即したエビデンスをしっかりと調査研究して，これから日本の診断基準を作るのだという意気込みが感じられるものでした。しかし，診断基準はたった一年間の審議期間で作られてしまうのです。その一年間にどのような調査研究をして，日本人に即したエビデンスを確立したのか。そして，診断基準はどのように決められたのでしょうか。

表2：メタボリックシンドローム診断基準検討委員会に参画した学会と委員名

①日本動脈硬化学会	北徹，齋藤康，寺本民生
②日本糖尿病学会	清野裕，山田信博
③日本高血圧学会	片山茂裕，島本和明
④日本肥満学会	中尾一和，宮崎滋
⑤日本循環器学会	久木山清貴，代田浩之
⑥日本腎臓病学会	槇野博史
⑦日本血栓止血学会	池田康夫
⑧日本内科学会（オブザーバー）	藤田敏郎

2 メタボリックシンドロームの疾患概念

　診断基準作成の経緯を探る前に，まず「メタボリックシンドローム」がどのような概念なのかを確認しておきたいと思います。

　メタボリックシンドロームは「インスリン抵抗性，動脈硬化惹起性リポ蛋白異常，血圧高値を個人に合併する心血管病易発症状態である」と定義されます。簡単に言えば，インスリン抵抗性は糖尿病を，動脈硬化惹起性リポ蛋白異常は高コレステロール血症を，血圧高値は高血圧を意味しますので，糖尿病と高コレステロール血症と高血圧という，三つの疾患が一人の個人に重なって生じた病態だと言えます。

　一個人に複数のリスク（危険性）が集積した状態は，歴史的には「マルチプル・リスクファクター症候群」と呼ばれてきました。1980年代になって，動脈硬化によっておきる病気の発症が，それまでに常識とされてきたように必ずしも高コレステロール血症が決め手ではないという臨床医らの経験が元になって，1988年に「シンドロームX」，1989年に「死の四重奏」，1991年に「インスリン抵抗性症候群」，1992年に松澤らによる「内臓脂肪症候群」として，この概念が提示されてきたのです。このように様々な形で提示されてきた呼称を，ひとつの疾患概念として統一しようということで，世界保健機関（WHO）によって「メタボリックシンドローム」という概念が作られたとされています。

　この歴史の流れを見てみると，メタボリックシンドロームという概念が，20〜30年の医学界の歴史の中で新しく提示されてきた概念であることがわかります。世界各地域で著名な医学者たちがそれぞれ微妙に異なる新しい学説を唱え，それがWHOによって統一されたということもわかります。世界に存在するメタボリックシンドロームの代表的な診断基準を比較した表を以下に示します（表3）。

　この表から，WHO基準とヨーロッパのEGIR（European Group for the Study of Insulin Resistance）基準はインスリン抵抗性を概念の中心に据えている一方，米国のNCEP（National Cholesterol Education Program）基準と国際糖尿病連盟（International Diabetes Federation：IDF）基準は内臓脂肪に着目してウエスト周囲径を重視しており，国際的には様々な基準が乱立している状況だということがわかります。そのため，日本人にあった基準を確立する必要があると，わが国の「検討委員会」は言っていたのです。確かに，欧米人を念頭に置いて策定された国際基準が，遺伝的な背景や生活習慣の違いのある他の民族や地域に

表3：メタボリックシンドローム診断基準の国際比較

	WHO基準(1998)	ヨーロッパEGIR基準(1999)	米国NCEP基準(2001)	国際糖尿病連盟IDF基準(2005)	日本基準(2005)
定義	糖尿病，空腹時高血糖，耐糖能生涯，またはインスリン抵抗性が必須	血漿インスリン値>75%が必須	下記のうちから3項目以上	中心性肥満（民族別のウエスト周囲径で男女別に定義）が必須	中心性肥満（ウエスト周囲径）が必須
判定基準	◎必須 ○2項目以上（アルブミン尿を含む）	◎必須 ○2項目以上	○3項目以上	◎必須 ○2項目以上	◎必須 ○2項目以上
肥満	○ ウエスト・ヒップ比 男性>0.90 女性≥0.80 またはBMI>30	○ ウエスト周囲径 男性≥94cm 女性≥80cm	○ ウエスト周囲径 男性≥102cm 女性≥88cm	◎ ウエスト周囲径(アジア系) 男性≥90cm 女性≥80cm	◎ ウエスト周囲径 男性≥85cm 女性≥90cm または内臓脂肪面積≥100cm²
中性脂肪（トリグリセリド）	○ ≥150mg/dL	○ ≥150mg/dL	○ ≥150mg/dL	○ ≥150mg/dLまたは薬物治療中	○ ≥150mg/dLまたは薬物治療中
HDLコレステロール	○ 男性<35mg/dl 女性<39mg/dl	○ 男女共<39mg/dl	○ 男性<40mg/dl 女性<50mg/dl	○ 男性<40mg/dl 女性<50mg/dlまたは薬物治療中	○ 男女共<40mg/dlまたは薬物治療中
高血圧	○ ≥140/90mmHg	○ ≥140/90mmHg	○ ≥130/85mmHg	○ ≥130/85mmHg	○ ≥130/85mmHg
空腹時血糖	◎（空腹時，糖負荷試験時の血糖およびインスリン抵抗性の評価）	◎（血漿インスリン値>75%）	○ ≥110mg/dL	○ ≥100mg/dLまたは2型糖尿病	○ ≥110mg/dLまたは薬物治療中

おいても，心血管病になる危険性が高い者をひとつのグループとして成り立たせうるかという疑問がありますので，この委員会発足の趣旨は医学的に価値のあるものといえるでしょう。

　最終的に，委員会から提示されたわが国独自の診断基準は，松澤委員長が専門とする「内臓脂肪」の蓄積を重視したものとなっていて，「CTスキャンなどで内臓脂肪測定を行うことが望ましい」としながらも，男女とも内臓脂肪面

◆第Ⅰ部◆ 科学の不定性に気づく

図1 「メタボリックシンドローム」論文ヒット件数

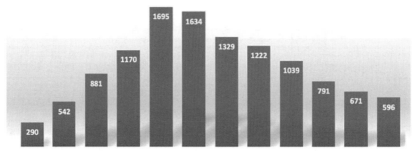

2003年 2004年 2005年 2006年 2007年 2008年 2009年 2010年 2011年 2012年 2013年 2014年

積100cm^{2}に相当するとされたウエスト周囲径が男性85cm以上・女性90cm以上と設定されました。それでは，1年という短期間で提示されたこの診断基準には，どの程度のエビデンスがあるのでしょうか。

3　医学界内部からの批判 ● ● ●

まずは，医学文献の中で，メタボリックシンドロームがどのように描かれているのかを検討してみましょう。

医学文献検索サイト「メディカルオンライン」で検索した年度ごとの「メタボリックシンドローム」論文のヒット件数は，図1のようになっており，論文数のピークが2007〜2008年であることがわかります。これには，2005年4月の診断基準策定を契機に各地で研究が開始され，2008年の特定健診への応用に伴って論文が増えた可能性が考えられます。これらの合計一万件近い論文のほとんどが，メタボリックシンドロームの概念や診断基準を自明のものとして，その枠内で議論をしています。一方，概念や診断基準そのものの問題を指摘する論文も存在します。ここでは，後者の代表的論文を紹介します。なお，個々の論文の詳細については，筆者自身の研究（「参考文献」に後掲）を参照してください。

(1) メタボリックシンドローム概念そのものへの批判

米国糖尿病学会（ADA）と欧州糖尿病研究学会（EASD）が合同でまとめた2005年の提言は，次の二つの問題点をあげています。

一つめは，メタボリックシンドロームの定義が明確でない点です。すなわち，

世界的に主要とされる WHO と NCEP の診断基準でさえ異なる項目があり，しかも統計解析に基づいた基準値が示されておらず，インスリン・コレステロール・血圧などの要因のうち何が統計学的に有意なリスク因子になっているのかも明らかにされていません。

　二つめは，メタボリックシンドロームを病気の「集合体として」診断したからといって，高血圧や糖尿病など「個々の」病気が心血管系疾患を引き起こすリスクを個別に判断した場合よりも，危険性の予測力が上がるかどうかは不明だという点です。また，血圧・コレステロール・血糖値などの複数の基準項目それぞれが背負うリスクは同じとは言えず，基準項目のどの組み合わせによる診断が最も予測力を持つかも不明だと指摘しています。

　これは論理性ある批判です。現行の世界の様々な診断基準は，少なくとも2段階のリスクを想定しているのみなのです。判定の手続きから考えると，IDF，日本の各基準はウエスト周囲径を1ランク上のリスク因子と評価しており，血圧・コレステロール・血糖の3つのリスク因子を1ランク下げ，同等の重み付けとしています。

(2) 日本版診断基準の問題点の指摘

　東京大学の原一雄・門脇孝ら（糖尿病代謝内科）は，2006年，2007年の論文において新潟県新発田市における692名の健診受診者データをもとに，ウエスト周囲径の「カットオフ値（正常と異常を分ける基準値）」を検討しています。それによると，高中性脂肪・低 HDL-C・高血圧・高血糖の4つのリスク因子のうち2つ以上をもつ者を予測できるウエスト周囲径を，統計的に男性85cm・女性78cmと算出しました。男性の値は日本の診断基準と合致していますが，女性は12cmも小さくなっています。

　この論文の結論では，現在の診断基準のウエスト周囲径は心血管疾患の予測に有効ではないと述べ，あえて「メタボリックシンドローム」として診断することの臨床的有用性は，欧米でも確立されているわけではないと断言しています。

　札幌医科大学の島本和明・三浦哲嗣ら（内科）は2007年の論文で，北海道の端野町，壮瞥町などの調査データから，2つ以上のリスク集積に関しては，ウエスト周囲径のカットオフ値として男性85cm・女性77cmが妥当だとし，HDL コレステロール基準の再検討も必要と報告しています。「検討委員会」に日本高血圧学会の代表として参画している島本氏は，この論文の中で，日本の

診断基準では，ウエスト周囲径には日本肥満学会のガイドラインを，HDLコレステロール値には，日本動脈硬化学会の高脂血症に関するガイドラインをそのまま採用したことを明らかにしています。

順天堂医科大学の大村寛敏・代田浩之ら（循環器内科）は2006年の論文で，メタボリックシンドロームの概念が世界共通であり，心血管病予防の重要なターゲットとなることを強調しつつも，現行の日本版診断基準の問題点を指摘しています。まず，メタボリックシンドロームを構成する因子の位置づけに対する考え方の違いと，各基準値や組み合わせによる影響力の強さに関する検討不足を挙げています。また日本版診断基準は，世界で唯一，男性のウエスト周囲径の基準値が女性よりも小さいという特徴も含めて，十分なデータに基づく基準ではないと指摘しています。

「検討委員会」に日本循環器学会の代表のひとりとして参画していた代田氏は，この論文で，2005年に作られた基準値が「今後の検討課題としつつの今回の診断基準策定である」と述べており，この基準がある種の「暫定基準値」であったことが推察できます。

(3) 診断基準値の算出手法への批判

東海大学の大櫛陽一氏（医療情報学）は2006年の論文で，医用統計学の立場から鋭い指摘をしています。日本肥満学会がガイドラインを策定する際，CTスキャンによる内臓脂肪面積からウエスト周囲径のカットオフ値を決めていますが，大櫛氏はその元となった研究論文について，4つの問題点を挙げました。

一つめに，ガイドラインを作成するには統計の対象人数が少なすぎること。用いられたデータは，男性775人・女性418人であるにもかかわらず，ウエスト周囲径を測定していたのは，そのうち男性554人・女性194人のみでした。二つめは，内臓脂肪面積＝$100cm^2$という数値があくまでもひとつの疾患リスクを持つ人の平均値であり，このデータから「マルチプルリスク」に相当する値が求められないこと。三つめとして，途中の手順で男女別の分析が抜けているにもかかわらず，男女別のウエスト周囲径を算出していること。四つめとして，正常と異常を識別する統計学的解析が示されていないこと。以上から，日本版診断基準の必須項目である「ウエスト周囲径」には，まったく科学的根拠がないと断じています。

同じく医用統計学の立場から，大阪大学の坂本亘らは2008年の論文において，日本肥満症診断基準検討委員会と日本肥満学会による論文を検証し，男女

で異なるはずの内臓脂肪面積の基準を同一の 100cm^2 に設定している点や，内臓脂肪面積の分割値に対応するウエスト周囲径の算出時に適切でない統計手法を用いている点など，問題点を指摘しています。

　肥満学会の論文データを坂本氏らが再解析したところ，ウエスト周囲径のカットオフ値として男性 87cm・女性 85cm という数値が得られています。日本の基準は女性の胴囲が男性よりも大きいという，国際基準からみて不自然であった理由について，統計解析のミスであると指摘し，さらに，胴囲の基準を修正してもなおかつ，偽陰性（病気であるにも関わらず正常とみなされること）や偽陽性（病気でないにも関わらず異常とみなされること）の診断割合が 40% も残るため，そもそも胴囲で診断すること自体に限界があると述べています。すなわち，日本の特定健診では，本来受診する必要のない男性を異常とし，逆に本来受診が勧められるべき女性を正常と判定していると言え，現在の健診の根本的な危うさを明らかにしています。

(4) リスクの見きわめに関わる批判

　大阪大学の大平哲也ら（公衆衛生学）は，2008 年の論文で，EBM 研究の立場から，現行の診断基準が本当に心血管疾患死亡のリスクの高さを評価しているのか，検証を行っています。欧米における 21 の大規模継続調査をメタ分析した結果では，WHO 基準と NCEP 基準がともに心血管疾患発症・死亡のリスク上昇と関連していることを確認したようです。しかし，茨城県における男女約 9 万人の 10 年間コホート研究データから，日本の診断基準では，血圧高値・脂質異常・血糖高値のリスク保有数が 2 つ以上の場合，肥満群よりも非肥満群の方が，循環器疾患死亡への寄与危険度が高いことを明らかにしています。

　つまり，日本人の場合，同じようにリスクが 2 つ以上ある場合でも，肥満している人よりも，肥満していない人の方が，循環器疾患による死亡の危険度が高いということなのです。これは注目すべき結果であり，ウエスト周囲径をリスクの最も高いレベルに位置づけている日本版診断基準の弱点を明らかにしたものと言えるでしょう。

　また，「検討委員会」に日本糖尿病学会の代表として参画した清野氏を含む，関西電力病院の医師らは，臨床医の立場から次のように批判しています。疫学データによれば，日本の糖尿病患者や高血圧症患者のうちメタボリックシンドロームを経由して発症する例は 40% にも満たないことから，メタボリックシ

ンドロームを重視しすぎると，肝心の糖尿病・高血圧症・脂質異常症の診断および治療がおろそかになってしまう危険性がある，というのです。しかも，メタボリックシンドローム自体は「疾患ではない」とし，あくまでも「疾病を引き起こしやすい状態」を意味しているに過ぎないと述べ，この概念の臨床上の取り扱いは十分に注意する必要があると結論づけています。

4　診断基準策定におけるポリティクス ● ● ●

2004年8月27日の第3回「検討委員会」では，診断基準の骨子として，内臓脂肪蓄積に加えて2つ以上の病気の共存・同時罹患とする案が合意されたと記録されています。しかし，各診断項目のカットオフ値の設定については，各担当学会がそれぞれ提案して事務局で報告書としてまとめることが決められており，それぞれのカットオフ値の妥当性については検討されていないことがわかります。先述のように，2005年の日本版診断基準は，「ウエスト周囲径」が日本肥満学会，「脂質基準」が日本動脈硬化学会，「血圧基準」が日本高血圧学会，「糖尿病基準」が日本糖尿病学会という具合に，それぞれの学会のガイドラインを並置したものに過ぎません。

　日本高血圧学会の島本氏，日本循環器学会の代田氏，そして日本糖尿病学会の清野氏など「検討委員会」のメンバーの一部が，次々に診断基準に対する批判的論文を書いていることを考えると，委員会内部で意見が割れていたことが推測できます。診断基準を策定する際の混乱状況が伝わってくると同時に，委員会内部で十分なコンセンサスが得られない段階で基準が決定されてしまったことがわかってきます。日本糖尿病学会の代表として「検討委員会」に参加していた山田氏も，「正直申し上げて，世界中でもあまりはっきりとしたエビデンスがない状況で，ベースとなる生活習慣病の環境がどんどん悪くなっていく中で，走らざるを得なかったというのが本音だと思います」と述べており，大きな課題を残したまま日本版診断基準が拙速に策定されてしまったことは明らかでしょう。

　他方，日本動脈硬化学会のホームページには，学会活動の成果としてメタボリックシンドローム診断基準の完成がアピールされており，「検討委員会事務局」名で，他の7つの学会に対して「検討委員会」への協力への謝辞が述べられていました（2012年3月時点の確認）。そこからは，日本の内科系の有力8学会の合同で発足したとされるこの「検討委員会」が，実際は日本動脈硬化学

会に主導されていたと推測されます。委員長の松澤氏がこの「検討委員会」が出来る2004年まで「日本動脈硬化学会」の理事長をしており,「検討委員会」終結後の2008年からは「日本肥満学会」の理事長に就任している点も,無視できないかもしれません。メタボリックシンドロームの診断基準策定のプロセスをみてくると,そこには医学界内の関係が見え隠れします。一見,客観的なデータで積み上げられてきた医学の営みも,ポリティクス（政治性）とまったく無縁ではないからです。

5　3つのレベルの問題

　メタボリックシンドロームをめぐる問題には3つのレベルの課題があると,筆者は考えています。

　1つめは,メタボリックシンドロームという概念そのものの問題です。心血管病を予防するために,個々の心血管系リスクをあわせたものよりも,全体としてメタボリックシンドロームとして診断する意味があるかどうか,というポイントです。これを証明するには,少なくとも10年にわたって行なわれた疫学的調査を,いくつも検証する必要があるでしょう。先述のように,欧米における21のコホート研究のメタ分析からは,WHOとNCEP基準はともに心血管疾患死亡と発症のリスク上昇と関連していることを確認していますので,日本における調査結果の精密な検証が望まれます。

　2つめは,診断基準の問題です。遺伝的な背景や生活習慣の異なる民族や地域において科学的に妥当な基準になっているかどうか,ウエスト周囲径・高血圧・脂質異常・高血糖それぞれのリスクの心血管病発症に対する寄与率はどのくらいなのか,という点が明らかにされるべきでしょう。たとえば,心血管病の発症に関連する各要素の危険度が統計学的に,ウエスト周囲径が1倍,高血圧が2倍,脂質異常が2.5倍,高血糖が3倍という結果が得られたとしましょう。すると,ウエスト周囲径の増加は危険度を上げませんのでメタボリックシンドロームの診断基準から外す必要が出てきますし,3つの疾患にはそれぞれ重み付けをして,リスクが重なった場合の全体のリスクを算出する必要が出てくるのです。

　国際糖尿病連盟（IDF）は,民族地域による違いを基準値に反映させています。2007年に日本人向けの基準を,中国やアジアの基準と同じく男性90cm,女性80cmに変更するべきだと日本に通達してきました。朝日新聞（6月17日）

の「メタボ論争　日本人向け二つの基準値」という記事では,「日本の基準作りに携わった松澤佑次病院長は, IDF の打診を拒否したが押し切られた」と書かれていますが, 世界のなかで日本の診断基準だけが男女逆転した数値(男性85cm, 女性90cm)になっていることに, 海外から疑問が提示されたのです。

　3つめは, メタボリックシンドロームの概念を保健行政に利用する場合の問題です。厚生労働省がこの基準を採用して全国的な健診に応用するのであれば, 少なくとも, もうワンランク上の客観的根拠が明確にされるまでは, 結論を急ぐべきではなかったかもしれません。この概念を元に保健政策を進めた場合の経費はどの程度かかり, 予防できた場合の医療費の削減はどの程度なのか, といった医療経済学的な評価も必要であることは言うまでもありません。

　これらの3つのレベルの問題において, 1つめと2つめは, 医学界内部の問題で止まっている限り大きな危険性はありません。医学界内部にさまざまな学説が玉石混淆するのは, 歴史的に見ても常だからです。ここで最も問題なのは3つめです。すなわち, 科学的根拠が明確ではない概念や基準が, さも科学的根拠が明確にしめされたものであるかのように, 国家的な保険政策に利用されたという点です。医学界内部に止まっていれば問題は小さく済んだものの, 保健政策に取り込まれることによって日本社会全体に大きな影響力を持つようになってしまったという点が, 大きな社会的危険性を生み出しているのです。こうした検討作業では本来, 学会を超えて客観的根拠に基づく議論を深めることが必須なのです。

　2007年から, 厚生労働省の研究班が日本版診断基準の再検討に取り掛かったことは, 特定健診という社会政策にふさわしい, より良いエビデンスを生み出す作業として注目できます。

Ⅳ　3層の医学から見た「メタボ」

1　基礎医学・臨床医学・社会医学

　「医学」とひとくくりに言いますが,「医学」は実は, 基礎医学・臨床医学・社会医学という3層の医学によって成り立っています。医学教育のカリキュラムだけでなく, 病院や大学の組織もおおむねこの3つに分類されているのです。

　基礎医学とは, いわゆる実験室での医学です。細胞生物学・解剖学・生化学・

生理学などがこれに該当し，遺伝子や細胞組織レベル，そしてマウスなどを使った動物実験などを中心としたレベルの研究を行ないます。薬剤の開発にはこの基礎医学が不可欠です。たとえば，花粉症の季節になると"○○ブロック"などといったアレルギーの元を遮断するようなイメージのコマーシャルが世間に溢れますが，これが基礎医学的な知見をイメージ化したものです。

臨床医学とは，病院やクリニックにおいて，患者さんの抱えている病気を治療しようとする医学です。病院の診療科名にもなっている，内科学・外科学・産婦人科学・眼科学といったものが，これに該当します。ひとり一人の病状をいかに把握するか，それぞれの病状に適合した治療法をいかに選択し実行するか，といった事を重要視するレベルの医学です。例えば同じ花粉症でも人によって合う抗アレルギー薬は異なり，「○○の薬は効くけれども，△△は自分には効かない」といった現象は，臨床医学レベルの話題です。

社会医学は，衛生学や公衆衛生学と呼ばれる医学を中心に，集団としての人間である住民や国民といったレベルの疾病や健康を扱う医学になります。新型インフルエンザやエボラ出血熱などの蔓延をいかに防ぐか，といった問題は，この社会医学のレベルの話題です。

大学医学部や大学病院等で最も人数が多く，主導権を握っているのが臨床医学に従事する医師たちです。基礎医学や社会医学は，政治的な力という観点からは低く見られることが多いようです。しかし不思議なことに，研究という観点からは，患者の治療を題材とした臨床医学的研究論文ではなく基礎医学的研究論文の方が高く評価されてきた伝統がありますので，多くの臨床医学に従事している医師たちは，一時期，基礎医学の研究室に入門して基礎医学的な実験と論文執筆のトレーニングを受けることが多いという特徴もあります。

2　基礎医学と臨床医学のギャップ ● ● ●

メタボリックシンドローム診断基準検討委員会の委員長を勤めた松澤氏は，apM-1という脂肪細胞を発現させる遺伝子と，その遺伝子によって作られるアディポネクチンというタンパク質を，世界に先駆けて発見した人物です。松澤氏は，心血管病に大きく関係している動脈硬化のメカニズムとして，脂肪細胞のもつ重要な役割に着目し，それまでに発見されてきた内臓脂肪蓄積を促進させる物質（アディポサイトカイン）ではなく，内臓脂肪蓄積を阻止し防御的に働く物質（アディポネクチン）を発見した，という点で世界的に高く評価さ

れました。アディポネクチンを元にした薬剤が開発されれば，さまざまな生活習慣病に対する画期的な治療薬となるという期待もあったようです。これらの一連の内臓脂肪に関する研究に対して，松澤氏は国際肥満学会最高賞ヴィレンドルフ賞や日本医師会賞などを受賞しています。松澤氏は，大学病院の内科教授を務めておりますので，もちろん病院において内科医として臨床医学に従事していたことは間違いありませんが，学問としては基礎医学分野において世界的な業績を上げた人物だということです。

　ここで，大きなギャップの存在を考えなければなりません。確かに細胞レベルのアディポネクチンの発見の意義は大きなものでしょう。しかし，この発見を一人の人体というシステムに当てはめた時にどう働くのでしょうか。松澤氏らは，脂肪細胞の問題に着目し，それを人体の内臓脂肪の蓄積という問題と結びつけ，内臓脂肪の量をCTスキャンという断層写真で割り出し，そこからウエスト周囲径を算出するという方法を考えついたと言われています。よく考えれば，この論理展開には，それぞれ一段階あがるためには大きなギャップがあることが容易に想像できるでしょう。

　基礎医学的な細胞レベルの発見を，数多くのシステムの集合体であるひとりの人体のレベルを扱う臨床医学に適応させるには，その論理的なギャップを埋める作業が必要です。血液検査や尿検査として確立されてきた方法がそのひとつです。臨床医は，血液中や尿中の様々な物質の多い少ないといったパターンを読み取って，臨床的な病状を推定しようとします。これは，まさに基礎医学と臨床医学のギャップを埋める作業と言えるでしょう。

　メタボリックシンドロームの研究に関しては，このようなギャップを埋めるプロセスが十分に取られなかったという点が，科学的には大きな問題と言えるでしょう。たとえば，脂肪細胞の中のアディポサイトカインとアディポネクチンのバランスの悪さから，個体における内臓脂肪が多く蓄積していることをどのようにして導き出せるのでしょうか。内臓脂肪の蓄積が，どの程度高血圧や糖尿病などの発症や増悪に関与して，さらには心血管病のマルチプルリスクにどの程度関連してくるのでしょうか。科学的な医学であるためには，それぞれの論理的飛躍を埋める証明が重要となるのです。このように，基礎医学の研究成果を臨床医学レベルに適応させるためには，越えるべきギャップがいくつも存在するからです。

3 臨床医学と社会医学とのギャップ ●●●

次に，臨床医学と社会医学のギャップについて考えていきたいと思います。

メタボリックシンドロームの疾患概念が成立するまでの歴史の項で，「マルチプル・リスクファクター症候群」という一個人に複数のリスクが集積した状態の危険性がメタボリックシンドロームという概念の基盤となったことを解説しました。「死の四重奏」という言葉も同様で，内臓脂肪型肥満・高血圧・糖尿病・高脂血症といった4つの条件が個人に重なると，死に至る病気である虚血性心疾患（心筋梗塞など）や脳血管障害などを発症しやすくなるという考え方です。つまりこの発想は，一個人の患者さんの治療を行なう臨床現場から生まれた考え方であり，臨床医学における数多くの経験から導かれた推論に始まっています。確かに筆者も内科臨床医をしていた当時には，このような感覚を共有しており，検診などで4つの条件が重なる患者さんを見つけると，その危険性を理解してもらって，少しでも改善できるように指導しなければならないと考えていました。しかし，個々人の臨床においては時に正しいかもしれないことを，集団一般に対して適応させるためには，またひとつ次元を超えなければならないのです。

前項でいくつかの論文を紹介したように，日本の診断基準のエビデンスには少なからず疑問な点があることがわかりました。これは，個人レベルの医学を集団レベルの医学に拙速に結びつけようとした結果と捉えることもできます。臨床医学の発想を社会医学にそのまま適応させようとした問題，とも言えるかもしれません。

臨床医学の真実と，社会医学の真実を結びつける学問が「臨床疫学（clinical epidemiology）」と呼ばれる医学分野です。臨床疫学にはさまざまな要素が含まれ，「患者管理における臨床判断に必要や根拠をつくりあげるために，集団としての人間を研究」し，「健康改善をもたらす診断と治療の過程を研究するための疫学的・生命統計学的方法の適用で，患者管理に直接携わる臨床家によって行なわれる」もので，「臨床研究と臨床決断行為における，科学的で定量的なアプローチである」といったように定義されます（次項に述べる福井次矢氏らによる定義）。

4 EBMの定義 ●●●

ここで，最初に述べたEBMの話題に戻りたいと思います。なぜなら，この

臨床疫学こそが，EBMにおけるエビデンスを生み出す学問として位置づけられているからです。臨床疫学は，ランダム化比較試験のメタ分析などの統計的手法を用いて，臨床医学における診療の患者集団への有効性を明らかにしてきました。しかし，EBMが目指しているものは，決して科学的な医学だけではないことを知っておく必要があるでしょう。EBMのオリジナルな定義は，例えば次のようなものです。

> Evidence based medicine is the conscientious, explicit, and judicious use of current best evidence in making decisions about the care of individual patients. (Sackett DL, et al.,1996)

直訳すると「根拠に基づく医療とは，個々人の患者の治療法について決断する際に，最新最良の根拠を，良心的で明快そして慎重に使用するものである」となります。

EBMをわが国に紹介したパイオニアである福井次矢氏は，EBMに含意されている奥深い意味も付け加えて，これを次のように訳しました。

> 入手可能な範囲で最も信頼できる根拠を把握したうえで，個々の患者に特有の臨床状況と患者の価値観を考慮した医療を行うための一連の行動指針。

この定義では，医療の現場において，個々人の患者さんを前にした時に，その個々の状況に合わせてどれだけ根拠に基づいた臨床的判断を行なうか，ということが問われているのです。

図2は，Mulrowが1997年に発表した，EBMの概念図です。このアイデアが画期的なのは，いわゆる医学的根拠を意味する「エビデンス」だけではなく，価値観などを含む「患者・医師の因子」，さらには医療が行使される地域の社会経済的側面を「社会的制約」として位置づけ，これらの3つの要素への考慮が不可欠であることが示されていることです。

5　EBMにおける「エビデンス＝根拠」とは何か ● ● ●

図2の左上の楕円に描かれている「エビデンス」は，臨床疫学によって提示された科学的な根拠を示しています。これを「狭義のエビデンス」と呼び，そして3つの楕円のすべて含めたものを「広義のエビデンス」と呼ぶことにしたいと思います。

EBMの誤解あるいは誤用としてよくみられるのが，本来の多面的な「根拠に基づく医療」すなわち広義のエビデンスではなく，「科学的根拠に基づく医

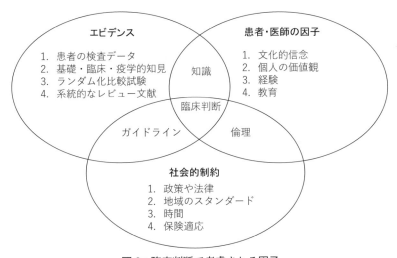

図2：臨床判断で考慮される因子
(Mulrow, et al., Annals of Internal Med. 126(5)：389–391)

療」として狭義のエビデンスを絶対視することです。世界各地におけるランダム化比較試験をメタ解析して得た知見は，臨床疫学的には高いエビデンスをもつ知見であり，高い信頼性を持つと言えるでしょう。しかし，臨床現場において目の前の患者さんにその知見を適応させるかどうか判断するときには，そのエビデンスを一面的に優先させることは出来ないのです。

EBMの手順として推奨されているのは，1) 眼前の患者での臨床上の疑問点を抽出する，2) 疑問点を扱った文献を検索する，3) 得られた文献の信頼性（内的妥当性）を評価する，4) 文献の結果を眼前の患者に応用することの妥当性（外的妥当性）を評価する，の4つのプロセスです。ここには，高い信頼性を持つ狭義のエビデンスを本当に目の前の患者に応用して良いのか，という吟味が最終的に必要であることが明記されています。EBMがめざしている「エビデンス＝根拠」とは，図2の一つの要素である狭義の「エビデンス」だけでなく「患者・医師の因子」と「社会的制約」という文化的・社会経済的条件，すなわち広義のエビデンスも勘案した根拠なのです。

別の言葉で説明すると，EBMは社会医学の真実を，臨床医学の真実に翻訳する場合に注意すべき点について語っていると言うこともできるでしょう。メタボリックシンドロームをめぐる混乱は，基礎医学の真実を臨床医学の真実に

結びつけようとした論理的な飛躍と，臨床医学の真実を集団検診に応用する社会医学の真実に置き換えようとしたところに発生した失敗だ，とまとめることができるでしょう。EBM の定義が語るように，基礎医学⇔臨床医学⇔社会医学の3層を相互に翻訳し，応用しようとする際には，「良心的で，明快かつ慎重に（conscientious, explicit, and judicious）」行なわれなければならないのです。

V 狭義の EBM を超え，医学・医療を理解する

1 正統的医療はどのように決まるか

これまでは，現代医学・医療と EBM におけるエビデンスの関係などを見てきました。本章の最後に，筆者の専門とする医療人類学の立場から，医学・医療を世界各地の文化・社会との関係で振り返り，直視すべきエビデンスとは何かを考えます。

歴史的に見ても，地理的に見ても，世界中には数多くの種類の医学・医療が存在します。大規模な医学・医療体系としては，日本の漢方や鍼灸も含めた中国系医学や，アーユルヴェーダとも呼ばれるインド系医学，中近東のアラブ・イスラム文化圏を中心に広がるユナニ医学，欧米に広がるホメオパシーやナチュロパシーなどがあります。これらは，いわゆる 19 世紀以降欧米で支配的になった近代科学的な医学とは，発想が根本的に異なる医学です。医療人類学では近代医学を，世界の様々な医学・医療を相対化し，生物医学・生物医療(bio-medicine) と呼びます。

生物医学・医療が欧米社会で主流となったのは何故でしょうか。それは，生物医学・医療が，必ずしも他の医学・医療と比べて多くの患者を治すことができたわけではない，という考え方があります。生物医学・医療の初期興隆期の 19 世紀初頭には，その攻撃的な治療法に強い疑念を抱いたドイツ人医師ハーネマン（1755-1843）が，自然の生命力を効果的に引き出す治療法としてホメオパシーを体系化させました。1830 年代に米国に移入されたホメオパシーは，健康の自己管理や医療の多元化を求めたポピュラーヘルス運動の流れにのって，米国各地にホメオパシー医科大学が創設され，数多くのホメオパシー医師が輩出されるようになりました。それに伴って 1840 年代には，生物医療に正当性を与えていた各州政府の医師免許制度が次々と撤廃され，ホメオパシーは生物

医療に勝る正当性を獲得しました。ところが，これに対して生物医療を基盤とする医師達は米国医師会を組織し，新聞やマスコミを巻き込んでホメオパシー医師を排斥する強力な政治運動に乗り出しました。ついに19世紀末には再び医師免許法が復活し，逆にホメオパシーが衰退していったのです。

日本でも，明治政府の近代化政策に基づく1874年の医制公布により，生物医学・医療を正統とする医療制度が確立され，漢方医たちが徐々に排斥されていきました。一方，インドや中国ではこのような政策がとられなかったため，現代でも生物医学・医療と対等に，伝統的なインド医学や中国医学の医師が認められています。生物医学・医療が正統とされたのは，生物医学・医療が優れていたからとは必ずしもいえず，政治的・歴史的な影響を伴う総合的な結果といえるでしょう。

2 身体や病気の多様性

生物医学・医療は，普遍的な身体の存在を出発点にした体系と言えます。人類は皆，同じ身体を持っていると見做すことで理論を構築しているのです。

一方，医療人類学では，このような生物医学・医療だけを，医学・医療としてはとらえません。世界にはいくつもの体系化された医学・医療が存在し，それぞれの社会文化の中で，人びとの病気治療や健康維持に役立っています。そして，それぞれの医学・医療体系には，異なる身体観が存在します。中国系医学では陰陽論，インド系医学では3体液説，ユナニ医学では4体液説がとられており，前提としている人体の基本システムが異なります。つまり，人間の身体への捉え方は普遍的なものではなく，社会や文化に依存するのです。

筆者は，中国系医学の鍼治療がプラシーボ以上の効果がないとした『代替医療のトリック』（サイモン・シンとエツァート・エルンストによる共著書）の問題点を，ランダム化比較試験の限界や，EBMの正しい使い方の観点から明らかにしました。世界のさまざまな地域に生きている医学・医療を，その一つに過ぎない生物医学・医療の観点だけから評価することには無理があります。

医療人類学では，病気を「病い（illness）」と「疾病（disease）」に分けて捉えます。illnessは，病気を患っている人自身によって感じられ，経験され，意味づけされるもので，地域に根付いた社会文化的背景を基礎に，病いと向き合う人生経験を通じて築き上げられてきた象徴的・多義的なモデルです。それに対してdiseaseは，医療者のまなざしから見たモデルで，医療専門家になる

ためのトレーニングによってつくられ，その時代の医学理論や，長年の臨床経験を経て強固になります。医療者は，それぞれの医学・医療システムに特有の理論的レンズを通して病気というものを「疾病」として認識するようにトレーニングされます。病気を患っている人自身の苦悩の経験である「病い」のリアリティーを，医療者は特別な用語体系や分類法という理論的レンズに基づいて「疾病」という専門的な問題として翻訳し，解釈し，構成し直しています。

　生物医学に依って立つ医療者は，血液検査の異常値が正常値になったことや，血圧などの測定できる数値が正常化したことをもって，「疾病」が治ったと言います。しかし，病者の方のリアリティーでは，頭の重い感じや体のだるい感じがとれず，治ったとはまったく思えないという現象が多々生じます。人類学的に言えば，そもそも「治る」という概念は文脈依存的なもので，病気を抱える人びと自身の文脈でおのおの判断されるものだからです。

　このように考えれば，現実の人間の身体は，生物医学でいう普遍的な側面だけで捉えられるものではなく，社会や文化にも依存すること，病気の治癒といった現象は「科学的」とされる狭義のエビデンスだけでは理解できないことが分かると思います。

Ⅵ　おわりに

　本章では，医学や医療に客観的根拠を求める考え方として20世紀末に登場した「エビデンス・ベイスト・メディスン」すなわち「根拠に基づく医療」を紹介したうえで，メタボリックシンドロームの日本の診断基準がつくられたプロセスを例示することで，医学的診断の不定性を明らかにしました。また，医療人類学の観点から，人間の身体や人間の病気といった現象を狭義のエビデンス，すなわち生物医学で「科学的」とされる一面的視点だけで捉えることは困難であること，医学や医療は広く社会的・文化的営みとして捉える必要があることを明らかにしました。EBM自体が本来，狭義の生物医学でいう「科学的」エビデンスのみではなく，患者・医師の因子や社会的制約も広義のエビデンスと捉え，総合的な判断が必要であることを明らかにしていることに気づくと，今日の日本で正統医学とされる生物医学と，他の伝統医学が自ずと結びつきうることを私たちは理解できると思います。

〔参考文献〕
辻内琢也「メタボリックシンドローム言説の社会的危険性［第1報］：批判的医療人類学の観点から見た診断基準をめぐる医学的課題」心身医学52巻10号（2012年）918-926頁

辻内琢也「メタボリックシンドローム言説の社会的危険性［第2報］：批判的医療人類学による社会反応の分析」心身医学52巻10号（2012年）927-936頁

メタボリックシンドローム診断基準検討委員会「メタボリックシンドロームの定義と診断基準」日本内科学会雑誌94号（2005年）188-203頁

松澤佑次『脂肪細胞の驚くべき真実：メタボリックシンドロームの科学』（中央法規，2008年）

辻内琢也「ポストモダン医療におけるモダン：補完代替医療の実践と専門職化」近藤英俊＝浮ヶ谷幸代編『現代医療の民族誌』（明石書店，2004年）

◆第Ⅰ部◆ 科学の不定性に気づく

第4章
犯罪捜査と科学
── DNA型鑑定をめぐる諸課題 ──

鈴　木　　舞

● ● ● Ⅰ　はじめに ● ● ●

「○県の民家で見つかった身元不明の遺体について，県警はDNA型と歯型などが一致したことから，遺体を行方不明になっていた××さんのものと確認しました。」

「事件現場で発見されたものと組成上の特徴を同じくする毒物が，被疑者宅から発見されました。」

　世界の中でも犯罪が少なく，安全といわれる日本でも日々多くの事件が発生しています。その犯罪を解決するために，証拠資料を科学的に分析する科学鑑定が行われます。事件現場で見つかった遺体が誰なのか，見つかった毒物がどこからきたものかなどが科学鑑定により推定されていきます。社会の中で科学が大きな役割を果たすようになった今日，犯罪捜査や裁判の中で科学鑑定が重視されています。

　証拠資料への科学鑑定が積極的に行われるようになったのは，近代科学が成熟期を迎えた19世紀以降とされています。それ以前には，証人による証言や被疑者の自白などが重視され，証言を得るための拷問などが利用されていました。古代までさかのぼると，人ではなく神に事件の解決を求める方法も取られていました。この方法は神判と呼ばれ，例えば熱湯の中の石を取らせ，火傷すれば有罪，しなければ無罪という判定が下っていました。こうした神判や拷問に代わり，証拠資料の科学鑑定によって科学を利用した犯罪解決が行われるようになりました。より客観的な犯罪捜査や裁判の遂行に貢献するものとして，

科学鑑定への人々の期待は大きいでしょう。

　しかし科学鑑定には様々な課題も存在します。日本で科学鑑定が大きく注目を浴びた刑事事件に，足利事件があります。1990年に栃木県足利市で女児が行方不明になり，翌日遺体で発見されました。1991年にこの事件の被疑者として菅家利和氏が浮上しました。そして，女児の半袖下着から採取された精液と菅家氏のDNA型が一致したことと菅家氏の自白などから，菅家氏が逮捕，起訴され，無期懲役の判決が下されました。しかしその後，2009年にDNA型の再鑑定が行われ，精液と菅家氏のDNA型が一致しないことが判明し，再審の結果，菅家氏に無罪判決が下されたのです。

　菅家氏の弁護を担当した佐藤博史氏が述べているように，菅家氏はDNA型鑑定によって当初有罪とされました。しかし再審では，新たなDNA型鑑定によって無罪とされたのです。つまり，足利事件では2つの科学鑑定が全く異なる結末を導きました（菅家・佐藤・2009）。この足利事件には，犯罪捜査や裁判での科学利用に関わる様々な問題が現れています。そしてその問題は，科学鑑定を行う側の問題と，科学鑑定の結果を利用する側の問題とに分けることができそうです。本章では足利事件をはじめとした世界各地の複数の刑事事件に触れながら，犯罪捜査や裁判の中で科学がどのように扱われ，いかなる問題があるのかを示します。なお，科学鑑定には対象に応じて，指紋鑑定や血液型鑑定，DNA型鑑定，毒物鑑定，ガラスや塗料などの微細物鑑定，足跡鑑定などがあり，それぞれ生物学や化学，物理学，工学などを利用しながら鑑定を行っています。本章では，個人識別能力の高さから犯罪解決への貢献度が高く，人々からの関心の大きいDNA型鑑定を主な事例として取り上げます。

II　科学鑑定を行う側の問題

　DNA型鑑定とは，我々のDNA（デオキシリボ核酸）を構成する4種類の塩基の配列（塩基配列）に個人差があることを利用して，発見された証拠資料が誰のものかを分析する科学鑑定です（より正確には，DNA型鑑定では発見された証拠資料のDNAが誰のものかが分析されます。本稿では分かりやすくするために，証拠資料が誰のものか，という表現にします）。DNA型鑑定は1985年にイギリスの遺伝学者であるアレック・ジェフリーズ（Alec Jeffreys）氏が考案し，1986年に世界で初めて刑事事件で利用されました。日本の刑事事件に関しては，1989

◆第Ⅰ部◆ 科学の不定性に気づく

年に警察による DNA 型鑑定が初めて導入されています。分子生物学や遺伝学の知識や理論が利用される DNA 型鑑定には，それ自体に様々な問題があることがこれまで指摘されてきました。

1　恣意性

　DNA 型鑑定では，証拠資料がどのような塩基配列の特性（DNA 型）を持つのかを明らかにし，その DNA 型と誰の DNA 型が一致するかを調べます。初期の DNA 型鑑定では，この DNA 型がバンド（図1，図2）の形として表されました。DNA 型鑑定を行う専門家がこのバンドを読み取ることで，その資料の DNA 型がどのようなものか，疑われている人の DNA 型と一致するかが判定されました。そのため，このバンドを解釈し，型を判定する際に恣意性が入り込む可能性が問題視されてきました。

　1987 年にアメリカでジョゼフ・カストロ（Joseph Castro）という人物が近所の母子を殺害したとして逮捕，起訴される事件が発生しました。この事件では，カストロ氏の腕時計から採取された血痕に対して DNA 型鑑定が行われ，血痕の DNA 型と被害者の DNA 型とが一致するという鑑定結果が出されまし

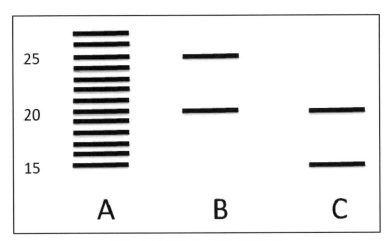

図1　DNA 型のバンド例（筆者作成）
（A は位置のマーカー。B は被疑者の DNA 型，C は事件現場で採取された証拠資料の DNA 型とします。A を参照軸にすることで，B，C の型が判定され，B，C のバンドの位置が比較されます。この場合 B は 20-25 型，C は 15-20 型です。図2で見るように，バンドが不明瞭だと型判定が難しい場合があります）

た。しかし、実際はDNA型のバンドが不明瞭であり、鑑定を行った専門家が自身の都合の良いようにデータを読み取った可能性があるとして、裁判で弁護側から批判を受け、DNA型鑑定結果が証拠として不採用となりました（瀬田・2005）。

前述した足利事件でも、このバンドの解釈に関して専門家の主観が介入した可能性が指摘されています。足利事件の際に行われたMCT118法と呼ばれるDNA型鑑定は、DNA型鑑定の初期の方法であり、科学的精度は現在の方法よりも低いものでした。足利事件で分析されたバンドは歪んでおり、被疑者と被害者の下着についていた精液のDNA型が一致するか判断する際には、判定に主観的な側面が強かったのではないか、という指摘がされています。すなわち、恣意的な判断により、実際には一致していないDNA型を一致しているとする、誤った鑑定結果となったのではないかという批判がなされています。さらに、DNA型の判別をする際に物差しとして利用していたマーカーが不適切なため、型判定に恣意性が入ったのではないか、という主張もされています（菅家・佐藤・2009；日本弁護士連合会人権擁護委員会編・1998；森・2014）。

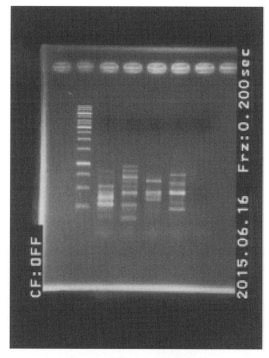

図2　DNA分析の画像例
（東北大学・自然科学総合実験・田嶋玄一准教授提供）
（この画像は4種類の動物のDNAを分析したもので、犯罪捜査で利用されたものではありませんが、犯罪捜査でも同様の画像が使用されます。初期のDNA型の判定では、このような画像からバンドの有無、位置を目視で判別していました。バンドには濃淡や幅の違いがあり、目視でその有無や位置を判別することには不正確さがつきまといます。左から位置のマーカー、ヒト、マウス、ラット、ゼブラフィッシュのバンド）

初期のDNA型鑑定では，その科学的精度の問題からDNA型を解釈する際の判断に，主観が含まれる余地が大きく，同じ証拠資料の鑑定結果について，DNA型鑑定の専門家の間での意見の対立がしばしばありました。

2 不十分なデータ ●●●●

前項では，DNA型を読み取る際に生じる問題について述べましたが，DNA型鑑定にはそれ以外にも技術的な問題が指摘されてきました。それは，事件現場などで発見された証拠資料のDNA型が，誰かのDNA型と一致した時に起こり得る問題です。DNA型鑑定では，現場などで採取された証拠資料と被疑者などのDNA型が一致するかどうかが判断され，証拠資料が誰のものかが検討されます。しかし，例えば事件現場の精液のDNA型と被疑者のDNA型が一致したとしても，精液が被疑者のものであるとは言い切れません。被疑者以外に同じDNA型を持つ真犯人が存在し，その人が現場に精液を残した可能性があるためです。それゆえに，一致したDNA型がある集団でどの位出現するのか，すなわち出現頻度を調べることで，現場の精液が誰のものかが確率的に評価されます。

DNA型鑑定の中で重要な，この出現頻度を利用した確率計算に関して，技術的な問題が指摘されてきました。出現頻度は集団や場所によって異なってきますので，確率計算では，犯罪が行われた場所や対象となる人が所属する集団に対応したDNA型の出現頻度が必要です。こうした特殊な出現頻度のデータは，DNA型鑑定の導入当初はまだ十分にはなく，出現頻度の算出方法も確立されていませんでした。そのため，鑑定を行う専門家が不十分なデータを利用して，ある意味独断で出現頻度を決定しているのではないか，と批判されてきました（勝又・2014；瀬田・2005）。

足利事件でも，出現頻度に関する問題が指摘されています。足利事件では，血液型とDNA型を合わせた鑑定が行われていました。被害者の下着についた精液の血液型（血液型は，血液以外からも判定可能です）とDNA型の出現頻度は，鑑定を行った科学警察研究所の発表では当初1000人に約1人とされており，第一審の判決ではこのデータが利用されました。しかし科学警察研究所が出現頻度についてのデータを集めるのに伴い，1000人に約1人とされた出現頻度が，後に1000人に約6人へと修正されました。出現頻度が1000人に約6人ということは，被疑者とされた菅家氏以外にも，犯人と同じ血液型とDNA

型を持つ人が，事件当時足利市に約250人いた，ということになります(菅家・佐藤・2009；日本弁護士連合会人権擁護委員会編・1998)。このように，足利事件当時のDNA型鑑定は，後にその値が変更されるような，十分とはいえない出現頻度のデータに基づいて行われていました。そして，1000人に約6人という出現頻度からも分かるように，採取された精液が菅家氏のものであると判断するには，当時のDNA型鑑定は確実性が低かったのです。

3 証拠資料の取り扱い ● ● ●

さらにDNA型鑑定に関する問題としては，鑑定する証拠資料の取り違えや捏造，コンタミネーション（混入）などもあります。十分なデータに基づき，専門家の主観を排除した鑑定方法であったとしても，鑑定される証拠資料自体が不適切に扱われていれば，鑑定結果は間違ったものとなる可能性があるのです。

証拠資料の取り扱いが問題となった事件で有名なものとしては，O. J. シンプソン事件があります。1994年，アメリカンフットボールのスター選手であったO. J. シンプソン（Orenthal James Simpson）氏が，元妻とその友人とを殺害した罪で逮捕，起訴されました。警察によるこの事件の捜査の中で，犯人と被害者が激しく争ったこと，シンプソン氏が手に切り傷を負っていることが分かりました。さらに，シンプソン氏の家から血のついた靴下が発見され，その血痕のDNA型鑑定が行われました。その結果，血痕からは被害者（元妻）とシンプソン氏，双方のDNA型が検出されました。そして出現頻度を利用した確率計算を行ったところ，靴下の血痕が被害者（元妻）とシンプソン氏双方のものである可能性が極めて高いことが分かりました。こうした捜査結果に基づいて検察は，靴下の血痕に対するDNA型鑑定結果を，シンプソン氏が被害者ともみ合いになりながら犯行におよんだ証拠と見なし，裁判に提出しました。

しかし，検察側の主張に対してシンプソン氏の弁護側は，血のついた靴下が，捜査過程で捏造された可能性を指摘したのです。警察による捜査では，DNA型鑑定や血液型鑑定のためにシンプソン氏から血液が採取されましたが，鑑定で使用した分量以外の血液を警察がどのように処理したかについて，記録が残っていませんでした。また靴下についた血痕は，靴下の足裏部分と足の甲部分両面についているという，少し奇妙な状態でした（もし靴下を履いて犯行におよんでいれば，血痕が足を通り抜けて足裏と足の甲部分両面につくことは考えられま

せん)。これらのことから弁護側は，捜査の過程で何者かが，採取したシンプソン氏の血液を靴下に付着させた可能性があると指摘したのです。

　科学鑑定の結果については裁判の中で検察側と弁護側で議論が行われますが，シンプソン氏の裁判では，弁護側はDNA型鑑定そのものではなく，鑑定された証拠資料の取り扱いに焦点を絞り，証拠資料の捏造を訴えました。証拠資料が捏造されていれば，いくらDNA型鑑定が正確に行われたとしても，その結果が正しいものとは限らないのです。弁護側は，靴下の血痕以外の証拠資料についても，その取り扱いに不備があった可能性を次々と暴露していきました。そして，実際にこの証拠の捏造説が陪審員の判断に影響を及ぼしたとされています。シンプソン氏には1995年に無罪判決が下りました（瀬田・2005）。

　こうした証拠資料の取り扱いの問題は日本でも発生しています。例えば，1949年に起こった殺人事件では，被告人の着ていた衣服に付着した血痕の血液型鑑定が行われ，血痕が被害者のものである確率が98.5%であるという鑑定結果が出ました。しかし再審を通して，警察が衣服を押収した当初は衣服に血痕は付着しておらず，血痕は捏造された可能性があるとして，無罪の判決が出ました。また，1966年に静岡県で発生し，死刑判決が下されていた強盗殺人放火事件でも証拠資料の捏造の疑いが浮上し，2014年に再審開始が決定されています（今村・2012；押田・2014）。このようにこれまで複数の刑事事件で，その証拠資料の取り扱いに疑義が呈されてきました。

　さらに，証拠資料の取り違えや捏造だけではなく，証拠資料にそれ以外のDNAが混ざってしまう，コンタミネーションという問題もあります。DNAは全ての細胞内に存在するので，簡単に混入する可能性があります。証拠資料の鑑定を行った専門家自身のDNAが証拠資料に混入することもあります。そのため，適切に鑑定を行ったつもりでも，結果として鑑定結果が不正確なものになる場合があるのです。

　コンタミネーションが引き起こした問題としては，ハイルブロンの怪人事件があります。2007年にドイツのハイルブロンで，殺傷事件が発生しました。その現場から採取された証拠資料について鑑定が行われ，DNA型が得られました。しかし奇妙なことに，1993年から2009年にかけて，ヨーロッパ各国で起こった多種多様な事件の証拠資料の鑑定で，このDNA型と同じものが発見されたのです。この国をまたいだ連続犯罪の被疑者は，「ハイルブロンの怪人」と呼ばれ，国際指名手配されました。しかし再捜査の結果，発見されたDNA

型が，DNA型鑑定で利用する綿棒を納入する業者の女性に由来することが判明しました。綿棒にはDNA型鑑定以前にこの女性のDNAが付着していたので，そのDNA型が検出されていました。怪人は存在しなかったのです。

4　理論と現実の違い ● ● ●

　このように，DNA型鑑定にはそれ自体に様々な問題があることが指摘されてきましたが，こうした問題は，科学理論が仮定する理想的な状況と現実に違いがあるために生じているといえます。例えば，現実に扱っている証拠資料は微量であったり汚染されていたりするために，理想的状況とは異なりバンドがうまく検出されず，読み取りが正確に行いがたくなります。また遺伝学の理論上，DNA型が特定の出現頻度で生じること自体が分かっていても，特定の集団や場所に関係する出現頻度の十分なデータがなければ，DNA型鑑定で正確な結果を得ることは出来ません。証拠資料の取り扱いも同様です。鑑定のやり方が適切なものであったとしても，証拠資料が多くの人に触れる中で不正に扱われていたり，コンタミネーションが生じていれば，鑑定結果は誤ったものになり得るのです。

　犯罪という現実状況から得られる証拠資料の鑑定では，理論が仮定する理想的な状況とは異なり，現実に応じた方法を取らざるを得ないため，その限界を踏まえた解釈を行う必要があります。初期のDNA型鑑定では，現実の証拠資料に対応した鑑定方法などに未熟な点が多かったため，専門家の恣意が介入したり，不十分なデータに基づいて，不備のある鑑定が行われてしまう場合が少なからずありました。

5　科学的精度の向上とさらなる課題 ● ● ●

(1) 鑑定方法の改良

　こうした科学鑑定を行う側の問題に対して，鑑定精度を向上させることでの対応がなされてきました。かつてDNA型はバンドの形で表され，鑑定の専門家自身が目で見て，そのDNA型を判断する必要がありました。その後，バンドの位置と明るさを定量化する装置が導入され，DNA型がバンドの目視ではなくグラフのピークとして表されるようになりました（図3）。またDNA型の判定に際し，判定基準を明確に定め，その基準の下で自動的にDNA型が何かを判断するソフトウェアが開発されました。その結果，DNA型を専門家によ

◆第Ⅰ部◆ 科学の不定性に気づく

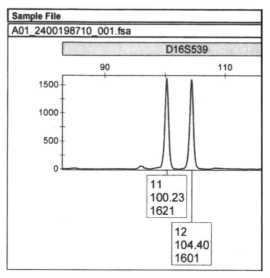

図3　DNA 型のピーク例

(The Institute of Environmental Science and Research の職員提供資料をもとに筆者作成。©The Institute of Environmental Science and Research)
(2つのピークの位置が2つの四角内に数値化されています。この四角内の一番上の数値，11と12がDNA型を表します。バンドを目視で判断していた場合とは異なり，自動的にこの数値が出てきます。図3は実際のDNA型鑑定で利用される図の一部分)

る違いなしに解析，比較することが可能になりました。

　またDNA型の出現頻度に関しても，それをより正確に算出するための検討が進められてきました。世界各地のDNA型鑑定の専門家たちは，DNA型のデータ収集を行い，それをデータベース化しています。その結果，データに基づいてDNA型の出現頻度を算出することが容易になりました。

　さらに，鑑定に関する手続きを厳格化することで，鑑定結果の精度を向上することも行われてきました。例えば証拠資料を，いつ，誰が，どこで，どのように採取し，鑑定の中でそれをどのように使用したのかについて全て記録を取るなど，証拠資料の管理を綿密に行い，捏造や取り違えなどを防ぐ対策が世界的に取られてきました。また，コンタミネーションを防止するために，鑑定に使用する道具や機器に事前にDNAが付着していないか詳細にチェックしたり，帽子やラボコート，マスクや手袋などで全身を覆って証拠資料の採取や鑑定を行ったりするなどの処置が，現在では多くの国で取られています（鈴木・2017）。

こうしたDNA型鑑定に関する様々な方法は法や指針としてまとめられ，その規制の下で鑑定を実施することが求められています。日本では，1992年に警察庁によって「DNA型鑑定の運用に関する指針（2003年，2010年に改正）」，1997年に日本DNA多型学会，科学警察研究所，日本弁護士連合会を中心として，「DNA鑑定についての指針（2012年に改正）」などが定められ，証拠資料の取り扱い方法や鑑定方法などが規定されています。

(2) 微量な資料，混ざった資料

DNA型鑑定は改良が行われてきたため，現在ではその精度がかなり向上していますが，まだ課題はあります。その一つは，微量な資料と混ざった資料に関わるものです。証拠資料は，非常に微量しか得られない場合があります。通常DNA型鑑定に必要なDNA量は0.2〜2ナノグラムとされていますが，DNA量が0.1ナノグラム以下（1ナノグラムは10億分の1グラム）の場合を微量資料といいます（cf. 勝又・2014, p.131）。こうした微量資料の鑑定は，まだ精度が高くありません。微量資料では，鑑定の感度を上げる必要がありますが，そうすると証拠資料以外のピークが検出される可能性が高まり，検出されるピークの再現性が確保されにくくなります。その場合，どれが証拠資料由来のピークかを判断することが難しくなります。微量資料の鑑定については，その再現性や信頼性をめぐって議論があり，日本をはじめとした多くの国では，科学的精度の高い鑑定たり得ないとして鑑定が行われてきませんでした。証拠資料を有効に活用するためには，このような微量資料の鑑定方法の確立が求められます。

また，強姦事件などでは被害者と被疑者のDNAが混ざっていることがあります。複数のDNAが混ざった資料の場合，どのDNA型がどの人のものなのかを判断することが難しく，専門家間で鑑定結果が異なる場合があることが問題とされてきました。なお，近年微量資料や混ざった資料に関しても，鑑定を自動的に行うソフトウェアがアメリカやニュージーランドなどで開発され，DNA型鑑定の科学的精度向上をさらに推し進めるものとして期待されています。

III 科学鑑定を利用する側の問題

鑑定方法の改良や証拠資料の取り扱いの厳格化などにより，DNA型鑑定の

信頼性は向上してきましたが，DNA 型鑑定に関して，科学鑑定を行う側の問題とは別種の問題が存在します。それが，科学鑑定の結果を利用する側の問題です。

1　科学鑑定への過信　●　●　●

　足利事件では，そこで行われた DNA 型鑑定が現在のものと比べて未熟なものであったことに加え，もうひとつの問題が存在していました。それは，DNA 型鑑定に対する過信です。取り調べの中で，菅家氏は当初犯行を否認していました。しかし，警察は DNA 型が一致したことから菅家氏が犯人であると考え，菅家氏に自白を迫りました。そして当初は否認していた菅家氏も，DNA 型が一致していたという鑑定結果を聞き，実際にはやっていないにも関わらず自白をしてしまいました。その後の裁判でも，第一審にあたった弁護士は，DNA 型鑑定の結果は覆せないとして，菅家氏の無実ではなく情状酌量を狙うという戦略を取ったようです。そして，DNA 型の一致とその結果導かれた自白が重視され，有罪判決が下りました。その後，新たに弁護を担当した弁護士や，彼らからの依頼を受けた DNA 型鑑定の専門家により，事件で行われた DNA 型鑑定の信頼性が疑われました。さらに DNA 型鑑定から引き出された自白とは矛盾する証言や証拠資料が発見されたことから，再鑑定が裁判所に何度も申請されました。しかし裁判所は，DNA 型鑑定の信頼性は維持出来るとして再鑑定を長年認めませんでした（押田・2014；菅家・佐藤・2009）。

　DNA 型鑑定の誤りが明らかになった後，警察庁や検察庁は，自分たちが DNA 型鑑定の原理や出現頻度の不確かさなどを正確に理解できていなかったため，これを過信し菅家氏が犯人であると思い込んだと述べています（警察庁・2010；最高検察庁・2010）。このように足利事件の悲劇は，警察官や検察官，そして裁判官なども含め，DNA 型鑑定を利用した様々な人々がその正当性を疑わず，過信していたゆえに生じた結果といえます。

　またアメリカでは，テレビドラマが人々の科学鑑定への過信を生んでいるのではないか，という議論がなされています。科学鑑定を題材としたテレビドラマを視聴した陪審員が，ドラマで描写されているように科学鑑定を万能のものと誤解した結果，様々な証拠があるにも関わらず，科学鑑定の結果のみを過度に重視して判断を下してしまっているのではないか，という指摘がされています。こうした科学鑑定への過信は，アメリカのテレビドラマ『CSI：科学捜査

班(CSI: Crime Scene Investigation)』にちなんで「CSI 効果(CSI effect)」と呼ばれています。

2 論理の飛躍 ●●◦◦

科学鑑定の利用に付随する問題としては，鑑定結果で実際に述べていること以上のものがそこから読み取られる，論理の飛躍という問題もあります。

(1) DNA 型鑑定で分かること，分からないこと

1997年に東京電力の女性社員が殺害される事件が発生し，その被疑者としてゴビンダ・プラサド・マイナリ(Govinda Prasad Mainali)氏が逮捕，起訴されました。この東京電力女性社員殺人事件では，DNA 型鑑定の結果，事件現場で発見されたコンドーム内の精液および現場に落ちていた陰毛と，マイナリ氏の DNA 型が一致しました。しかしマイナリ氏は犯行を否認し，また現場にはマイナリ氏とは別人の陰毛も落ちていました。そのため，マイナリ氏以外の人が犯行に及んだ可能性があるとして，第一審では無罪判決が下りました。しかし，第二審では逆転有罪で無期懲役の判決が下され，最高裁でもその判断は覆りませんでした。その後，被害者の体内に残った精液が保存されていることが判明し，2011年にその DNA 型鑑定が行われました。そして，被害者の体内にあった精液の DNA 型はマイナリ氏のものとは一致せず，以前現場で陰毛が見つかっていた人と一致しました。この結果から再審が行われ，2012年に無罪判決が下されました。

この事件からは，DNA 型鑑定の結果が，犯罪捜査や裁判の中ではそれが意図しない形で読み替えられてしまう危険性が分かります。DNA 型鑑定で分かるのは，事件現場などで採取された証拠資料の DNA 型が誰の DNA 型と一致するのか(証拠資料が誰のものか)であり，現場で見つかったコンドーム内の精液や陰毛の DNA 型がマイナリ氏のものと同一であったとしても，それはマイナリ氏が被害者を殺したということまでは意味しません。実際この事件では，マイナリ氏以外にも被害者と関係していた人物が存在し，その人物が犯人だったのではないかと考えられています。しかし捜査や，有罪判決が下された第二審，最高裁ではこの点が考慮されず，DNA 型の一致から，マイナリ氏が殺人を犯したという推定が行われました(押田・2014；読売新聞社会部・2014)。

DNA 型鑑定を通して専門家たちは，見つかった証拠資料が誰のものであるかを明らかにしていきます。しかし，被疑者が犯人かどうか，どのような罪

犯したのかなどは DNA 型鑑定だけでは分からず，他の証拠資料の鑑定や目撃者，被害者，被疑者の証言などの情報も吟味する必要があります。DNA 型鑑定の鑑定方法が向上する中で，ある証拠資料が特定の人のものであることが高い確率で分かったとしても，その人が犯人かどうか，どのような罪を犯したのかは，DNA 型鑑定の範疇を超えます。DNA 型鑑定を利用する人がこの点を理解せず，DNA 型鑑定の結果を，その限界を超えて用いるという問題があるのです。

(2) 必要性と十分性

こうした問題は，DNA 型鑑定以外の科学鑑定についても起こっています。1998 年，和歌山市の夏祭りで振る舞われたカレーに，毒物である亜ヒ酸が混入され，それを食べた住民のうち 4 人が死亡し，60 人以上が重症を負う事件が発生しました。この和歌山毒物カレー事件では，林眞須美氏が逮捕，起訴され死刑判決が下されました。現在この事件で行われた毒物鑑定が議論の的となっています。この事件では，林氏をはじめとする複数の家から，シロアリ駆除用に保管されていた亜ヒ酸が押収され，それらが犯行に使われた亜ヒ酸と同じものかどうか鑑定が行われました。この毒物鑑定の結果，林氏の家の亜ヒ酸が犯行に使われたものと同じものであるとの結論が出されたことにより，死刑判決に至りました。

しかしこの鑑定結果が，裁判の中で誤って解釈されていた可能性が指摘されています。京都大学の河合潤氏は，実際に鑑定で明らかになったのは，林氏の家にあった亜ヒ酸と犯行に使われた亜ヒ酸がもともと同じドラム缶に入っていた点のみだと指摘します。つまり，林氏以外の家にも同じドラム缶由来の亜ヒ酸が存在していたにも関わらず，鑑定結果が，林氏の家にあった亜ヒ酸そのものが犯行に使われたことを意味すると誤って解釈され，林氏以外の犯人の可能性が除かれてしまったとの主張です（河合・2013）。この毒物鑑定は現在も議論が続いていますが（cf. 石塚・2014；中井・寺田・2013），いずれにせよ，科学鑑定の結果を利用する際には，それが意味するところを正確に理解する必要があることが分かります。

3 適用限界への認識

犯罪捜査や裁判で科学的知見が利用される場合，それを利用する側は一般に，科学の専門家ではありません。そのため，科学鑑定を偏重したり，科学鑑定が

実際に意味していることを超えた推論がなされてしまう問題が起こります。科学鑑定の内容や限界を，科学鑑定を利用する側は必ずしも理解できていないからです。

　科学では，ある時に最先端とされていた方法や知識，理論が，精度が粗いものだったり，間違っていたことが後に判明することがしばしば起こります。科学的知識や理論は，それによって世界の全てを説明出来る訳ではなく，一定の条件や状況下で特定の事象を示しているにすぎず，適用限界があります。科学鑑定も同様で，ある鑑定結果は，特定の条件下で，ある有限の精度を持った知見であり，その適切な解釈には，条件や適用限界への理解が必要です。また，これまでの歴史が示すように，重要な見落としが後に明らかになる場合もあります。私たちは，科学鑑定についてもその限界を認識した上で利用する必要があります。

　近年は，科学鑑定の限界に言及した判決も出されています。例えば2002年，大阪市で母子が殺害され，住宅が放火された事件についてのものです。この事件では，起訴された被告人のDNA型と，事件現場の灰皿上の吸い殻に付着した唾液のDNA型が一致していたことなどから，第一審，第二審では有罪判決が下りました。被告人のDNA型と吸い殻のDNA型の一致は，被告人がそのタバコを吸った可能性を示唆するものの，それが事件の起こった当日のものかどうか，事件当日だったとしても被告人が犯人かどうかまでは意味しません。最高裁では，DNA型の一致だけでは，被告人が事件当日に事件現場でタバコを吸い，さらに犯行に及んだことまでは認定できず，またDNA型の一致以外の証拠もそうした認定を裏付けるものではないとして，差し戻しの判断がなされました。そして，差し戻し審で無罪判決が下されました。また，2009年に鹿児島市で発生した夫婦殺人事件では，事件現場の窓ガラスに付着した体組織片のDNA型と被告人のDNA型が一致したことと，現場から被告人の指紋が検出されたことが重要な証拠となり，被告人が起訴されました。裁判員が参加したこの裁判では，DNA型や指紋の一致などから，被告人が被害者宅に侵入したといえるものの，殺害を行った別人がいる可能性があるとして無罪判決が下されました（今村・2012；森・2014）。

IV おわりに

　科学鑑定は，犯罪捜査や裁判のための非常に有効な道具であり，これまで数多くの犯罪解決に貢献してきました。本章では，こうした科学鑑定，その中でも特にDNA型鑑定に着目して，それが抱える課題を分析してきました。DNA型鑑定は，その個人識別能力の高さから人々の期待を背負い，犯罪解決のために有益に機能してきましたが，本書で検討されている他の科学領域と同じようにDNA型鑑定それ自体にも，恣意性，データ不足，証拠資料の取り扱い方など様々な問題が存在しています。

　こうしたDNA型鑑定に内在する問題に対して，より正確な鑑定を行うために鑑定方法を改良したり，鑑定する証拠資料の取り扱いに関する規定を定めたりすることで，その問題の解消が試みられてきました。しかし，どれほど改良が行われたとしても，DNA型鑑定を万全なものとすることは原理的に不可能です。また，DNA型鑑定で分かることには制限があります。科学鑑定の有効活用のためには，その限界を踏まえた上での利用が重要といえます。

〔参考文献〕
石塚伸一「和歌山カレー毒物混入事件再審請求と科学鑑定——科学証拠への信用性の揺らぎ」法律時報86巻10号（2014年）
今村核『冤罪と裁判』（講談社，2012年）
押田茂實『法医学者が見た再審無罪の真相』（祥伝社，2014年）
勝又義直『最新DNA鑑定——その能力と限界』（名古屋大学出版会，2014年）
河合潤「和歌山毒物カレー事件の鑑定の信頼性は十分であったか」現代化学507号（2013年）
警察庁「足利事件における警察捜査の問題点等について（概要）」（2010年）〈https://www.npa.go.jp/sousa/kikaku/houkokushogaiyou.pdf〉（閲覧日：2017年8月10日）
最高検察庁「いわゆる足利事件における捜査・公判活動の問題点等について（概要）」（2010年）〈http://www.kensatsu.go.jp/content/001148804.pdf〉（閲覧日：2017年8月10日）
菅家利和・佐藤博史『訊問の罠——足利事件の真実』（角川書店，2009年）
鈴木舞『科学鑑定のエスノグラフィ——ニュージーランドにおける法科学ラボラトリーの実践』（東京大学出版会，2017年）
瀬田季茂『続　犯罪と科学捜査——DNA型鑑定の歩み』（東京化学同人，2005年）
中井泉・寺田靖子「放射光X線分析による和歌山毒カレー事件の鑑定——鑑定の信頼性に対する疑問に答える」現代化学509号（2013年）
日本弁護士連合会人権擁護委員会編『DNA鑑定と刑事弁護』（現代人文社，1998年）

森炎『教養としての冤罪論』（岩波書店，2014 年）
読売新聞社会部『再審無罪——東電 OL 事件　DNA が暴いた闇』（中央公論新社，2014 年）

◆第Ⅰ部◆ 科学の不定性に気づく

第5章

科学と裁判

Ⅰ　はじめに ── 科学が裁判に現れる時

　どのようなときに，科学が裁判にかかわることになるのでしょうか？　裁判は，あまり身近な存在ではないかもしれませんが，社会の動きを映し出す鏡でもあります。科学技術の発展とともに，裁判で科学技術が問題にされたり，科学技術が活用される場面はどんどん増えています。大きく分けると，科学技術にかかわる問題が裁判で争われる場合と，裁判で事実を明らかにするために科学が使われる場合があります。そして，そのどちらにおいても，どんな科学的証拠を利用し，どのように評価して，判断に落とし込んでいくのか，という問題が絡んでくるのです。

　科学技術にかかわる問題が裁判で争われる場合，そうした裁判を「科学裁判」と呼ぶことがあります。その場合でもいくつかのタイプがあるのですが，「科学裁判」の言葉がぴったり当てはまるのは，なんらかの「科学技術」の活用の是非が裁判で問われる場合ではないでしょうか。たとえば，原発や遺伝子組み換え作物など，社会的に有用かもしれないけれど，その利用や摂取が，環境汚染や，人体の安全を脅かすかも知れないとき，そのような技術を使わないでほしいと願う人もいます。そのような場合，原発の設置許可を取り消してほしいとか，原発の稼働をとめてほしい，遺伝子組み換え作物の種子を植え付けないでほしいなどの訴えを裁判所におこすことがあります。科学技術の是非が裁判のど真ん中で問題とされるのです。

　とはいえ，科学技術の安全性の懸念から起こされる裁判というのは，裁判の

一般的な使われ方ではありません。ふつう，裁判というのは，起こってしまった悪しき結果をもとに訴えが起こされ，それに対して事実を認定して，法を適用して，何らかの解決策をはかるというシステムです。まだ何も起こっていないのに，不安だからやめろ，というのは，市民の自由な活動を制約することにもなります。そこで，科学技術が裁判で問われる場合の典型例は，公害訴訟や薬害訴訟など，何か深刻な被害が生じてしまった後に，その原因を追及して，損害賠償を求めるという裁判になります。また，本書でいう「科学」といってよいかどうか微妙ですが，医療過誤訴訟も，科学訴訟といわれることがあり，数の上では他のタイプの訴訟を圧倒的に上回ります。

　こうした裁判は，訴えを起こす市民や被害者からも，また科学や医療の専門家たちからも決して評判はよくありません。しばしば「司法の科学理解は間違っている」という不満の声が聞かれます。これは，科学的・医学的な見解も一致を見ていない争点について，敗訴したがわから見ると，そのような評価になるということもありますが，「科学の素人の裁判官では，正しく科学を理解できない」という，ごもっともでありながら，簡単には解決の難しい本質的な課題も横たわっています。ただ，「間違っている」というよくある不満の中身をもう少し丁寧にみていくと，その不満は，裁判所の科学の無理解ばかりに向けられているとは限りません。これについては，あとでもう少し考えてみましょう。

　裁判と科学というとき，こうした科学裁判と言われるもの以外に，事実解明に科学技術が用いられる場面が伝統的なケースとして浮かびます。科学捜査という言葉がありますが，なんといっても，刑事事件では，さまざまな科学的な捜査手法といわれるさまざまな技術が用いられていて，それが裁判で争われるケースも少なくありません。筆跡鑑定や，警察犬による臭気鑑定，うそをついているかどうかを調べるポリグラフなどは，科学的証拠としてその証拠を認めていいかどうかが問題となって最高裁まで争われたこともあります。「筆跡鑑定が科学？」と疑問に思われるかも知れませんが，それを科学と考えるかどうかはともかく，最高裁では，それらを証拠として用いることをおおむね認めてきています。そして，なんといっても最近，影響力を増しているのが，DNA鑑定です。

　おなじくDNA鑑定が決定的証拠となることが多いのが，家族関係の決定です。親子関係があることやないことを確認するためにおこされる親子関係存否確認訴訟などでは，DNA鑑定結果をもとに親子関係を否定するという裁判例

も少なからずあります。

 このように、ひとくちに裁判と科学といっても、かなり広い領域で、また、かなり異なる意味合いで科学が問題となったり用いられたりしているのです。そこで、本章では、裁判で科学が扱われる代表的な例をもとに、裁判で科学を問題にするのはどのようなことかを説明し、その意義と課題について考えてみたいと思います。

II 科学技術の危険を避ける
── リスク裁判

 科学技術は人間の生活を豊かに、便利に、そして安全なものにしてくれるものですが、逆に思わぬ害をもたらすこともあります。公害や薬害はそうした危険が現実化してしまった例ですが、現実化していない危険を避けるために、科学技術の利用を控えるよう求める裁判もあります。その中でも、原発のように事故が起これば甚大な被害が生じることが明らかなものの設置や稼働を止めようとする場合と、そもそもどんな危険性があるかも分からないような場合があります。ここでは、取り返しのつかない問題が生じるかも知れないが、どんな危険があるのか十分に分かっていない、遺伝子組み換えという技術に関する裁判を取り上げてみましょう。

 皆さん、スーパーで豆腐などを買うとき、「原料　大豆（遺伝子組み換えでない）」の表示を見ることがあるかと思います。遺伝子組み換え（GM）の動植物を食べることでどんな健康被害があるのかもよく分かっていませんが、遺伝子組み換えの農作物を植え付けることが、生態系にどんな影響をもたらすかもはっきり分かっていません。

 新潟のある研究所で、カラシナに含まれる害虫に強い遺伝子を切り出して細工をしてイネゲノムに挿入した遺伝子組み換えイネが本当にイモチ病などにかかりにくいのかを調べる実験を野外で行うことになりました。それに対して、GMイネの安全性に不安を求める市民が実験の中止を求めて裁判所に仮処分を申し立てました。これがGMイネ訴訟の始まりです。

 イモチ菌がつかないように開発されたGMイネを野外に作付けすると、付近の米にも影響を及ぼすかも知れません。GMイネの花粉が付近に飛んで、まわりのイネと交雑して、新潟米のブランド力が落ちる恐れもありますし、知ら

ぬ間に日本人の主食である米が遺伝子組み換え米になり，長期的に何らかの健康被害をもたらすかも知れません。そんなことになっては，取り返しがつきません。そこで，実験中止を求めることになったのです。急いで対応しないと，権利が侵害される恐れが高い場合には，通常の訴訟手続ではなく，民事保全手続という，迅速で，立証の負担も軽い手続で，仮処分を裁判所に求めることができます。この事件では，まずこの仮処分手続がとられました。

　しかし，新潟地方裁判所は，この実験で「明確かつ具体的な損害が発生しているとか，その蓋然性が極めて高い」ことを申立人が十分に示せていないとして，実験中止を認めませんでした。ただし，決定では，周辺農家や一般消費者への説明が不十分だったことは認めていて，「これまで以上に本件GMイネの開発計画の内容や問題点等について，正確で分かりやすい説明をし，その理解を得られるよう引き続き努力する」ことや，今後も随時情報提供をして「GMイネに対する不安感や不信感等を払拭するよう努めていく責任」があるということも述べています。

　この事件は，高裁まで争われましたが，地裁と同じく仮処分は認められなかったので，今度は通常の裁判が提起されたのですが，これもはかばかしい成果を上げずに裁判闘争は幕を閉じました。一般的にいって，科学的に不確実だが，場合によっては深刻な被害につながるかもしれない科学技術の利用を裁判でとめるのは容易なことではありません。

Ⅲ　科学技術による被害を救済する

　科学裁判の中心は，残念ながら被害が生じてしまった後で，その被害の損害賠償を求めていく，損害賠償訴訟です。もっとも，その場合にも，将来に向かって，さらに被害が発生するのを食い止めるための差止めも求める場合もあります。

1　公害訴訟

　1960年代終わりころから提起された，四大公害病訴訟は，いずれも，深刻な公害病の被害を引き起こした企業相手に，損害賠償請求を行った訴訟で，原告が勝ち，裁判が問題解決の中心的舞台となった事例です。

　たとえば水俣病は，原因不明の激しい神経症状が出る患者が大量に発生し，

その原因をつきとめるなか，チッソという化学製品会社の工場排水に含まれるメチル水銀が原因である可能性が分かってきました。そこで，わずかばかりの見舞金で問題の幕引きをしようとしていたチッソに対して，被害者の一部が立ち上がり，チッソを相手取って損害賠償請求を裁判所に求めていったのです。

同時期におこされた大阪国際空港訴訟では，空港の近くに住む人たちの騒音被害に対する損害賠償のほか，夜間の飛行機の離発着の禁止や，将来の損害賠償まで求めました。この事件では，「環境権」の確立も目指されていて，大阪高裁では，飛行機の夜間の離発着を禁ずるほか，将来の損害賠償まで認めるという画期的な判決が1975年に出されましたが，1981年に，最高裁でひっくり返り，飛行機の運航は，航空行政の問題なので，それにかかわる差止め請求を普通の民事裁判ですることはできないと門前払いを食うかたちで裁判闘争は終わっています。

60年代から70年代初頭に華々しい成果を上げた公害訴訟でしたが，この81年の門前払いの頃より退潮してきています。しかし，それは公害が終わったことを意味するわけではありません。水俣病訴訟は国家賠償訴訟，未認定患者による認定を求める訴訟など形を変えつつもなお続いています。2005年のクボタショックから問題になり始めたアスベスト禍は，すでに訴訟となり一定の解決を見ていますが，アスベストはかなり長い間様々なところで使われてきている上，アスベスト被害は症状が出るまでに何十年もの潜伏期間があります。今後，まだまだ多くの被害者が発生し，裁判も提起されるだろうと思います。その他，薬害エイズ，C型肝炎，イレッサなど薬害訴訟も絶えることがありません。そして，原発事故以降，これまでの原発訴訟に加えて，原発避難者からの訴訟など多くの関連裁判が起こされています。

2　医療過誤訴訟

医療過誤は，比較的最近になって社会的に注目を集めるようになり，2000年を越える頃になって，医療不信の高まりから患者側からの訴訟提起が急増，年間1000件を越えるまでに至りました。民事での損害賠償請求事件が中心ですが，時には業務上過失致死傷事件として，刑事立件される事件も数は少ないながらあります。特に，1999年に都立広尾病院で医療ミスによって死亡した患者を異状死として医師法で定める期限内に警察に届けなかったことが立件されたことをきっかけに，医療機関からの警察への届け出も増え，刑事事件も増

えました。このように裁判で医療行為を問題にすることには，医師からの強い反発もあります。その後，医療崩壊が説かれるようになったこともあり，最近は訴訟の数も少し落ち着いてきています。一般の人々にとって身近な医療をめぐる裁判は，社会風潮の影響を受けやすいといえるでしょう。それでも，一般的に科学訴訟と呼びうる訴訟群の中では，もっともケース数が大きく，それゆえに事件処理に当たっての様々な工夫も進んでいます。

　民事では，医師の何らかのミスのせいで良くない結果（死亡，後遺障害その他）が起こってしまったのだということを訴えて損害賠償を求める裁判が中心です。医師の過失や，過失と悪い結果との間の因果関係を，患者側が立証しなければならず，その立証にあたって，医療の専門知識が必要になってきます。

　最近は，医師の説明不足で納得のいかないという場合に説明義務違反で訴える事件も多くなっています。いわゆるインフォームド・コンセントが尽くされていないというケースです。たとえば，2001年には，乳がんの手術法として，乳房温存手術に関心があって，その情報を欲していた患者に，そうした新しい術式について十分な情報提供や説明をしないまま乳房の切除術を行った医師に対して説明義務違反が認められた最高裁判決も出ています。

3　裁判の効用と限界　●●●

　科学技術の利用によって深刻な問題が発生しうる，あるいはしてしまった場合，一般の市民が利用できるツールとしては，裁判は重要な存在です。裁判所は法を司る国家機関ですので，裁判を起こすというのは強い正統性要求として社会的なアピール効果もあります。そして，提訴された相手方は応訴しないと敗訴してしまいますので，裁判外では歯牙にもかけてもらえないような大企業や国に対応を迫ることができます。裁判は，一般的な交渉とは違います。しかし裁判過程も一種の交渉過程であり，裁判所をつかって，相手を交渉のテーブルにつかせることができるというわけです。

　もっとも裁判が有効な手段かというと，話はまた違ってきます。訴えが認められるためのハードルは非常に高いのです。Ⅱでみたように，リスク回避のための仮処分申請や差止め請求が認められることは滅多にありません。Ⅲでみてきたのは，起こってしまった被害の回復のための裁判なのですが，これも勝訴への道は険しいです。医療過誤訴訟でも，最近は原告の勝訴率は二割程度（平成28年17.6％）です。この背後には判決ではなく和解で解決することも多い

という事情もありますが,「出るところに出て,白黒はっきりさせる」という裁判への期待からすると,なかなか厳しいといわざるをえません。

それはなぜなのでしょうか？　科学訴訟で問題となる「科学」の専門性や不確実性から,裁判で請求を認められるのに十分な程度までは事実が解明できていない,だから原告の主張は認められないという結論に至りやすいことは否めません。また,「科学」の問題だけれども科学だけでは解決できないような問題に対して,裁判で出来るのは,あくまで法的判断だけなので,科学的な評価やその他の要素については関知しないという控え目な態度をとりやすいということもあります。さらに言えば,科学的な問題についてもし判断したとしても,それは科学的な判断ではなく,「法」の問題なのだと割り切る,その割り切り方にも原因の一端がありそうです。

Ⅳ　科学的証拠で事実を解明する

裁判には,事実を解明するという目的もあります。民事裁判と刑事裁判では,事実解明に対する考え方は異なりますが,日本では,いずれも事実解明に対する要求水準は高いといわれます。特に,刑事裁判では,「実体的真実の解明」は,その目的の大きな柱と考えられています。

1　犯罪捜査における科学と刑事裁判

犯罪の捜査には,かつてから様々な捜査技術が駆使されていますが,そこで科学技術が活用される場面も増えています。捜査科学は,犯人と思われる人を特定するための様々な技術です。「科学的証拠」という場合には,このように捜査技術の活用で得られた証拠を,裁判での判断材料として認められるか（証拠の許容性または証拠能力という）という問題である場合が多いのです。

さて,そのようなものとして,これまで最高裁判決が出ている代表的な技術には,筆跡鑑定,声紋鑑定,警察犬による臭気鑑定,ポリグラフなどがあります。たとえば筆跡鑑定について昭和41年に最高裁が,「多分に鑑定人の経験と勘に頼るところがあ」ると,その証明力の限界を認めつつも,「直ちに,この鑑定方法が非科学的で,不合理であるとは言えない」として,その証拠能力は認めています。いわゆる嘘発見器のポリグラフについても,昭和43年に最高裁で,ポリグラフの検査結果を証拠として認めています。

第5章 科学と裁判

　こうした捜査技術は、一般的な「科学」のイメージからは遠いかもしれません。アメリカでは、このポリグラフの許容性について、その専門共同体で一般的に受容されていることを条件とするフライ判決が1923年に出されて、この基準はその後70年もの間、通用していました。専門家の間で認められていれば「科学的」といってよいのでは、緩すぎるといえるかもしれません。他方で、科学者の間で一般的に受容されるには時間がかかるのだから、そこまで待てというのでは、厳しすぎるとも考えられます。

　ただ、そもそも、科学的証拠の許容性というのは、アメリカではその科学的証拠を、陪審の評価対象として認めるかどうかという基準ですので、許容されたからといって、そのままその結果を正しいものとして考えていいということを意味するわけではありません。

　とはいえ、そのような技術を用いた結果の正否を、技術の素人が実質的に評価するのは難しいですから、許容されてしまえば、その結果を正しいと受け取ることにつながっていきます。「これは科学的だ」と専門家に言われれば、科学の素人はそれを、「科学的に正しい事実だ」と、そのまま真実と考えてしまうでしょう。これは、「科学と裁判」というテーマの核心部分と言ってよいかも知れません。

　「DNA鑑定」は、第4章で詳しく扱われていますが、それが証拠として認められてしまうと、その結果が裁判の決定打になることが多い証拠で、その影響力は今後もますます大きくなっていきそうです。女児殺害事件で無期懲役が決まっていた菅氏が再審無罪となった足利事件は、DNA鑑定が決め手になって有罪が確定し、そしてDNA鑑定で再審無罪に至った、「DNA鑑定に始まり、DNA鑑定に終わった」と言ってもいいようなケースです。実際には、捜査での自白の取り方など色々な問題も絡んでいるのですが、再審無罪を導いたのは、当初の未熟な技術によるDNA鑑定を、後のより精度の高まったDNA鑑定によって覆したことにあります。ちなみに、足利事件でいったん無期懲役刑を確定させた平成12年の最高裁判決では「本件で証拠の1つとして採用されたいわゆるMCT118DNA型鑑定は、その科学的原理が理論的正確性を有し、具体的な実施の方法も、その技術を習得した者により、科学的に信頼される方法で行われたと認められる。したがって、右鑑定の証拠価値については、その後の科学技術の発展により新たに解明された事項等も加味して慎重に検討されるべきであるが、なお、これを証拠として用いることが許されるとした原判断

は正当である」と言っていて，その限りではごもっともと思える許容性の基準を出していたのです。

ところで，足利事件での冤罪が明らかになった後，最高裁判所も反省して，科学的証拠の用い方について「司法研究」を行うなどして，DNA鑑定を正しく評価するための改善の試みをしています。もっとも，この研究は，「科学的証拠」といいつつ，ほとんどDNA鑑定ばかりに焦点が当てられていて，逆にDNA鑑定以外の証拠を科学的証拠の範疇からは除いて考えているようでもあります。DNA鑑定の精度が高まり，その影響力が増大してくると，科学的証拠の「DNA鑑定化」が進んでいって，法実務でのDNA鑑定依存も，今後ますます高まっていくかもしれません。しかし，そう単純に割り切れないのが親子関係をめぐる裁判です。

2　親子関係と科学的証拠　●●●

家族法には，夫婦や親子など身分関係を律するという役割があります。誰を人生のパートナーに選ぶか，とか，子どもを持つかどうか，など非常にデリケートでプライベートな事柄と関わるのですが，誰と誰が夫婦か，誰と誰が親子かという身分関係となると，もはや私事ではなく，公的なことになるのです。身分関係には，扶養や相続など様々な法的な効果もからんできます。詳しくは，次の章で詳しく扱われていますので，ここではごく簡単に触れておくことにします。

親子関係という場合，生物学的な親子関係と，法的な親子関係，あるいは事実的社会的に親子同様の関係といったものも含めると多様な意味あいがあります。しかし，生物学的な親子関係つまり血縁関係の存在は，法的な親子を決める場合にも，基礎となっていることは確かです。

婚姻関係にあるカップルから生まれた子は，そのカップルの「嫡出子」となるのが基本ですが，生まれた子を父が，「俺の子じゃない」といったり，逆に子や母から父に「実はあなたの子供ではない」などという訴えをおこすことがあります。様々な事情から明確に血縁関係が生じる可能性が否定されると，親子関係がないとする判断が出されることがあります。DNA鑑定が発達してきた今，生物学的な親子関係については決定的な証拠が得られてしまうようになり，ますます親子関係の決定における血縁主義が徹底してきているともいわれます。

それに対して，親子関係を決めるのは血のつながりだけか？　という古くて新しい問題に改めて光が当てられています。2014年，婚姻中に生まれた子供が，実は別の男性の子どもであるということで親子関係存否確認訴訟を提起されたという事例が最高裁で審理され，血縁よりも法的な親子関係を重視するという裁決が出されました（詳しくは第6章Ⅰ3(2)を参照ください）。

DNA鑑定の精度が高まると，生物学的な親子関係の決定は容易かつ疑いようのないものとして明らかになります。こうした「決定打」を法がどう扱うのか，という課題は，科学の不確実性のなかでどう決断するのか，とはまた違いますが，「科学だけで決められない」問いという点では共通します。ただ，人々の生物学的な親子関係へのこだわりもまた，科学とは別のところから生じていると思われます。他方で，法的には，親子関係はそんなこだわりだけでなく，生まれてきた子の親を確実に決めておく必要性とか，婚姻関係にあるカップルから生まれてきた子を，そのカップルの子としておく親子法の基本的な考え方に忠実でないといけないなど，一般に人々が普段あまり重視しないような要素もからんできます。「法的な親子関係」を決めるにあたっては，科学にも，多様な社会的な期待にも依拠することができないため，何を規範とするべきなのかが，現在問われているといってもいいでしょう。

● ● ● Ⅴ　裁判の中で行われていること　● ● ●

以上は，科学的な知見が裁判に持ち込まれ，持ち込まれた知見について，最終的に裁判所がどう判断するのかに着目してきました。

しかし，ここまでの記述からも分かるように，実際の裁判では，「科学的知見がどのように裁判所の中に持ち込まれるのか」という裁判のプロセスも重要となってきます。裁判というのは，科学者の営みとは違って，何らかの結論を一定の期間の間に出す必要があります。しかも，その結論は，法的効果を伴います。ですから，結論の正しさを担保することは必要だけど，正しい手続によっていればそこから出てきた結論は正しいことにしようという割り切りも必要となります。よって，手続は，公平公正でなければならない‥という一般論には異論はないでしょう。では，どういう手続だと公平・公正と言えるのでしょうか。それが，科学的知見の導入という場面だと，何か特別な考慮がいるのでしょうか。

Ⅱ，Ⅲでとりあげたような裁判でも，科学的な証拠や，専門家証人，また鑑定などが用いられています。

たとえば，GMイネ裁判でも，GMイネの野外実験が生態系に与える影響の評価が重要な争点となるため，専門家による意見書がいくつも出されて，法的な判断の材料にされています。そこで，ここでは裁判の中での科学の扱われ方に目を向けたいと思います。Ⅳでは，刑事事件や家事事件にもふれましたが，科学訴訟といわれる裁判は民事中心であることから，ここでは民事手続について説明していきます。

1 鑑定手続 ● ● ●

日本の法制は，明治期にドイツやフランスなど大陸法をベースに整備された経緯があり，裁判制度もベースはドイツ法の影響を受けています。戦後，刑事訴訟法は，アメリカの影響をかなり受けていますが，民事訴訟法は戦前からそれほど大きな変更がなく，なおドイツ法をベースにしています。大陸法では，専門的なことがらについては，中立的な第三者である専門家を鑑定人に選任して，その専門的な意見を求めるという鑑定手続が，裁判での専門的知見の利用の基本です。

そこで，日本でも，専門家の助力が必要となるような専門訴訟では，伝統的には，鑑定が第一の選択肢と考えられてきていました。

鑑定は，裁判所によって選任された中立的な専門家による意見を仰ぐという制度ですので，ここで出された意見が決定打となることも少なくありません。鑑定手続というもの自体，「専門的な事柄については，専門家の判断に従おう」「きちんとした専門家なら，自分の専門の範囲のことについては正しい判断を示してくれる」ということを前提にした手続です。だから，普通は一人の，しかるべき権威のある専門家を選んで，その人に具体的な事件の中で問題になったことについての意見を仰ぎ，その鑑定結果にもとづいて判決を下すことになります。

ただ，しかるべき専門家を選任するのは容易ではなく，引き受けてくれる人を探すのに裁判所も苦労します。選任されても，鑑定書作成までには相当の時間とエネルギーを要します。そのうえ，2003年の民事訴訟法改正までは，鑑定人は，通常の証人と同じ扱いでしたので，鑑定人尋問がある場合には，鑑定人は，双方当事者からの厳しい尋問にさらされることになり，特にこれが鑑定

人の引受け手を減らす要因にもなっていました。

　民事訴訟法改正によって，鑑定人への質問は裁判所が主導権を握ることになりましたが，それでも鑑定は，裁判の遅延につながるという問題はなお残っています。

　また，一人の専門家に聞けばおおむね分かるような問題ならともかく，本章が対象としているような科学訴訟の場合，まさにそれ自体が争点であって，かつ専門家でも答えが1つに定まらない，答えの出せないような問題が絡んでくる場合のほうが多いのです。そのような場合は，本来，鑑定手続の想定外ということになります。逆に言えば，そういう問題について，ただ一人の鑑定人を選任して，その問題についてその人の判断にゆだねるというのでは，あまり良い手続ではないということになりそうです。

2　専門家証人 ● ● ●

　他方で，民事裁判では，一般的に証拠の提出等は当事者にまかされています。いわゆる当事者主義がとられているのです。ですから，たとえば医療過誤訴訟では，過失も因果関係も，それを立証するための証拠を当事者が出さなければならないことになっています。そして，過失も因果関係も，原告に立証責任があるため，医療の専門でない原告の方でそうした証拠を出していくことが求められるのです。

　そうした専門的なことを立証するには，専門家の助力が必要で，裁判所が選任する鑑定以外に，当事者自らが立証をしてくれる専門家証人を選んで，意見書を書いてもらったり，証言してもらうという方法も用いられます。アメリカやイギリス，オーストラリアなどの英米法圏では，大陸法よりも当事者主義が徹底されていて，専門的知見を利用する場合は，当事者がそれぞれ専門家証人を雇って証言させるのがベースになっています。日本でも，実は鑑定手続の利用だけでなく，専門家証人の利用も積極的に行われています。先に挙げた，GMイネ訴訟や，公害訴訟などでも，専門家証人が利用されていました。比較的鑑定の利用率が高い医療過誤訴訟でも，実は鑑定申請率は全国的に見ると20パーセント程度，事件数がもっとも多い東京地裁では5％にも満たないといわれています。かわりに盛んに用いられるのが，当事者が自ら選んだ専門家に依頼して書いてもらう意見書や専門家による証言なのです。

　当事者主義では，対立する証人の証言がぶつかりあって，そのなかから自ず

と真実が浮かび上がる，という考え方に基づいて制度が組み立てられています。そこで，専門家証人による真相解明も，専門家証人の意見の対立のなかから，争点がうかびあがり，そこでの両者の攻防のなかで真実が見えてくる，という同じ発想で，激しい攻防が繰り広げられます。アメリカの法廷ドラマでも，証人への反対尋問こそがクライマックスで，証人が返答につまったり，想定しない証言に相手側の弁護士がたじろいだりすると，一気に陪審員の心証がこちらに引き寄せられてくることにもなるわけです。

　日本の場合は，刑事裁判では裁判員制度を部分的に導入していますが，陪審制はとっていません。民事裁判は法律の専門家である裁判官のみの審理です。日本の民事裁判実務は，書面を重視する傾向がありますので，医療過誤訴訟などでは，専門家への交互尋問よりも専門家の意見書が好まれているようです。それでも，証人への交互尋問が行われる場合には，日本でもやはり，証人の信頼性をつきくずそうとしたり，証言の矛盾をつこうとする激しい攻防となるのです。

　しかし，科学的な問題について，こうした当事者主義的な攻防での真実解明は，有効なのでしょうか？

　当事者主義での激しい交互尋問こそが裁判の基本と考えられているアメリカでも，科学的な問題についての専門家証人への交互尋問方式は，科学的に妥当な結論を導くためには不適切だという批判が強いのです。

3　新しい手続 ●●●

　他方で，英米法圏の国でも，オーストラリアやイングランドなどは，違う道を歩み始めています。オーストラリアのニュー・サウス・ウェールズ州の土地環境裁判所では2000年代半ばに，ピーター・マクレラン判事たちを中心に，コンカレント・エビデンスという新しい専門家証人の手続を導入していています。そのやり方は他の裁判所，他の国にも急速に広がっています。オーストラリアでは，すでに全州に，そしてシンガポールやイングランドなど，アメリカ以外の英米法圏で受け容れられ，おおむね好意的に受け止められています。

　これは，当事者の選任した専門家証人が，専門的な争点について事前に打ち合わせて問題を整理して，ひとつの報告書を作成し，裁判所では，双方の専門家証人に対して，同時に，基本的には裁判所が質問する形で尋問を行うのです。証人ひとりずつに当事者双方が順番に尋問する交互尋問（cross examination）

ではなく，複数の専門家に同時に (concurrently) 尋ねるので，コンカレント・エビデンスというのです。

　この方式は，専門家でも同じ事柄について意見が一致するわけではないことを前提にしています。その上で，専門家同士で同意できるところとできないところを確認して，意見が異なる部分を中心に，対立させるのではなく，その意見の違いがなぜ生じているのかを裁判官が専門家に尋ね，専門家同士の意見交換を促し，できるだけ一致点を見いだそうとする手続なのです。専門家にとっても，自分のいいたいことが自由にいえてストレスが小さいといいます。

　実は，日本でも同時期に，類似の専門的知見導入の方法が医療過誤訴訟で試みられたことがあります。鑑定人の選任が難しかった事件で，原告および被告がそれぞれ選任した専門家2人と，被告医師に対して同時に意見を聞くという尋問方式が行われたのです。裁判官は一段高い法壇からではなく，ラウンドテーブルといわれる丸みのある机を専門家や当事者，専門家とともに囲んで，そこで質問を複数の専門家に聞いていくという形をとったことから「座談会方式」ともいわれています。

　また，東京地裁の医事集中部では，2003年以降，カンファレンス鑑定という新しい鑑定手続が導入されています。当事者が選任する専門家証人ではなく，裁判所が選任する鑑定なのですが，3名の鑑定人を選任して，その3名に同時に口頭で質疑していくという方式ですので，やり方はかなりコンカレント・エビデンスに似ています。医師が普段の臨床で慣れ親しんでいるカンファレンスを鑑定手続に取り入れようという発想から生まれたので「カンファレンス鑑定」といわれているのです。これは，裁判所が選任した3人の専門家にあらかじめ鑑定事項について簡単な意見書を作成しておいてもらった上で，裁判所では裁判官が3人の専門家にその質問への答えを次々と確認していくという形で行われます。鑑定人にとっても長大な鑑定書を書く負担が軽減され，自分だけの意見で裁判の結論が決まってしまうプレッシャーもなく，普段のカンファレンスに近い方式でもあるため，参加しやすいといわれています。

　こうした新しい方式は，それぞれに特長がありますが，交互方式ではなく，同時に口頭で尋問し，複数の専門家が裁判に参加して，意見の違いよりも一致点を見いだしていこうとする手続という点では共通します。そのやり方は，伝統的な裁判のやり方に固執するのではなく，カンファレンス鑑定がそれを意識しているように，専門家同士での議論の仕方を裁判に組み込もうとするもので

もあります。

　同時期に，海を隔てて同じような手続が試み始められているのは興味深い現象です。専門訴訟が一般化するなか，単一の専門家の決断によるのでも，専門家の意見の食い違いを際立たせるのでもなく，複数の専門家とのコミュニケーションから一致点を見いだそうという方式がとられるようになってきたのは，科学の不確実性に直面しても何らかの妥当な結論を導かないといけないという裁判の宿命に対する自然な適応ということかもしれません。

　もっとも，こうした方式が一般化しているわけではありません。大陸法では，なお一人の鑑定人に判断を求める鑑定手続が基本ですし，アメリカは専門家証人への交互尋問をやめそうな気配はありません。日本でも，カンファレンス鑑定が実施されているのは東京地裁の医事集中部のみで，しかも実施率は年によっても異なりますが，医事訴訟の５％にも満たない年が多くて，むしろ当事者の協力意の意見書の提出が推奨されています。それぞれの国の訴訟実務慣行とか，その背後にある哲学だとか，その国で，裁判を裁判として成り立たせているものへのこだわりのようなものがあるようです。日本では，法廷での口頭でのやりとりよりも，書面証拠が重視される傾向が強くて，アメリカでは，専門家証人に対しても激しく尋問していく，交互尋問こそが裁判そのもの，本質と考えられているようです。

　裁判は，もともと科学技術に関する問題や，科学的な証拠を扱うことを主目的として組み立てられたものではありません。裁判官は，法の専門家であっても，科学の専門家ではありません。そのため，科学の専門家の協力も必要なのですが，他方で，あくまで裁判は裁判ですので，科学にかかわる裁判であっても，「裁判にはこれが必要」と考えられている要素を備えていることも大切なのです。

Ⅵ　裁判で科学を扱うということ

1　裁判への期待

　では，日本では，裁判所で行われる裁判に何が期待されているのでしょう？これは，裁判が裁判たりうるために必要とされる，いわば「裁判の本質」にもかかわってきます。

　とはいえ，裁判の本質が何か？　ということは，簡単に答えられる問題では

ありません。1つ参考になる議論として，民事裁判の目的論という論点があります。紛争解決とか，法的秩序の維持などの目的に加えて，民事裁判が当事者の対等な議論を保障された場であることに本質を見いだす議論も有力です。科学訴訟といわれるような裁判では，そこで科学的証拠が出されたり，専門家証人に対する尋問があったり，それをめぐって代理人や裁判官のやりとりがあったりというコミュニケーションが繰り広げられているわけで，これを一種の科学コミュニケーションの場と考えることも出来るかも知れません。

　裁判というのは，最終的に裁判官が判断を下すことで決着をつけるしくみとなっています。そこに至るプロセスこそが重要とはいえ，やはり最終的には，そこまでのプロセスとは断絶のある「決定」という要素に裁判制度の核があることも否定できません。証拠を双方が出し合って主張し合ってもなお決め手に欠けていたとしても裁判官は何らかの判断に至ることが求められます。科学にかかわるような問題についても，科学的に未解明だったり見解が対立していたりしても，何らかの判断をしなければなりません。このように，一定の時間の範囲内で，ともかく一定の決着をつけられるということは裁判の大切な役割でしょう。

　また，裁判の当事者も，社会も，どうしても判決に関心が向かいます。社会的耳目を集めるような事件で，主張が認められず敗訴に終わった側が，裁判所の外で「不当判決！」と書かれた布幕を掲げて怒っている姿をテレビなどで見たことがあるでしょう。科学訴訟の例では，福島の原発事故の後，これまで原発にノーという判決を出せなかった裁判官に非難の目が向けられたこともあります。

　ただ，一般的に言えば，裁判の結果そのものもさることながら，それが「正義」実現といえるものかどうか，という指標で評価されます。そして，その正義の一部が，「両当事者が公開法廷で対等に主張を繰り広げることができる。相手の主張に対して，反論の機会が保障される」という手続的な正義ですが，真実解明も重要な目的の一部ですし，日本では社会常識からみて了解できるというような要素も重要と考えられています。

　そこで，科学技術がかかわるような裁判でも，そうした要素を備えなければまともな裁判と認められないということになるでしょう。アメリカでは交互尋問や陪審審理などの手続的な要素が裁判の本質と考えられているのに比べると，日本では事実の解明とか，社会的に認められている考え方の反映など，裁判官

の判断部分への期待が高いようです。

2　総合的・常識的な判断

　裁判官は法の専門家であっても事実の専門家ではなく，事実については，健全な常識をもって評価すればよいと考えられています。その考え方は，科学的証拠や科学鑑定をどう評価するのか，という場面でも強調されます。有名なルンバール事件最高裁判決（最高裁昭和50年10月24日判決　民集29巻9号1417頁）では，因果関係について，医療専門家の鑑定結果と必ずしも一致しない判断をするにあたって，「訴訟上の因果関係の立証は，一点の疑義も許されない自然科学的証明ではなく，経験則に照らして全証拠を総合検討し，特定の事実が特定の結果発生を招来した関係を是認しうる高度の蓋然性を証明することであり，その判定は，通常人が疑を差し挟まない程度に真実性の確信を持ちうるものであることを必要とし，かつ，それで足りるものである」と言っていて，「通常人」を基準とすること，証拠を「総合検討」するという全体的総合的評価であることを強調しています。

　2009年に導入された裁判員制度も，裁判に「健全な社会常識」を反映することを目的にしていて，その目的自体は比較的好意的に受け止められているようです。科学についても，裁判官の良識的常識的な判断がされることが好ましいのです。

　ただ，このルンバール判決は，通常ここで書いたような常識を反映させることを求めた判決としてではなく，民事裁判で因果関係を立証する場合には，疑いのないほど証明されていなくても「高度の蓋然性」でよい，と必要な証明の度合いをゆるめることを明らかにした判決と考えられています。ゆるめる，ということなのですが，それでもここでいう「高度の蓋然性」というのは，アメリカなどに比べると，相当高いレベルの証明を求めていると考えられています。

　だから，裁判官に対しても，科学的な事柄について分からなくても常識レベルで評価すればよいと言っているわけでもありません。科学的な証拠に基づきつつ健全な常識から総合的な評価をすることが求められているわけで，ある意味では何でも分かるスーパーマンを想定しているようでもあります。この路線では，裁判官にも科学的証拠を理解できる程度の科学リテラシーが必要ということになります。

3 裁判の役割の限定 ● ● ●

しかし，当事者主義による対審的手続き（adversary system）での交互尋問に裁判の本質を見いだして，裁判に大きな役割を担わせるアメリカと異なり，裁判に関する日本の最大の特徴は，裁判の役割を限定的に解して，無理に裁判で判断をしないで，裁判以外の方法での解決を求めていくところにあります。

他の政治機関との関係で言うと，科学技術に関することについては，できれば立法府による法律の制定や，行政機関による専門性の高い判断で対応することが望ましくて，司法は出しゃばらないほうがいいという考えが強いようです。原発訴訟でいうと，1992年の伊方原発訴訟最高裁判決（平成4年10月29日判決 民集46巻7号1174頁）では行政機関の「専門技術的裁量」を重んじて裁判所は，行政の審査手続に問題がなかったかだけ確認すればよいと言っています。

また，尊厳死や代理出産など生命倫理に関わるような問題が裁判に持ち込まれた時には判決理由の中や，裁判官の個別意見の中で立法府への注文をしていることもあります。夫の死亡後に生前に凍結しておいた精子を利用して生まれた子の親子関係に関する最高裁判決では，「法律上の親子関係の形成に関する問題は，本来的には，死亡した者の保存精子を用いる人工生殖に関する生命倫理，生まれてくる子の福祉，親子関係や親族関係を形成されることになる関係者の意識，さらにはこれらに関する社会一般の考え方等多角的な観点からの検討を行った上，親子関係を認めるか否か，認めるとした場合の要件や効果を定める立法によって解決されるべき問題であるといわなければならず，そのような立法がない以上，死後懐胎子と死亡した父との間の法律上の親子関係の形成は認められないというべきである」と，立法府に注文しつつ，立法がないからと裁判所が主導的に新たな規範形成を行うことは控えています（この判決について6章Ⅱ2(2)を参照ください）。

そして，日本では，裁判で適切に解決することが難しいような事件類型がそれなりの数で裁判所に提起されるようになると，何らかの裁判外紛争処理制度を作って，そちらで解決をはかっていくほうがよいという意見が出てきて，実際にそうした制度が生み出されていきます。公害訴訟の提起が相次いだあとの公害等調整委員会の設置や，医療過誤訴訟の提起があいついだあとの，弁護士会や医師会，NPO法人などによる医療ADR設置など，枚挙にいとまがありません。

科学技術がかかわるような難しい事件に限らず，日本人は従来から訴訟嫌い

であると言われ,訴訟の提起数が少ないことこそ日本的特徴であります。それにもかかわらず,科学が裁判にかかわるというようなマイナーな場合を,科学リテラシーの一課題として取り上げることに意味はあるのでしょうか。まるで最後にちゃぶ台をひっくりかえすような問題提起をしてみましたが,筆者は,大いに意味はあると考えています。科学技術の進展は,思いもよらない問題を社会的に生起させることになります。そうした問題について,まず,ともかくまともに取り上げていく公式な機関としての裁判所の役割は,過小評価すべきではないと思います。裁判と聞いただけで目を背けることなく,裁判での営みに目を向け,社会的に注目をしていくことで,案外,社会からの評価に敏感な裁判所も,なんとか応答しようと努力していくことにもつながるのです。

〔参考文献〕
海渡雄一『原発訴訟』（岩波書店,2011年）
亀本洋編『岩波講座 現代法の動態6 法と科学の交錯』（岩波書店,2014年）
田中成明『現代裁判を考える——民事裁判のヴィジョンを索めて』（有斐閣,2014年）
中島貴子「リスク社会における不安訴訟の役割と課題」城山英明編『科学技術のポリティックス』（東京大学出版会,2008年）
本堂毅ほか「今,法廷で何が起こっているのか」判例時報2309号（2016年）
渡辺千原「裁判における『科学』鑑定の位置」科学80号（2010年）627-632頁
渡辺千原「裁判と科学——フォーラムとしての裁判とその手続のあり方についての一考察」法と社会研究創刊第1号（2015年）99-135頁

第6章

家族概念の科学と民法

水野紀子

I　民法と親子関係

1　法律上の親子関係という概念

　本章では，科学の進展が家族とりわけ親子関係にもたらす影響についてお話しすることにします。ただその前に，法の規律する親子関係について，少々長い説明をしたいと思います。社会あるところに法ありと言われるように，法は，さまざまな形で私たちの社会を構築してきました。とくに現代では，日本を含めた先進諸国は，近代法の概念による法治国家とされています。現代のフランスの哲学者，アラン・フィンケルクロート（Alain Finkielkraut 1949〜）は，このような法について次のように定義します。「法は，権力に限界を画し，欲望に限界を画することを目的とする。法とは，限界の表明である。」と。科学が社会に与える影響を考えるにあたっては，これまで長い間，私たちの社会が平和のうちに共存できるように，権力や人々の欲望に限界を画してきた法をまず理解する必要があるでしょう。そして，その法の体系を利用して，新しい科学技術の進展を人々がどこまで自由に用いてよいか，社会にどのような影響を与えるかを考えるのが，むしろ近道であると思います。

　第4章「科学と裁判」でも，DNA鑑定と親子関係について紹介がありましたが，法律上の親子関係は，DNA鑑定で判明する血縁上の親子関係と必ずしも一致するものではありません。DNA鑑定が可能になったのは，比較的最近の科学の発展の成果ですが，もっと以前から親子関係の血液型鑑定は可能でした。妻の産んだ子が血液型から夫の子ではあり得ない場合でも，法律上の親子

関係はあくまでも夫の子とされる場合があったのです。というのは，民法は，法律上の親子関係の中に，一定の割合で血縁上の親子でないものを含んでいることを前提として，昔から設計されてきたからです。それは，母子関係と違って父子関係がわからなかったからという理由ではありません。母子関係さえ，法律上の母子関係と血縁上の母子関係が異なる制度設計があり得るのです。

　現在の日本民法の運用では，母子関係は分娩によって生じるとされていますが，明治民法の起草者は，異なる制度を考えていました。フランス民法は，匿名出産という制度をとっています。つまり主に望まない子を産んだ母親と子を守る必要から，非嫡出子の母親は，自分が母親であることを明らかにせずに子を出産する権利が認められています。非嫡出子を産んだ母親が自分で母親になろうと決心して，子を認知したときにはじめて，法律上の親子関係が生じるとするのです。明治民法の起草者はこのフランス民法を参考に，非嫡出親子関係については，父子関係のみならず母子関係も認知によって生じるという条文を作り，現在施行されている民法779条も「嫡出でない子は，その父又は母がこれを認知することができる。」という条文になっています。ただ最高裁判例は，母子関係は分娩によって生じるとして，この条文の母の認知という部分を死文化する解釈をしています。

　血縁上の親子関係と法律上の親子関係を区別する，このような民法の実親子関係のとらえ方は，日本人にはわかりにくいものかもしれません。実親子関係はあくまでも血縁上の親子関係，それ以外は養子縁組による養親子関係であると考えるほうが，日本人の常識なのかもしれません。明治民法が立法されたのは，明治維新から30年後，1898年のことでした。明治時代の日本人たちは，外国との不平等条約を改正して治外法権を撤廃してもらうために，大急ぎで近代法を継受，つまりまねて立法しました。近代法継受は，権利や義務，時効などという言葉そのものを創設するところから始まる，壮大な事業でした。それから120年を経て，民法の考え方は，日本人に受容された部分と，必ずしも受容されていない部分が混在しています。たとえば法的な権利関係とされるもののうちに真実の関係と異なるものが一定の割合で含まれることを許容する制度として，消滅時効や取得時効は受容されましたが，嫡出推定はまだ受容過程にあるといえます。最初に簡単に民法という法を説明しましょう。

2 民法とは何か ● ● ●

　法と言われたときに、どのようなイメージをもつでしょうか。憲法と刑法と民法という基本法のうち、どの法が一番、そのイメージに近いでしょうか。日本でこんなアンケートをすると、憲法と刑法が答えを二分して、民法と答える人はごく少数です。国家のあり方を定める憲法も、罪刑法定主義の原則（ある行為を犯罪として処罰するためにはあらかじめ明確に刑罰を法定しておかなければならないという原則）の下で国家が刑事罰を科すルールである刑法も、もちろん重要ですが、もっとも身近であるはずの民法が、日本人にとっては、比較的遠い存在であるようです。

　民法は、市民が共存するための市民間のルールです。売買や賃貸借などのさまざまな契約法、所有権などの権利、事故などで被害が生じたときの賠償を定める不法行為法、意思能力や行為能力と人としての権能や時効などの基本的な諸制度、婚姻や離婚や親子などの家族関係を定める法、相続法など、およそあらゆる場面の人と人との関係を定める基本法です。もめごとが生じたときに民法を適用したら、必ず答えが出て、紛争が解決できることになっています。そのルールに従ってくれない、たとえば貸金を返してくれないというと、裁判所に訴えて強制執行してもらうことができます。

　民法のルーツは、ローマ法です。ローマで民法が発展したのは、必然だったように思います。ローマはあれだけ大きな帝国で、異なる文化の人々をその中に含んでいました。小規模の集団であれば、皆から信頼される人格・識見ともに優れた人が、すべてをわきまえていて、その人の裁量で紛争を解決するのが一番効率的です。でもこのような裁判は、ある程度大きな集団になると、ありえない幻想です。文化を共有していればまだしも、文化が違う集団になると、もう裁判はできません。公平に裁くためには、言語化されたルールが必要です。しかもそのルールは、内部に矛盾がない体系的なものでなくてはならず、すべての紛争に答えが出るものでなくてはなりません。そういう「書かれた理性」としてローマ時代に創られたのが、民法でした。中世にはカトリック教会が定めた教会法が教皇の権威のもとで勢力を持ちましたが、やがてヨーロッパ近代がローマ法を再発見して、民法典として再編成して立法しました。日本民法は、そんな近代民法であるドイツ民法とフランス民法を主に参考にして、立法されたものです。親子法の部分は、とくにフランス民法の影響を強く受けています。

　人々の間の紛争は、それぞれが一定の正義と正当性をもっている場合が圧倒

的です。妻を愛せなくなって離婚を望む夫，妻帯者であると知りながら彼と恋愛した女性は，自分たちの幸福追求権を主張するでしょうし，その二人の間に生まれた非嫡出子にはもちろん何の罪もありません。でも生涯をともにすると誓った夫に裏切られた妻は，納得できないでしょうし，二人の間に生まれた嫡出子も両親に育まれるはずだった法益を主張するでしょう。先ほど述べた母の匿名出産というフランス法の制度も，成長した子どもたちが自分の出自を知りたいという運動をするようになって，この出自を知る権利と衝突する母親のプライバシー権との調整が問題になっています。匿名出産という制度をなくすと，子殺しのリスクが生じますし，子を望まない母親よりもむしろ養子に出した方がその子が健康に育つだろうと考えると，当事者の権利だけではなく，社会の利益にもかかわってきます。

　民法は，これらの対立し矛盾する正義の間に一定の線を引いて解決することを任務とする法です。正義や利益が錯綜した複雑な社会に細かく線を引くのですから，必然的に複雑な法体系になります。単純な言葉の正義，たとえば自由や平等という憲法の正義は，もちろんそれはそれで大切な原則ですが，自由と平等そのものが相互矛盾するように，人々の共存のルールとしては，実際には民法のように役に立ちません。

　民法は，市民間のもめ事，紛争の利害調整を行う基礎となる基本法です。そして，民法には，問題を分析して解決する道具立てがいろいろ備えられています。まったく新しい事象でも問題点の抽出をきちんとすれば，適用するにふさわしい類似ルールがあり，微妙な修正を加えるだけで全体とのバランスをとりながら解決するルールを見出すことが可能です。そして民法学は，医学などと同様に，絶えず現実と取り組む実学です。現実に適用することによって，民法の概念自体にも内容がフィードバックされます。不法行為の同じ条文が，荷馬車の事故にも公害の時代にも自動車の交通事故にも適用されることによって，条文の機能を微妙に変化させています。でも同じ概念を用いて安定的な答えが出るという仕組みそのものは，維持しているのです。

3　親子法の継受　● ● ●

(1) 民法の立法と戸籍制度の創設

　明治初年，司法省の初代司法卿つまり長官となった江藤新平は，民法の起草を急がせました。フランス民法を勉強した江藤新平は，比較して日本の状況を

第6章 家族概念の科学と民法

嘆き,「御国は出産の法,立たざるに付,公生,私生の子の財産権利の分界も不明,其上年齢を偽り,生子を隠し,…子は狼狽の極みに至るあり」と慨嘆しています。たしかに当時の日本は,まだ今のような戸籍制度も出来ておらず,「出産の法,立たざる」状況でした。そして現在でも世界的にみれば,当時の日本のように生まれた子を政府が把握できていない国は少なくありません。子が生まれると直ちに出生証書が作成されて,その子の人としての権利が確立するフランス民法は,江藤新平の眼には,新鮮で目指すべきものに映ったのでしょう。江藤新平自身は,まもなく佐賀の乱を起こして殺されてしまいますが,先述したように,民法の立法作業は続きました。

驚くべき短期間のうちに,明治時代の日本は,諸制度を作り上げました。民法より先にできあがったのは,戸籍制度でした。明治政府は,徴税や兵役のために国民を把握する必要がありましたから,まず最初に住民登録を作りました。当初は,物理的な屋敷に住んでいる人をすべて列挙するものでした。それが現在の戸籍制度のルーツです。現在の本籍地欄には最初は屋敷番号が書かれており,やがて建物ではなく地番表記に変わります。そして転居のたびに編製しなおすことを止めて,短期間の転居は寄留簿という別の登録簿に書くことにして職権で戸籍と連絡を図り,その寄留簿が現在の住民台帳になりました。戸籍に書かれるメンバーも,最初は雇い人も入っていましたが,親族関係だけに限られるようになりました。こうしてできあがった戸籍制度は,瞬く間に既成事実となり,独立した制度として強力に自走し始めます。

明治民法を作るときには,すでにこのような戸籍制度ができあがっていました。親子や夫婦という家族を定義することはできますが,家族集団を定義することは,通常は至難です。でも明治民法は,戸籍が先行して存在しましたから,その戸籍に書かれたメンバーを家族集団である「家」と定義して,「家」制度を作ることが出来ました。明治初年には,氏を公称する日本人は約6％しかいませんでしたが,明治政府は,明治3年（1870年）に平民苗字許可令,明治8年（1875年）に平民苗字必称義務令を出して国民すべてに氏を名乗らせる改革を行っていました。明治民法が出来るまで,結婚して夫の家族と同居して夫の家族の戸籍に記載されるようになった妻も,戸籍上はもとの氏を維持していましたが,明治民法が氏を「家名」としたために,夫婦は共通の氏を名乗ることになりました。こうしてできあがった明治民法の家族法は,戸籍制度と一体となって,日本人の家族意識を強力に形成することになります。

(2) 民法の親子法と戸籍制度の矛盾

　明治民法と戸籍制度が一体となった部分は，非常に強力でしたが，民法と戸籍には矛盾するところがありました。民法のモデルにしたフランス法やドイツ法が予定している制度が，日本に導入されなかった場合に，民法と日本の実務に矛盾が生じます。条文を輸入することよりも，実際に経費をかけて動かす制度を作ることのほうが困難です。裁判官の数が潤沢で司法判断を得やすい司法制度，民事関係でも能動的に働く検事など，民法が予定している制度を日本が持たないために，民法が機能不全を起こしている問題は他にもあるのですが，親子法では，とくに戸籍制度と身分証書制度の相違が大きな矛盾を引き起こします。身分証書の国では，子が生まれると出生証書を作成します。出生証書は子が生まれたという証拠書類であって，そこには父の名前も母の名前も記載しないことが可能です。でも戸籍制度では，すでに存在する親の戸籍に記載する形式で出生が記録されます。そして民法の実親子法は，戸籍制度を中心とした実親子法の強力さに比較すると，相対的に無力でした。

　もともと日本の伝統的な親子法は，子が父の相続人であるかどうか及びその相続順序が明示されることにのみ関心がありました。一夫多妻制度の事実婚が公認され，かつ現実にも階層によっては存在していました。戸籍制度が創設されてからも，嗣子の地位こそ重要であったものの，そうでなければ，妻妾の子すなわち公生子として生まれたというたてまえを貫くために，虚偽の入籍や脱籍も公然と行われており，さらに養子を実子と同じ表示で入籍することは必ずしも虚偽記載とは考えられていませんでした。養子を実子として届け出る「わらの上からの養子」と呼ばれる虚偽出生届の慣習は，明治民法立法後も長く続いて行われてきました。

　これに対して，民法の親子関係規律は，子が産まれた情報を出生証書として確実に社会が確保する制度とした上で，出生段階での母子関係こそが要であり，嫡出非嫡出をはじめとする子の身分は，どの母から生まれたのかということによって決定される国の仕組みです。妻が産んだ場合は，母親の夫が父親だと「嫡出推定」されます。妻以外の女性の産んだ子は，非嫡出子となり，親子関係は親の「認知」によって成立します。法律上の親子関係は，これらの「嫡出推定」ないし「認知」という法的技術によって成立することにされています。そして嫡出推定や認知によって成立した親子関係を争うときには，嫡出否認の訴えや認知無効の訴えによらなければならないとし，それらの訴えについては，争え

る期間や提訴することができる権利者を限定的に定めて，一定の期間，その身分を得てきた子は，みだりに身分を奪われることがないようにするのです。それらの要件に合致しない限り，血縁上の親子関係であっても法律上の親子関係とはなりません。法律上の親子関係は，血縁上の親子関係を基礎にはしますが，子に法律上の親を与える要請や子のアイデンティティ・身分の保障などを考慮して定められます。すなわち法律上の親子関係は，子の安全な成長を確保するために，民法が決定する「制度」なのです。生物学的事実はこの制度に組み込まれてはいますが，制度に代替するものではありません。

　たとえば嫡出推定制度はこの制度技術の一つであり，この制度がなければ，母の夫以外に父を求めようがない子の身分はきわめて不安定となり，夫は自分の血を引く子以外はいつでも好きなときに捨てられることになるでしょう。すべてを自由に委せることは強者の欲望がルールになることですから，親の恣意や夫の恣意から弱者を守るために法が線を引かなくてはなりません。その線の引き方に不都合があれば改める必要はありますが，その改め方は，将来の紛争やあらゆる多様なケースへの対応を視野に入れて検討する困難な思考に耐えて，複雑で微妙な調節を考えるしかないのです。

(3) **判例における親子法の展開**

　しかし日本の実親子関係法は，日本独自の身分登録簿である戸籍制度と，これと異なる身分証書制度を前提とする主にフランス法を継受した民法の親子法とが併存することによって，矛盾をはらんで発展してきました。日本人は，民法の制度のうちでも真実の権利者が権利を失うことがある「時効」は，比較的速やかに受け入れましたが，血縁上の父親が親とならないことがある「嫡出推定」はいまだに受け入れてはいないように思われます。おそらくは戸籍制度の存在と，戸籍には血縁上の親子関係が記載されなくてはならないという意識が，日本人が民法の親子法を受容することを阻んできたのでしょう。判例においても，戸籍の訂正手続として親子関係存否確認訴訟が認められ，この訴訟は，血縁上の親子関係を戸籍上すなわち法律上の親子関係とするものでした。判例法は，民法の立法による改正を待たずに，解釈によって親子関係存否確認訴訟の領域を認めることによって，法律上の親子関係を血縁上の親子関係に合わせるように，かなりの程度まで民法の規定を空洞化させて親子法の内容を改変してきました。先に述べた，非嫡出母子関係は母の認知によって生じるとする民法の規定が死文化されたのも，その一例です。つまり民法と戸籍制度の矛盾は，

だいたいのところ，戸籍制度によって民法がねじ伏せられてきました。

でも民法が法律上の親子関係を定め，それが戸籍に記載されるのであって，法律上の親子関係と血縁上の親子関係と異なる場合が存在することは，判例も学説も承認する原則です。民法782条は，血縁上の父が成人した子を認知するときに，その子が承諾しないと認知できないと規定していますが，たとえ血縁上は真実の父子関係があっても法律上の父子関係は成立しないとするこの条文の効力を否定する動きはありません。最近の最高裁平成26年（2014年）7月17日判決・民集68巻6号547頁は，DNA鑑定によって血縁関係のないことが判明していた夫との父子関係を維持しました。虚偽出生届による「わらの上からの養子」については，戸籍上の親が死んで相続争いの場面になって親族から親子関係不存在確認訴訟が提起される結果，長年，わらの上からの養子が相続権を奪われてきましたが，最高裁平成18年（2006年）7月7日判決・民集60巻6号2307頁は，初めてこのような親子関係不存在確認請求訴訟を権利濫用で封じました。

ただ日本民法の親子法は，戸籍との関係で十分な整序が出来ていません。これは生殖補助医療という新しい問題が登場したときに日本法の弱点になっています。親子法の母法であるフランス法は，多くの対立する利害や法益の調整をとってきた民法の枠組みを利用して，その知恵を前提に新しい事態に対応していますが，日本の親子法は，そのような強力な歴史的基盤を持っていません。次には，この新しい問題を考えてみます。

● ● ● Ⅱ　生殖補助医療の登場　● ● ●

1　生殖補助医療の発展　● ● ●

自然な性交渉によって受胎するのではなく，性交渉によらず医学の助けを借りて受胎して子をもうけることを生殖補助医療といいます。妊娠しにくい夫婦が自分たちの生殖子を用いて医師の施術によって妻が妊娠して出産する場合も，生殖補助医療のうちには含まれますが，法的にその是非が問題にされる生殖補助医療は，ドナーの生殖子を用いる場合や，第三者の女性に妊娠出産をさせる代理懐胎の場合などです。精子を母胎に入れる人工授精は古くからある簡単な技術ですが，1980年代から母体外で卵子に精子を受精させる体外受精が可能になり，その結果，ドナーの卵子や胚を利用して，自分の卵子によらない胚を

妊娠して出産することができるようになりました。

　子どもを持ちたいという望みは，ときとして非常に強い切望になりますから，このような医学を利用して生殖補助医療を受けたいと願う顧客が提供する金銭的な対価は，巨額になり得ます。体外受精が可能になったことへの法的対応は，国によって異なります。アメリカでは，生殖補助医療の市場化が進みました。近年は，排卵誘発剤の副作用による卵子ドナーの健康被害や障害児の受け取り拒否など，市場化の弊害が現実問題となって州法による規制が進み始めています。対照的にドイツやフランスでは，弊害を見越して生殖補助医療の規制法を立法しました。しかし規制のない国にでかけて子を得る人々は少なくありません。現在では，臓器移植や生殖補助医療は，先進国のような規制がない開発途上国において，金銭を対価に臓器を売ったり代理懐胎を引き受けたりする貧困層の存在を背景に商業的に行われ，先進国の顧客を対象とした臓器売買や生殖補助医療ツーリズムが盛んになりました。日本では，生殖補助医療に関する規制法はまだ成立しておらず，日本産科婦人科学会のいわば自主規制によって代理懐胎などの実施が抑えられているに過ぎません。このため，たとえば途上国で商業的に行われている代理懐胎と卵子提供を併用して，自分の子を大勢産ませた日本人男性の行為が報道されましたが，規制対象になっていません。この子たちは，遺伝上の母は卵子を売却した女性で，出産した女性は労務として有償で妊娠を引き受けただけですから，母性をもってその子を育てたいという母親を先天的にもてません。あらかじめ母親をもてない形で子を誕生させるこのような行為は，処罰対象にすべきでしょう。

　立法がされないうちに，日本の医師たちの自主規制の制約を逃れることによって生殖補助医療が行われて，実際に子が誕生するようになりました。生殖補助医療の法的問題は，そうして生まれた子の親子関係を争う訴訟として，クローズアップされました。たしかに代理懐胎のような生殖補助医療を法的に規制すべきかどうかという問題と，そのような生殖補助医療によって生まれた子と依頼した親希望者との親子関係を認めるかどうかという問題は，別問題です。代理懐胎に対して消極的な判断をする立場をとるとしても，すでに生まれてしまった子と代理懐胎を依頼した親希望者との親子関係は認めるべきだという判断はありうるでしょう。しかし同時にこの二つの判断は，分かちがたく結びついています。まず立法のない日本で，最高裁が親子関係を認めることは，その生殖補助医療を積極的に認容したというメッセージ性を持つという問題があり

ます。代理懐胎を規制しているヨーロッパ諸国の法も，代理懐胎の依頼者との親子関係成立を否定しました。これらの法は依頼者との養子縁組も禁じたため，依頼者による養育状態の法的根拠がなくなり，子の福祉という観点から国際的に問題とされて，一部に見直しの動きがあります。しかし一方，代理懐胎ツーリズムを受け入れていたタイやインドでは，自国の女性たちを守るために，代理懐胎規制が始まっています。

　もし我々の社会がその行為を許されざるものだという価値観を将来共有するべきだとすると，その行為によって出生した子が，それがわかる親子関係を持つことは，スティグマになるという問題もあります。たとえば近親相姦によって生まれた子については，フランス法はその片親としか親子関係の成立を認めません。両親との親子関係を認めてしまうと近親相姦の事実が明らかになるからです。もちろん近親相姦の禁止のようにあまりにも古くから人々に共有されてきたルールと異なり，生殖補助医療は，これからルールを形成する問題ですから，問題はより困難になり意見の対立も激しくなるのですが。

　次に生殖補助医療によって生まれた子の親子関係について，最高裁が下してきた判例を見てみましょう。

2　生殖補助医療と親子関係　◆ ◆ ◆

(1) 生殖補助医療に関する最高裁判例

　最高裁は，凍結精子を用いた死後懐胎による出生子の認知請求を棄却した最高裁平成18年（2006年）9月4日判決・民集60巻7号2563頁，代理懐胎出生子について分娩者母ルールを確認した最高裁平成19年（2007年）3月23日決定・民集61巻2号619頁，性同一性障害者の精子ドナーによる人工授精（Artificial Insemination by Donor，以降，AID）利用による出生子に嫡出推定を認めた最高裁平成25年（2013年）12月10日決定・民集67巻9号1847頁などの判断を下してきました。これらの判例を順にみてみましょう。

(2) 凍結精子を用いた死後懐胎のケース

　最高裁平成18年（2006年）9月4日判決は，夫が白血病にかかり，その治療によって無精子症になる可能性を考慮して保存凍結していた精子を，夫の死後，妻が生殖補助医療を受けて出産したというケースでした。精子を凍結保存していた病院とは，死亡時には精子を破棄する旨の約束をしていましたが，夫は生前，妻に，自分が死亡しても妻が再婚しないのであれば，自分の子を産ん

で両親の面倒をみてほしいと話し，夫の両親には，自分に何かあった場合，妻に保存精子を用いて子どもを授かり，家を継いでもらうようにと伝えていました。夫の死後，妻は夫の両親と相談の上，夫が死亡したことを告げずに精子を保存していた病院から体外受精実施病院へ精子を搬送し，体外受精を受けて出産しました。当初は嫡出子として出生届を出しましたが，死亡による婚姻解消後に出生した子であることを理由として受理されなかったため，子が検察官に対して死後認知請求を提訴しました。

最高裁は，この請求を認めませんでした。子が胎児のうちに父親が死んだ場合にはもちろん認められますが，凍結された精子を用いて死後に懐胎された子には，父親がないことになります。この判断に，そのような生殖補助医療を許容することへの否定的判断が含まれることは，補足意見が次のように明瞭に述べています。「既に生まれている死後懐胎子の福祉の名の下に，血縁関係と親の意思の存在を理由に法律上の親子関係を肯定すれば，そのことによって懐胎時に父のいない子の出生を法が放任する結果となることになりかねず」（滝井補足意見），「これを認めることは，いまだ十分な社会的合意のないまま実施された死後懐胎による出生という既成事実を法的に追認することになるという大きな問題を生じさせることになって，相当ではない」（今井補足意見）と。言い換えれば，この事件の子にとっての福祉よりも，死後生殖によって今後生まれてくる可能性のある子の福祉を重視したということも言えるでしょう。

(3) 代理懐胎のケース

次に，最高裁平成19年（2007年）3月23日決定・民集61巻2号619頁は，アメリカにでかけて有償で代理懐胎を依頼して子をもった夫婦が親子関係を求めて提訴した事案でした。実際には，外国で生殖補助医療を受けて帰国し，自分たちの子として出生届する例はかなりあると想定されています。しかしこの事件では，タレントとして著名な原告が生殖補助医療を受ける段階からマスコミで公開していたため，代理懐胎を利用した出産であることは自明でした。最高裁は，代理懐胎の場合であっても出産した女性が子の母であるとして，原告の請求を棄却しました。とはいえ，代理懐胎を引き受けたアメリカ人の女性が母親として子を育てることは望めません。この事件の当事者たちは，この後，特別養子縁組によって養親子になりました。代理懐胎を禁じている西欧法は，代理懐胎依頼者との母子関係を認めないのはもちろん，依頼者との養子縁組も認めない傾向があります。それだけ代理懐胎に対する禁忌感が強く，代理懐胎

を利用して得た子を養子にすることも禁じなければならないと考えるのでしょう。

　これらの事案を伝える当時のマスコミ報道の論調は，生まれた子の福祉を前面に出して，規制緩和を求めるものや原告の希望する親子関係を認めるべきであるとするものが圧倒的でした。つまり「親」希望者の心情をベースに報道するものでした。たしかにあらゆる技術を使って子を求める「親」希望者の「権利」と自己決定はわかりやすい論理であり，さらにすでに出生した子の存在とその福祉を求める要請は，あまりにも圧倒的で誰も否定できない迫力をもちます。それに比して，これから生殖補助医療で創り出される子の福祉や将来の人生の重さ，不妊治療現場や代理懐胎者の負荷とその負荷をもたらす社会的構造は，考える力や想像力を必要とするため，日本のマスコミの議論にはのりにくかったのかもしれません。しかしこれらの複雑な法益をすべて考量することが，実際の解決には不可欠なことです。そして民法的な思考のもっとも専門とするところは，いくつもの複雑な法益が絡み合った問題を慎重に考えて，対立する法益間を調整する一定の線を見出し，思いがけない副作用のできるだけない答えを実際に出すことです。最高裁の結論や少なからぬ数の民法学者の意見が，マスコミ報道の期待するところと異なったのは，理由のあることでした。

　なぜ代理懐胎はいけないと考えられるのでしょうか。ドナーの生殖子を用いた生殖補助医療と異なり，依頼者夫婦の精子・卵子を用いる代理懐胎の場合は，出生した子は遺伝上の両親に育てられます。子が育つ過程には問題がなさそうに思われます。しかし妊娠出産という過程は，代替可能な単なる労務提供ではありません。9ヶ月の妊娠期間中，母体は自分にとって異質な胎児を排除しない免疫寛容を成立させて，多くのリスクを乗り越えなくてはなりません。通常は異質といっても半分の遺伝子は母体由来のものですが，代理懐胎の場合には完全に異質な胎児になるので，免疫機構の破綻のリスクは高まるものと予想されます。妊娠期間には，母体と胎児の間の相互作用によって両者はこの上なく密接な関係にあり，母体の精神的・身体的な状況は，胎児の生育環境を変化させて，胎児の脳や身体の形成にも大きな影響を与えます。またこの妊娠期間中に母性が育まれて出産後の育児を準備するので，その準備がない依頼者による育児にはリスクがあります。代理懐胎においては，これらの身体的・精神的リスクは代理懐胎者と子が負うことになり，依頼者自身はリスクを負担しません。

　妊娠出産という生命の危険のある大きな負担を，なぜ代理懐胎者は受容する

のでしょうか。有償の場合には，グローバリズムの中で貧富の格差が拡大している現在，貧しい人々は生命の危険があっても収入のためであれば臓器を売ったり妊娠を引き受けたりするでしょう。臓器移植はまだそれによって依頼者の生命を救うこととの均衡がありえても，代理懐胎は子どもが欲しいという要求との均衡であり，より正当化が難しいものです。アメリカは国内に貧富の大きな格差を抱えている国ですが，日本もそのような格差が激化・固定化しつつあり，その場合は国内においても提供者や代理懐胎者を確保することができるかもしれません。しかし金銭で母胎の使用を買うことが許されて良いとは思われません。

　では無償なら良いでしょうか。無償で代理懐胎者をつとめるのであれば，日本ではおそらく家族内での協力になるでしょう。遺伝上の母である依頼者と懐胎期間に母性を育んだ代理懐胎者とが身近にいることになるため，子の忠誠葛藤を引き起こすなど，子の育成に困難があることが想像されます。そのような出産後の問題はおくとして，とりあえず妊娠出産そのものについては，家族内で，親子・姉妹等の愛情によって妊娠の協力をするのであればよいと考えられるでしょうか。やはりそれもあまりにも安易で危険な考え方であるように思います。生存を依存する，閉鎖された人間関係である家族内では，精神的な支配が行われることが少なくなく，支配された弱者は事実上まったく自分の意思をもてないこともあります。他人が強制することは難しくとも，家族が強制することはたやすく，当然のことながら，その強制は本人の自発的な決定という形をとります。無償だからよいとも言えないでしょう。

(4) 性同一性障害者のAID利用のケース

　最後に，性同一性障害者のAID利用による出生子に嫡出推定を認めた最高裁平成25年（2013年）12月10日決定を紹介します。AIDは，もっとも古くから実施されてきた生殖補助医療ですが，この最高裁決定前には，下級審で争われた例はあっても，最高裁の判断はありませんでした。AIDが夫婦間で利用された場合には，嫡出推定によって夫の子でなくても身分が守られてきたからでしょう。しかし問題がないわけではありません。AIDはすでに長期間，実践されてきましたが，AIDで生まれた子どもたちが，その事実を知ると，大きな苦悩を抱える実態が明らかになってきました。遺伝上の親を知りえないことは，父がわからないのではなく「自分自身が誰かわからなくなる」という深刻な苦悩だと言われます。しかし卵子のドナーによる子は，生殖補助医療に

よらなければ出生の可能性はないのに，医療がその出生に手を貸して良いのかという議論があるのに対して，AIDは素人でもキットさえあれば実現できる易しい技術であることもあって，諸外国でも禁止している国はほとんどありません。

このケースでは，夫が性同一性障害者でした。性同一性障害とは，生物学的性別と心理的な性別（性の自己認識 Gender Identity）とが一致しない医学的疾患です。身体の性と自分の考える性が一致しない当事者の苦悩や生きづらさは非常に深刻で，身体の性を心の性に一致させる性別適合手術が行われることもあります。世界各国において一定の要件下で当事者の心の性別に合わせた（性転換手術の弊害が大きいため，最近は，手術を要件にしない国が増えているようです）身分登録簿の修正が認められるようになっています。日本でも平成15年に性同一性障害者の性別の取扱いの特例に関する法律（以下，特例法）が立法されて，性同一性障害者のうち特定の要件を満たす者につき，家庭裁判所の審判により，法令上の性別の取扱いと戸籍上の性別記載を変更できることになりました。本件は，この特例法によって女性から性転換した男性が，女性と婚姻後，妻がドナーの精子によって受胎する AID の施術を受けて得た子が嫡出推定を受けるかという論点について判断した初めての最高裁判例です。学説も対立している論点であり，最高裁判事の意見も3対2に分かれたぎりぎりの判断でしたが，結論は嫡出推定が認められました。

特例法は，性転換後の性によって婚姻することを認めていますが，親子関係について特に定めを置いていません。身体的な性別と異なる性転換後の性では，当然に肉体的な生殖機能はありませんから，性転換者が子をもとうとすると，養子をとるか，生殖補助医療を受けることになります。本来なら西欧諸外国の立法がそうであったように，家族における他者との関係について，もとの性別で婚姻していた場合の相手方配偶者や子との関係の処理，婚姻を認めるかどうか，子をもつことを許すかどうか等について，立法時に十分な吟味が必要でしたが，議員立法であったためか，これらの論点は深く議論されませんでした。婚姻制度や親子関係との緊張関係について吟味しなかった立法の不用意さが，本件の問題をもたらしたといえるでしょう。

民法においては，婚姻と親子関係は深く結びついた概念です。婚姻という結びつきが社会的に保護されるのは，主として生存を家族に依存する弱者，とくに子のケアと扶養の場だからであると考えられます。嫡出推定にも，子を育て

る環境を形成する婚姻の法的効果として、夫に妻の産んだ子に対する責任をとらせる制度という側面があります。もっとも日本人にとっては、血縁と異なる法律上の親子関係に対する違和感が強く、嫡出推定の意義の理解があまりなかったことは前述したとおりです。

本件の原告である夫は、性転換によって男性になったため、男性としては不妊症でした。ただし通常の男性不妊症と異なり、戸籍上かつて女性であったことはわかるので、不妊症であることも明らかです。このような男性が夫となった婚姻について、嫡出推定を認めるかどうかが本件の争点でした。通常の男性不妊症の場合には、AID子が法律上の父との血縁関係を信じて成長する場合のほうが圧倒的に多いでしょうが、本件ではAID子からその可能性が奪われています。

論点は、主に2つあります。ひとつは特例法が転換した性での婚姻を承認したことの評価と、本件で行われた生殖補助医療への評価です。特例法が婚姻を承認したからには、婚姻と不可分の嫡出推定についても当然に含めて承認していると考えるのが、本判決の法廷意見の立場です。婚姻を認めながら嫡出推定を及ぼさないことをこの場合に認めると、婚姻と嫡出推定の関係が揺らいでしまい、子が嫡出推定の保護を受けられなくなる事態を危惧するものでしょう。これに対して少数意見は、本件の子には嫡出推定の保護は及ばないとすることによって、本件のようなAID利用の抑制をはかるものと思われます。

異性愛者がマジョリティの社会で、従来、差別や抑圧を受けてきたLGBT(同性愛者・両性愛者・トランスジェンダー)の人々が、性的志向等によって差別されず、人間の尊厳を保った生き方ができる社会を求めて、活発な運動が世界的に行われています。同性愛者への差別解消として同性婚が求められ、それに応えて同性婚を認める立法も広がりつつあります。しかしフランスのように同性婚を認めた国においても、同性婚当事者には生殖補助医療を認めない慎重さがみられます。このケースの原告も嫡出子出生届を受理されないことを「差別」であると主張しましたが、子の利益という観点も考える必要があります。そして法廷意見は、自然生殖で生まれてくる嫡出子の身分が危うくなる危険を重視したのに対し、少数意見は、出自についての苦悩を必然的に抱えるAID子が誕生する危険のほうを重視したといえるでしょう。意見の分かれる難しい判断だと思います。

3　生殖補助医療の将来 ●●●

　現在の民法の親子法は，たしかに生殖補助医療を想定しない時代に作られたものです。しかしこれまで見てきた最高裁判例のように，民法を用いて判断できないということはありません。民法とは，通常は民法の条文と判例法による民法条文の解釈を意味しますが，さらに広義には，実親子関係とは何かという民法の法原理・法規範の総体の拘束をも意味するからです。たとえ生殖補助医療という従来の民法や判例法が予測していなかった事案であっても，裁判所は少なくともこの広義の民法によって，民法の解釈として判断をすることができます。

　とはいえ，生殖補助医療の規制立法や，生殖補助医療を視野に入れた親子法の立法的構築は，緊急に必要でしょう。でもとりわけドナーの生殖子を用いた場合には，親子法の立法はたやすいことではありません。生殖補助医療を利用した「親」は，出生段階では子に実親子身分の付与を望み，できれば生殖補助医療によって生まれた事実を秘匿したいと考えます。しかしその希望を容れて戸籍上の出生届は実親子であることにしたとしても，遺伝上は実親子でない場合に，その血縁関係を封印できるのは法律上の関係が現実の愛情関係と一致している間のみになってしまいます。「親」が身分関係を覆したいと考えた場合あるいは「親」の死後に相続争いが生じた場合に，子が自らが生殖補助医療によって生まれた子であることを立証しないと自らの身分を守れないようでは，親子法の名に値しません。結局は，自然懐胎子と同様に従来の親子法を適用して子の身分を守れるようにしなくてはいけません。日本の親子法が，生殖補助医療による子の身分をも守れるような親子法に発展することを期待したいと思います。

　ドナーの生殖子や死者の生殖細胞や代理懐胎を用いても子をもちたいと望む人々の意見やその希望に同情する立場は，生殖補助医療を利用する自己決定によって致命的な被害を被る他者が顕然とは存在していないのに，生殖補助医療を規制するのは自己決定の自由への不当な干渉であると主張します。たしかに従来，価値観や世界観の相違に対して，法学が謙抑的な姿勢を維持してきたことは，法学のまさに法学らしい魅力でした。とりわけ保守的な価値観・道徳観が大勢であったとしても，法の謙抑性は，多数派の価値観を法で強制することなく少数者の自由を担保する機能を持っています。しかし法の謙抑性のもとに自由にゆだねて自然に秩序ができるのに任せるにはあまりに危険なこともあり

ます。科学技術の進展速度が速くなりすぎてしまった領域はそのひとつであり，特に生殖補助医療はその種の問題の典型です。また生殖補助医療によって深刻な被害を被る他者は，とりわけこれから生まれてくる子どもたちという形で，すでに存在しているともいえるでしょう。

　民法は，当事者の自由意思に基づいた契約に対して公序良俗による無効判断をするように，意思を絶対的なものとはしません。強い自己決定権は，本人の自己決定を尊重することに必ずしもつながらないと考えるからです。むしろ「他者」や「普遍的な価値」の存在を考慮に入れる「法」によって，個人の決定に影響を及ぼす諸力を広く考慮に入れることが可能になり，それは本人の真の人格を守ることにもつながると考えます。とりわけ日本においては，自由が抑圧された日本社会に対する，本来はアンチテーゼの議論であるはずの自己決定と自由の論理が，産まない自由が本当には確立していない社会で女性の産む権利の主張として現れるパラドクスがあります。この民法の自己決定権に対する慎重な考え方が，他の社会，とりわけ強い自己決定権がそれなりに有効に機能するアメリカのような社会におけるよりも，必要かつ有益であるように思われます。

　科学の進展が社会に適用されていくときに，社会に与える影響を考えなくてはなりません。その影響を考える際に，民法はひとつの手がかりになります。もとより民法というシステムがそのままで正義や理性を体現するものだとはいえません。民法は，絶えず現実や思想・哲学とフィードバックされて修正される永遠に未完成なシステムです。しかし哲学や社会学と違って，民法学は，その時点での暫定的なものであるにせよ，現実に適用して必ずある決まった答えを出さなくてはなりません。そして出された答えは，過去の蓄積を集積してさまざまな矛盾対立する法益間の調整を図って修正され続けてきた民法体系の知恵を借りて出される点で，その時々の流行思想や一面的な正義観に拠るよりも，社会にとって，そしてこれから生まれてくる将来の世代にとって，おそらくははるかに安全なものではないでしょうか。

〔参考文献〕
大村敦志「フランスにおける人工生殖論議」法協109巻4号（1992年）
大村敦志「民法等における生命・身体――『子どもへの権利』を考えるために」法社会学56号（2002年）

◆ 第 I 部 ◆ 科学の不定性に気づく

坂井律子・春日真人『つくられる命 —— AID・卵子提供・クローン技術』(NHK 出版,2004 年)

非配偶者間人工授精で生まれた人の自助グループ『AID で生まれるということ —— 精子提供で生まれた子どもたちの声』(萬書房,2014 年)

日比野由利『ルポ生殖ビジネス —— 世界で「出産」はどう商品化されているか』(朝日新聞出版,2015 年)

松川正毅『医学の発展と親子法』(有斐閣,2008 年)

水野紀子「人工生殖における民法と子どもの権利」湯沢雍彦＝宇津木伸編『人の法と医の倫理』(信山社,2004 年)

同「生殖補助医療と子の権利」法律時報 988 号(2007 年)

同「生殖補助医療を契機に日本実親子法をふりかえる」法曹時報 61 巻 5 号(2009 年)

同「DNA 鑑定による血縁関係否定と嫡出推定」法学教室 411 号(2014 年)

◆ 第Ⅱ部 ◆
科学の不定性と向き合う

第7章

「科学の不定性」に気づき，向き合うとは

中島貴子

I　はじめに

　第Ⅰ部「科学の不定性に気づく」では，科学的知識を積み上げてゆく営み，すなわち科学一般の特徴が述べられた後（第1章），「科学の不定性」が現れる現場の多様性，あるいは，現れ方の多様性が述べられました（第2章～第6章）。とはいえ，これまでの記述から本書の主題である「科学の不定性」という定性的な概念それ自体を理解することは，いささか飛躍があり難しいかもしれません。

　そこでこの章では，最初に「科学の不定性」を捉える代表的な概念枠組を紹介しながら第Ⅰ部の内容を振り返ることによって，「科学の不定性」についての初歩的な整理を試みます。続いて，「科学の不定性」に気づき，そこに目を向けることで次に見えてくる社会的な課題を点描し，不定性への対処を扱う第Ⅱ部「不定性と向き合う」のイントロダクションとします。

II　「科学の不定性」を捉える概念枠組

1　ワインバーグのトランス・サイエンス

(1) 科学を超える問題群（trans-scientific questions）

　本書が注目する「科学の不定性」を捉える概念枠組のひとつとして，「トランス・サイエンス」があります。「トランス・サイエンス」という概念は，ここ10年あまり日本でも広く知られるようになりましたが，アメリカの核物理

学者アルヴィン・ワインバーグが1972年に提唱したものです。

ワインバーグは，原爆開発の研究拠点として創設されたオークリッジ国立研究所でキャリアを開始し，1955年以降は同研究所の所長として，アメリカの物理学界のみならず原子力政策やエネルギー政策にも大きな影響力のあった核物理学者です。いわば，研究活動の場も社会的役割も，ともに20世紀の科学技術を象徴する人物です。そのような立場から，ワインバーグは科学と社会のあり方に注目し，科学と社会には「科学に問うことはできるが，科学では答えることのできない問題群」，すなわち「科学を超える問題群(trans-scientific questions)」が存在し，現代社会ではそれが顕著になっていると指摘しました。

(2) ワインバーグの功績

この指摘には二つの功績があります。一つは，マイケル・ポランニーが「科学の共和国」と呼んだ伝統的な基礎科学の領域とは似て非なる「トランス・サイエンスの共和国」と呼ぶべき領域，すなわち，「科学に問うことはできるが，科学では答えることのできない問題群」があり，そこでは，社会的意思決定が重要となる（問題となる）と指摘したことです。

何事も呼び方が定まることによってその存在や特徴が明確になっていくものですが，歴史を振り返ってみれば19世紀半ば，科学と技術の融合が進み，科学に基づく技術（科学技術）が誕生した頃にトランス・サイエンスの萌芽があったといえるでしょう。電気と有機化学に始まった科学技術は，その後，マーガリンからジェット機まで，様々な新製品，新サービスとして人々の生活環境に浸透してゆきます。それは，それまでは存在しなかった新しいタイプの事故やリスクが出現する社会，すなわち，トランス・サイエンスという新しい概念を必要とする社会の出現にほかなりません。このような科学と社会の関係史を大きく捉える上でトランス・サイエンスという概念は有効です。

実際，現代社会はトランス・サイエンスの共和国そのものといってよいでしょう。本書第Ⅰ部は，第1章Ⅱ節「科学の得意分野」を除いて，すべて「トランス・サイエンス」の事例に関する記述と理解できます。ちなみにワインバーグはトランス・サイエンスの具体例として，1）低レベルの放射線が生物に与える影響評価，2）原発の過酷事故や巨大地震など稀な事象の発生予測，3）アスワンハイダムや大出力のプルトニウム増殖炉のようにフルスケールの試作品が非現実的で，いわば一発勝負で本番に入る先端的巨大技術装置の建設などを指摘しています。

ワインバーグのもう一つの功績は，トランス・サイエンス的問題は，ある側面について科学的な取り扱いが可能であったとしても，そこでの科学は「科学の共和国」における科学のような卓越性は発揮できない，という点に目を向けたことです。トランス・サイエンス的問題とは，科学の共和国で扱われる問いのように，解くべき問題が明確で，解いた結果の予測性や再現性も高いといった性質を常に備えているわけではありません。そのため，何が問題かという問題設定においても，とりあえず解いてみた結果においても何らかの不確実性が避け得ません。それゆえ，「トランス・サイエンス共和国」における科学は「科学の共和国」における科学のような卓越性はないといえます。

(3) 科学に基づく規制行政を求める社会——科学への過信・盲信が広がる社会？

それにしても，「科学の共和国」と「トランス・サイエンスの共和国」の両方を行き来した指導的人物は，なぜトランス・サイエンス的問題における科学の適用限界を宣言する論文を発表したのでしょうか。その真意についてワイバーグ自身は何も語っていませんが，論文が発表された1972年当時のアメリカの社会的背景を勘案すると，以下のように推測できます。

環境問題が主要な社会問題として広く認知されるようになった1960年代後半から70年代にかけて，アメリカの行政現場では「科学に基づく規制行政」を求める声が高まり，科学的諮問機関を歓迎する機運が盛り上がっていました。環境問題に関する規制行政という，まさしくトランス・サイエンス的課題に対する社会的関心が高まり，規制の根拠として科学的なリスク評価が求められるようになりました。そして，科学的諮問機関の実態について人々は何も知らされていないにもかかわらず，そこでの判断は，政治的には中立を貫きつつ科学的には最高の妥当性が担保されているという神話が出来上がっていったのです。政治（価値判断）は諮問結果を届けた先で行われるのであって，科学的諮問機関の内側に価値判断はなく，諮問機関は課せられた問いに対して科学的に最も妥当な解答を提供しうるし，その解答は社会的信頼に足るという理解です。

そのような安易な状況に対して異を唱える必要を認めたところにワインバーグの動機があったと思われます。そして，トランス・サイエンスの共和国の筆頭住人というべきリスク評価の専門家たちと，トランス・サイエンスを必要とする社会に向けて，トランス・サイエンス的問題の対処における科学の役割に対する科学者側の自信過剰と，社会の側からの過信・盲信を戒め，トランス・サイエンスの特性を踏まえた意思決定の必要を指摘したと思われます。

◆第Ⅱ部◆ 科学の不定性と向き合う

　ところがその指摘は，なかなか届きませんでした。例えば，米国原子力規制委員会は，アメリカで原子力発電所の炉心事故が起きる確率は10億年に1回で，ヤンキースタジアムに隕石が落ちることを心配するようなもの，という報告書（ラスムッセン報告）を1975年にまとめます。その4年後の1979年，スリーマイル島原発で炉心事故が起き，報告書の威信は地に落ちました。しかしながら，環境問題のようなトランス・サイエンス的問題に際し，科学的根拠に基づいた意思決定を求めるという大きな流れは少しも変わりませんでした。むしろ，その流れはアメリカに限らず日本を含む先進諸国で一層，強まっていきます。その理由は今後の歴史研究によって多角的に解明されていくはずですが，科学的根拠の価値中立性，客観性に対する肯定的見解のほうが否定的・懐疑的見解よりも強固な支持を得ていたことは，少なくともチェルノブイリ原発事故が起こる1986年頃までの世界的な特徴と言えるでしょう。

(4) トランス・サイエンス概念の限界

　ここで，改めてワインバーグの主張を振り返ってみましょう。彼は，トランス・サイエンス的問題を解く上で科学は不要だといっているのではありません。ここは誤解してはならない重要な論点です。トランス・サイエンス的問題という課題の性質上，そこでの科学的な解には本質的な不確実性が避けられないので，科学だけに頼ってはいけない，科学だけでは答えられない，と言っているのです。

　前述の通り，トランス・サイエンスという概念は，社会的意志決定との関係が重要な科学的課題の所在や科学的根拠の不確実性に注目する上で有効な概念です。しかし，なぜそのような不確実性が浮かび上がってくるのか，あるいは，その不確実性はどのような性質のものか，といったもう一歩踏み込んだ問いを扱うには不向きです。

　そこで次節では，トランス・サイエンスという概念では一括りに「科学的根拠の不確実性」と扱われる部分に焦点を当てた概念枠組として，スターリングの「不定性マトリックス（Incertitude Matrix）」に注目します。

2　スターリングの不定性マトリックス

(1)「不定性マトリックス（Incertitude Matrix）」の誕生背景

　英国サセックス大学科学政策研究所の社会科学者スターリングが1996年ごろから精力的に提唱している「不定性マトリックス」は，本書Appendix 2で

本人が触れている通り,「特定の瞬間の,特定の目的のために,一時的に取り出されるもの」です。この意味を理解するには,1980年代から世紀転換期にかけての欧米圏における科学技術社会論やリスク研究の動向と,スターリング自身の経験について知っておく必要があります。

　まず,前者については,トランス・サイエンス的問題の対処における科学の役割について様々な実証研究が蓄積された結果,1970年代に支配的だった科学への素朴な信頼への修正が迫られるようになってきた,ということです。たとえば,純粋に科学的な作業と思われていた農薬,食品添加物,化学物質の毒性評価プロセスを英独米それぞれの規制組織や,米国内の複数の規制組織で比較してみると,評価の目的,方法,評価者の選び方次第で,結果は大きく異なること,場合によっては最終判断が真逆になりさえすることが明らかになってきました。英国王立協会など世界の主要な公的研究組織においても科学技術のリスク評価には本質的な主観性があるからこそ,全ての利害関係者の活発な関与が必要であるとの認識が広く共有されるようになっていきました。少なくとも理念の上ではトランス・サイエンス的課題における科学的根拠の価値中立性,客観性が必ずしも成り立たないことが明らかになったのです。これは,1980年代以降の欧米圏の科学技術社会論やリスク研究の重要な成果です。

　しかし,トランス・サイエンス的課題について専門家が政策決定者に助言をする現場において,そうした学術研究の成果が反映されているかといえば,そうではありませんでした。この点が後者,すなわちスターリング自身の経験に関わる部分です。エネルギー,有害物質,遺伝子組換え食品,環境科学に関する英国政府や欧州政府の計9つの審議会で委員を経験したスターリングは,どの分野も科学的な不確実性を排除できない政策課題を扱っていながら,専門家の助言は一元的(single)で絶対的(definitive)であることが望ましいという「暗黙の了解」が審議会を支配していることに気づきます。また,「すべての問題を釘に見立てハンマーを打てば良しとするような人々」(全ての問題が科学的に解決できると考えるような人々の意)が少なくないことにも気づきます。前述のような学術的到達点と現実のギャップの発見です。

　以上のような背景を踏まえて,スターリングは,トランス・サイエンス的課題に関与する人々(リスク評価の専門家,政策決定者,利害関係者など)にとって馴染みのある用語を使いながら,彼ら自身がそのギャップに気づくための道具として,「不定性マトリックス」を考案したというわけです。

◆第Ⅱ部◆ 科学の不定性と向き合う

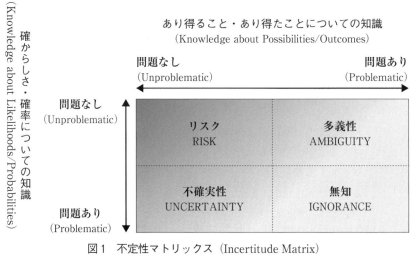

図1　不定性マトリックス（Incertitude Matrix）
Stirling（2007, 2010, 2012）より作図

(2)「不定性マトリックス」の概要

では，その概要を見てみましょう。「不定性マトリックス」のエッセンスを図示している図1を見てください。この図で横軸は「あり得ること・あり得たことについての知識（Knowledge about Possibilities / Outcomes）」，縦軸は「確からしさ・確率についての知識　（Knowledge about Likelihoods / Probabilities）」となっています。そして，左上の頂点に両軸とも「問題なし（Unproblematic）」という状態を置き，そこから離れるほど「問題あり（Problematic）」と特徴づけられています。

縦横2軸で区切られる領域全体は連続的なものですが，2軸それぞれの知識状態を「問題なし」領域と「問題あり」領域に便宜的に2分すると，全体は2×2の4領域となります。これら4領域をまとめて「不定性（incertitude）」と呼び，各領域に「リスク（risk）」「不確実性（uncertainty）」「多義性（ambiguity）」「無知（ignorance）」と命名したのが「不定性マトリックス」です。

この図の眼目は，「問題性」という尺度を導入した点にあります。横軸の「あり得ること・あり得たことについての知識」とは何が問題であるか，何に注目するか，すなわち，着眼点の多様性という定性的側面についての知識，縦軸の「確からしさ・確率についての知識」は，それぞれの着眼点についての確から

しさや発生確率という定量的側面についての知識です。このように事象を定性的側面と定量的側面というふたつの側面からとらえるスタイルは，リスクを有害事象（ハザード）とその発生確率に注目する従来のリスク論と類似しています。

「問題なし（あり）」とは，それぞれの知識について「論争がない（ある）」「共通見解が定まっている（いない）」ということですが，留意すべきことがふたつあります。

ひとつは，「問題なし（あり）」は社会的重要性や影響の観点からの評価であって，科学的妥当性からの評価ではないことです。もちろん，「問題なし（あり）」「共通見解が定まっている（いない）」ことが「科学的に妥当である（ない）」と一致する場合も多々あります。しかし，常に両者が一致するという前提に立っているわけではありません。科学的妥当性の内容は，科学の進歩に応じて変化するものですから，ある段階で「社会的に問題なし」との「科学的妥当性」が適切であったとしても，その状態が永遠に続くとは限らないからです。

もうひとつは，2軸の射程が「科学的知識 scientific knowledge」ではなく「知識 knowledge」にあることです。科学的知識とは，近代科学の成立以降，科学者が更新し続けている自然科学の専門知識であり，人々が義務教育課程の理科教育で習得するような知識を意味します。それに対し，不定性マトリックスが射程に入れている知識とは，科学的知識も含みますが，より広い範囲の知識，すなわち，人々が文化的に継承し日常の中で醸成していく知識一般（暗黙知，経験知，常識など）や人文・社会科学の専門知識をも含む広い概念です。

このような留保をつけたマトリックス全体の特徴は何でしょうか。それは，真理を追究する「科学の共和国」ではなく，社会的意思決定を間逃れない「トランス・サイエンスの共和国」の領域に注目していることです。それゆえ，当該事象に関与する人々の考え方や価値観の違いに注目しているのです。横軸は「問題の立て方，切り取り方（フレーミング）」の違い，縦軸は「問題の定量化の仕方」の違いをあぶり出すことになります。

では，以上のような不定性マトリックスには，どのような意義があるのでしょうか。その点を後述するために，まずは各領域の特徴を確認しておきましょう。

（i）リスク（risk）

注目する事象の定性的知識と定量的知識の双方について，社会的な問題はない（と思われている）領域が「リスク」です。その事象に関与する人々の間で，

事象の注目点とその定量化の実行可能な手段の双方について質の高い知識が確立されているとの認識に異論がない，見解の一致が見られる，ということでもあります。

スターリングはこの領域の事例として，十分に整備された統計に基づく通常の交通事故や洪水の予測，良く知られた感染症の治療などを挙げ，領域としては「決定論的閉鎖系」，「良く知られた文脈」という特徴があると述べています。科学の強みが十分に期待できる領域と言えるでしょう。念のため繰り返しますが，この領域は本書第1章で述べたような科学の卓越性が「期待できる」のであって，科学的妥当性（確からしさ）が「保証されている」という意味ではありません。

本書の事例では，細胞レベルで脂肪蓄積を促進する物質や抑制する物質を特定するような基礎医学，EBM の「狭義のエビデンス」（第3章図1），理想的にコントロールされた DNA 鑑定（第4章）が，「リスク」領域の特性を備えているでしょう。

(ⅱ) 不確実性（uncertainty）

注目する事象の定性的知識についての社会的問題はないけれども，その定量的知識については問題のある領域が「不確実性」です。どのような事象を問題にするかについての対立はないけれども，その定量化の実現可能な方法について誰も確信を持てない，もしくは論争がある状況です。

スターリングはこの領域の事例として，気候変動による洪水予測や，様々な健康リスクに対する感受性の個人差などを挙げ，「動的開放系」「複雑系，非線形」が典型的であると述べています。「リスク」領域と比べると，評価者や評価対象の個別性による結果の違い（人的要素）などが大きく現れます。

本書の事例では，巨大地震の短期予測（第2章），実験動物の細胞レベルで確認された脂肪蓄積のメカニズムを人体という個体レベルに当てはめること（第3章），足利事件の有罪判決の根拠となった最初の DNA 鑑定や超微量サンプルによる DNA 鑑定（第4章）などが「不確実性」の特徴を備えているでしょう。原子力発電所の立地や遺伝子組換えイネ野外実験の差止め訴訟の中心的な争点，すなわち大事故や環境異変が発生する可能性の確からしさに関する論争（第5章）も同様でしょう。

(ⅲ) 多義性（ambiguity）

「不確実性」とは逆に，注目する事象の定量化の方法（発生確率）についての

対立はないけれども，どの事象に注目するかについて対立のある領域が「多義性」です。発生確率は「発生する（＝1）」と，「発生しない（＝0）」の間にありますから，すでに発生した事象（発生確率1）の解釈の違いが問題となる場合もここに含まれます。

スターリングは，遺伝子組換え作物の商業栽培を既発事象と捉え，その捉え方は，人体，環境への安全問題という観点にとどまらず，巨大アグリビジネスと小規模家族農業の格差問題や生命特許問題という観点まで，多種多様であることなどを「多義性」の事例としてあげています。そして，問題設定（フレーミング）や前提の相違，専門家やその専門領域の相違が問われ，倫理や公平さといった価値観に関わる問題が顕在化するところに，この領域の特徴があると述べています。

本書の事例では，メタボリックシンドロームの診断基準が国際的に何種類も存在していること（第3章），ハイルブロンの怪人なる国際指名手配の騒動が起こるも，問題設定の変更により問題の決着をみたこと（第4章）は問題設定の複数性という点で「多義性」にかかわるでしょう。また，性別適合手術によって男となった夫（性同一性障害者）と妻の間に生まれたAID子の嫡出推定について最高裁の判決が3：2に割れたこと（第6章）も，問題設定の複数性を示していますが，その背景にある価値観の相違がより鮮明に現れていると理解できるでしょう。また，同じ事象の科学的見解についてしばしば正反対の主張が展開する公害訴訟や医療過誤訴訟の審理過程（第5章）は，多義性が明るみになる場と言えます。

　（ⅳ）無知（ignorance）

最後に，「リスク」とは対極の領域が「無知」です。注目する事象の定性的側面と定量的側面の双方の知識状態について社会的問題のある領域です。その事象に関与する人々の間で，事象の程度とその発生確率の双方について質の高い知識が確立されているとは認識されず，見解の不一致がある，ということです。知識がほとんど存在していない状態から，まだ十分に確立されていない状態までを含みます。

スターリングは，フロン類が夢の化学物質ともてはやされ半世紀以上も使用されたことや，英国の畜産業が80年以上も牛に肉骨粉を与え続けたことなどを「無知」領域の事例として挙げ，この領域の特徴は常に「想定外の結果」「想定外の影響」が起こりうることだと指摘しています。周知の通り，フロン類は

成層圏で化学変化を起こしオゾン層を破壊することが理論的にも実証的にも検証されたことで規制に至りました。肉骨粉は，英国の畜産業に大打撃を与えたBSE（牛海面状脳症）の拡散要因であると確認されたことで規制に至りました。いずれも想定外の展開として大きな驚きを持って受け止められました。当初は「リスク」領域とみなされていた事案が時間の経過ととも「無知」領域であったとの認識に変化した事例と解釈することもできます。

本書の事例では，3.11 東日本大地震までの地震学が，三陸沖から房総沖の8領域は2領域を除いて各領域が独立に地震を起こすと考えてきたこと（第2章），日本でもAIDが簡易な生殖補助技術として普及してきたこと（第6章）が「無知」領域の特徴を持ちます。8領域のうち連動しないはずだった6領域が連動したことによる東日本大震災は，地震調査委員会の委員長をして「想定できなかった，地震学の限界だ」と言わしめました。AID子たちが長じて己の出自に苦悩を抱くようになるとは，圧倒的大多数のAID開発者や利用者にとって想定外の事態であり，関係者が驚きを持って直面している現実です。

(3)「不定性マトリックス」の意義

以上，駆け足で「不定性マトリックス」の概要を説明しましたが，このマトリックスの眼目はどこにあるのでしょうか。最後にこの点を整理しておきましょう。

4領域の特徴を述べる際，第Ⅰ部の事例に言及したため，「どのような事例がどこに入るか」を分類するツールだろうと早合点した読者もいるかもしれません。なるほどトランス・サイエンスという概念では一括りになっていたものを整理したわけですから，ある種の分類機能があることは確かです。しかし，分類はマトリックスの目的ではありません。スターリングが本書のアペンディクスで強調している通り，不定性マトリックスの眼目は，一つの物事を多角的に見るための「触媒」となることです。

この触媒は，たとえば次のように作用します。最初に，自分が注目している問題は何なのか，それを判断する根拠としてどのような種類の知識を信頼しているのか，科学的な専門知識なのか，社会的な経験知なのか，その確からしさはどうなのか，と自らに問いかける。次に，他者が注目している問題は何なのか，自分が注目している問題と全く同じなのか，微妙に異なるのか，全く異なるのか。異なるのであれば，その理由を自分と他者（と第三者）と共に考える。同じであれば，他者はその問題について，どのような知識に基づく判断してい

るのか。その判断は自分と同じか,異なるのか。異なるのであれば,その理由を自分と他者（と第三者）と共に考える,という具合です。

このような自問と対話を繰り返すことは,自分にとっては「リスク」領域に入ることが,他者にとっては「多義性」や「無知」領域に位置付けられるというように,問題の「把握の仕方（問題設定の仕方）」あるいは「理解の仕方（解釈の仕方）」の違いを発見することにつながります。このような発見を促す触媒となり,関係者の対話を促すことが,不定性マトリックスの一番の意義です。要するに,マトリックスは「客観的な分類学（objective taxonomy）」ではなく「主観的な発見法（subjective heuristic）」です。

この点に付随するもう一つの意義は,「リスク」領域が4領域のひとつにすぎないこと,すなわち,我々が科学的問題に対して何らかの判断を下そうとする際,科学の専門知に信頼して良いと自ら判断する領域は「知るべき範囲,考慮すべき範囲の一部にすぎない」という含意を視覚的に表現していることです。これは,スターリングが審議会の場で発見した「暗黙の了解」や「釘とハンマー」への抗議の表現です。そして,本来,多元的で条件つき（plural and conditional）な物事を,あたかも「リスク」領域で扱いうる一元的で絶対的（single and definitive）な事柄に押し込め（Closing down）ようとする社会的圧力（権力,制度,人々の期待など）の有無を的確に見抜き,その圧力を跳ね返して「不確実性」や「多義性」「無知」の認識を許容する地平を切り開くこと（Opening up）の重要性を示唆しています。

III 「科学の不定性」から浮かび上がる課題

1 「トランス・サイエンス」と「不定性マトリックス」に共通する含意

前節では,「科学の不定性」を捉える概念枠組として「トランス・サイエンス」と「不定性マトリックス」の誕生背景と概要を述べました。両者はそれぞれ固有の誕生背景があるとしても,共通する含意があることに,読者の皆さんはお気づきになったでしょうか。それらは次のように集約できます。

ひとつは,何らかの事象（問題）に科学的手法でアプローチする場合,そのアプローチの中身には,科学（的知識）の有効性,卓越性が十分に発揮できる場として信頼性の高い部分と,そうでない部分がある,ということです。ただ

し，これは本来，連続的な状態にある両者を概念的に区別しただけであり，現実的な区別（線引き）は一意的に決まるものでもなければ，固定的なものでもありません。しかし，どこかで区別をしないと，無限の懐疑主義に陥るばかりで前に進めません。そこで両者を区別する「決断」が必要となりますが，そこには決断を下した人（や組織）の直感，立場，価値観などが含まれます（「決断」については第1章，第12章も参照してください）。

もう一つの含意は，上記のような意味での「決断」によって，科学的知識の有効性，卓越性が十分に発揮されているとは信頼できない部分，しかねる部分と区別された領域の扱いにおいては，それを扱う個々人の価値観や社会的，文化的背景に由来する要素が一層，大きく反映する，ということです。その結果，そこでの問題の立て方や解釈の仕方は一様ではなく多様になるほかありません。そうであるにもかかわらず，一種類の見方が固定化され，それが社会的合意となってしまうと，必然的に「見落とし」「切り捨て」が生じるということです。一旦，放置された「見落とし」「切り捨て」部分は一定時間ののち，「想定外の事象」として表面化します。「想定外」が「科学的大発見」となる場合もありますが，「重大事故・事件」となる場合も少なくないことを科学の社会史は教えています。

こうしたことは，これまで科学とは常に信頼に足る確実なもの，と受け止めてきた方には意外なことかもしれません。しかし，科学とは詰まるところ，科学者が最大限の努力によって検証してきた経験知の集積であり，常に疑いの余地（さらなる研究の余地）を残した営みであることに気づけば，むしろ当然のことではないでしょうか。

以上のような含意を本書では「科学の不定性」と呼んでいるわけですが，そこから浮かび上がる社会的課題は何でしょうか。大きく二つのことが指摘できます。

2　科学だけでは判断できない科学的事柄の社会的意思決定に伴う問題

ひとつは，「科学だけでは判断できない科学的事柄の社会的意思決定をどうするか」という問題です。

ワインバーグは，トランス・サイエンスの共和国での意思決定は一般人に門戸を開くべきであると述べています。しかし，そもそも誰が意思決定に参与す

べき人なのか，どの範囲までを関与者とするのかは極めて重要な問題です。参与すべき人々の属性は意思決定が求められる場や案件の緊急性によって異なるでしょう。事業者，規制者，被害者といった属性が同じだから，意見も同じというほど人々の意見は単純ではありません。ある集団内部の多様性をどこまで視野に入れるかという現実的問題は不可避です。また，多様な価値観が衝突しあう中での意思決定ですから，関与者間のコミュニケーションは必須ですが，どのようなタイプのコミュニケーションが，どの段階で，誰と誰との間に必要かを見極めることが鍵となるでしょう。さらに，コミュニケーションの場が設定されるだけでは不十分で，有意義なコミュニケーションを補助するツール（例えば互いの価値観の違いを可視化するツール）やまとめ役が必要となるでしょう。

3 「オープニングアップ」の必要性

もうひとつは，「既存の枠組では見落とされているけれども，実は重要な問題を探し当てるにはどうすれば良いのか」という問題です。「見落とされている重要な問題」とは科学技術の潜在的なイノベーションとリスクの両面ありますが，不定性マトリックスに則して換言すれば，現在は「リスク」領域として扱っている事象を，「多義性」「不確実性」「無知」領域の事象として扱う余地はないのか，という問いを立てることです。そのような問いのもとに自他との対話を促すことを，スターリングは「オープニングアップ（切り開くこと）」と呼んでいます（本書195頁）。これは一種の思考・発想の転換を通した社会変革を志向する概念といえるでしょう。

「オープニングアップ」の重要性を示す具体例として，2006年6月3日，東京都港区のマンションでおきたエレベーター死亡事故の調査経緯を紹介しましょう。これは，高校2年生のI君がいつものように自宅階で降りようとしたまさにその瞬間，エレベーターの扉が開いたまま籠が急上昇したため，I君が籠の床と扉の天井の間に挟まり死亡するという重大事故でした。同種事故の前例は国内外に複数ありましたが，事故原因を究明する公的機関は日本にありませんでした。そのことに憤慨した遺族の強い働きかけにより，事故から3年後の2009年，国土交通省が調査報告書をまとめます。そこでは事故機の工学的欠陥が明らかにされました。ブレーキを働かせる心臓部分（ソレノイド）に異常が発生していたのに，同機のソレノイドは異常が発見しにくい設計だった上，二重ブレーキ（戸開走行防止装置）が備わっていなかったという指摘です。

ところが，2012年10月31日に金沢市で同種機による同種の死亡事故が再発します。I君遺族はこの事故を受け，今度は消費者安全調査委員会に事故調査を要請します。事故から10年後の2016年，同委員会は報告書をまとめ，国交省が指摘していた事故の直接要因に加え，エレベーターの保守管理，情報共有，事故対応の体制など，事故の間接要因や重篤化要因を明らかにしました。それは，遺族らが事故当初から指摘していたエレベーター業界の構造的欠陥でした。

　国交省が事故の直接要因（「リスク」領域として説明できる事柄）を明らかにしたのち，新設エレベーターについては二重ブレーキが義務化されました。しかし，港区と同種機の同種事故が再発したということは，国交省の報告書では解明されていない別の要因があったということであり，新設機に二重ブレーキを義務化するだけでは不十分であったということにほかなりません。消費者安全調査委員会は，まさにその部分に踏み込み，事故の間接要因（「不確実性」「多義性」「無知」領域として説明できる事柄）を明らかにしたわけです。原因究明の「オープニングアップ」といえます。それを受け，既存不適格の実態調査や日本ではまだ立法化されていない昇降機規制法の成立にむけての運動が広がっています。安全な社会づくりのために求められる「オープニングアップ」の重要性と，その契機となった遺族の役割の重要性が良くわかるのではないでしょうか。

IV 気づきの先にあるもの

　「科学の不定性に気づく」とは，科学の卓越性の適応限界に気づき，科学的知識や科学技術に対する過剰な信頼や盲信から解放されることです。そのためには，科学だけでは判断できない科学的問題（トランス・サイエンス的課題）には，特定分野の専門家である科学者のみならず，科学者ではない人々も向き合っていく必要性があります。これから実用化される科学技術はもちろん，すでに実用化されている科学技術にも，私たちがまだ気づいていない重要な功罪両面の可能性があるはずです。

　欧州では，チェルノブイリ原発事故（1986年），BSE騒動（1986年から1990年代末ごろまで），遺伝子組換え作物の商業栽培（1996年）などを契機に，こうした問題についての関心が高まり，トランス・サイエンス的課題に対して問われるべき問いは，「どこまで安全なら十分なのか」から「何らかの便益を受け

入れる代償として，どの程度の不確実性を受け入れることが集合的意志なのか」に置きかわっています。ここでの「不確実性 uncertainty」はスターリングのマトリックスの狭義の「不確実性」ではなく，マトリックス全体の「不定性 incertitude」に対応するものです。

こうした動向を参考にしつつ，日本でも社会全体として「科学の不定性」に向き合うためには，どうすれば良いのか，幅広い議論が求められます。これは，近代科学が啓蒙の時代，産業化の時代，軍事化の時代を経て直面する歴史的課題です。

そこで以下では，このような歴史的課題へのアプローチの一歩として，日本の教育現場に目を向けます。特に「科学の不定性」に関わりの深い中等理科教育（第8章），大学教養教育（第9章），法教育（第10章）を取り上げます。その上で，「科学の不定性」を可視化する方法（第11章），トランス・サイエンス的課題の社会的意思決定における市民参加の必要と課題（第12章）を考えていきます。

〔参考文献〕

Brickman, R., Jasanoff, S. & Ilgen, T. (1985), *Controlling Chemicals: The Politics of Regulation in Europe and the United States*, Cornell: Cornell University Press

Jasanoff, S. (1987), *Risk Management and Political Culture*, New York: Russel Sage Foundation

Stirling, A. (2007), 'Risk, Precaution and Science: Towards a More Constructive Policy'

Stirling, A. (2010), 'Keep it Complex', *Nature*, Vol.468, pp.1029–1031

Stirling, A. (2012), '*Opening Up Scientific Incertitude: Some Wider Methodological and Policy Implications*'（2012年8月26日東京での講演録）

The Royal Society Study Group (1992), *Risk: Analysis, Perception and Management*, London: The Royal Society

Van Asselt, M.B.A. and Renn, A. (2011), 'Risk Governance', *Journal of Risk Research*, Vol. 14, No.4, pp.431–449

Weinberg, A. (1972), 'Science and Trans-Science', *Minerva*, 10, pp.209–222

原塑「トランス・サイエンス」楠見孝＝道田泰司編『批判的思考：ワードマップ』（新曜社，2015年）255–257頁

『消費者安全法第24条第3項に基づく事故等原因調査報告書：平成18年6月3日に東京都内で発生したエレベーター事故』（消費者安全調査委員会，2016年）〈http://www.caa.go.jp/csic/action/pdf/4_houkoku_honbun.pdf〉

第8章

理科教育における不定性の取り扱いの可能性

笠　潤平

Ⅰ　はじめに ── 3.11と理科教育

　2011年3月の東日本大震災と福島第一原発事故は，日本の理科教育にとって重い問題を投げかけています。原発事故は多くの国民にとって日本の社会のあり方について考え直すきっかけとなり，とくに科学・技術と社会の関係，専門家と政治・行政・企業の関係，科学者への信頼の問題が問われました。私たちがこの事故に今後も長く向き合っていかざるを得ないことは明らかです。その中で理科教育が国民に，科学と社会の関係について考え，公共の議論を作り上げていく方法を学ぶ場を提供しないでよいのかということが問われています。そしてこの問題にひとたび足を踏み込むと私たちは本書の第Ⅰ部で扱われていた科学の不定性を理科教育でどのように扱うかという課題に直面します。

Ⅱ　理科教育と不定性

　ところが，わが国の中等教育の理科は，一般に自然科学の概念・法則・体系のすでに確立された知識を中学校・高校と学年が上がるにつれてより詳しく教えることを目ざしてきました（付け加えるならば，その上に高校入試および大学入試の準備という条件が加わって，はっきりと限られた範囲の知識や問題の解法の習熟が，過度に意識される歪みが生じていました）。

　その副作用として結果的に多くの国民にとってわが国の理科教育は，科学とは確実な・正しいものの代名詞であるという一面的な印象を植え付けるような

教育（皮肉な言い方をすれば，なぜ確実なのかの根拠を問うことは教えられないまま）になっていました。もちろん，確立された科学的知識を学んでいくことをないがしろにするのは根本的に間違っています。しかし逆に今のわが国の中等理科教育からは抜け落ちてしまっているものもあります。実際それは少なくとも2つあります。

　その1つは，自ら「科学研究」をして楽しんだり苦労したりする機会です。答えがわかっていないテーマについて探究的な実験や観察を行い，その結果に対して考察し結論を導く，さらにその全過程を自分で吟味し，クラスメートであれ何かの研究大会であれ批判的な聴き手に向かって発表する。こうしたことを通じて，自然科学の研究の一端を体験する機会は，ほとんどの生徒にとってありませんでした（笠・2006）。

　もう1つは，時間をかけて科学と社会との関わりについてよく考えたり討論したりする機会です。科学・技術の新たな成果や可能性と人々の利害・価値観・倫理観とが交わる問題はしばしば社会的な論争を生みますが，そのような問題を理解し議論するときに必要な考え方や観点をつちかう機会が失われていました。

　一言付け加えると，本来，批判的思考や複数の見解を比較する習慣や総合的な判断力などを育てるのによりふさわしい時期は，初等教育よりも（次第により多くの生徒がピアジェの言う形式的思考操作のようなより複雑な思考ができるようになっていく）中等教育の段階であると思いますが，理科教育の知識習得のみへの事実上の収斂の傾向は小・中・高と学年が上がるにつれてかえって拍車がかかっています。このことは，わが国の国民が科学の不定性についての洞察を得る場を設ける上での障害の一つになっています。

　本章では，理科教育において科学の不定性をどのように扱うことができるのかという問題について，英国の興味深い科学教育カリキュラムとその代表的教科書を参考にしながら考えたいと思います。

● ● ●　Ⅲ　英国の先例 ── 2006年GCSE改革　● ● ●

　科学と社会の関係を考えることができる市民を育てるための科学教育という試みの大規模な先例の一つは，2006年に始まった英国（本稿では主にイングランドを指します）の義務教育最終段階「キー・ステージ4」の2年間（日本の中

◆第Ⅱ部◆ 科学の不定性と向き合う

	名称	日本の相当学年
義務教育	キー・ステージ1	2年間（年長～小1）
	キー・ステージ2	4年間（小2～小5）
	キー・ステージ3	3年間（小6～中2）
	キー・ステージ4 GCSE試験を受験	2年間（中3～高1）
義務教育後	AS / AS試験	Aレベル（2年間）	高2
		Aレベル試験	高3
大学等の高等教育機関		

図1　英国の初等・中等教育の諸段階

3・高1年齢に相当し修了時に課せられる試験の名前を取ってGCSE段階とも呼ばれる）の科学カリキュラムです。

　この2006年の英国の科学カリキュラム改革は非常に大胆なものでした。その前史をごく簡単にたどると、もともと英国には長く日本の学習指導要領にあたるものはなかったのですが、1989年にサッチャー政権によってはじめて義務教育の内容を全国的に規定するナショナル・カリキュラムが導入されました（これは正確に言うと公立学校の教育内容を規定するものです）。その際、科学は英語・数学と並んで義務教育の中でもっとも重要な3つの「コア教科」の1つとして位置づけられました。とくにキー・ステージ4（GCSE段階）では、週当たり時間数の20％（これは通常の科目の時間数〔10％〕の2倍）を占めるいわゆる「ダブル・アワード科学」の受講が標準とされました。そして、この豊富な時間配分の中で、日本の義務教育の理科に比べてはるかに網羅的で系統的な知識・概念・法則を教える一方で探究活動も奨励するカリキュラムが実現しました。この当時のカリキュラムはある意味でわが国の科学教育関係者にとっては「ゆとり教育」批判における重要な参照の対象でした。ところが、そのカリキュラムが2006年にさらに改革されたのです。

　2006年の改革では、このGCSE段階の「ダブル・アワード科学」は廃止され、それぞれ週当たり時間数の10％ずつを占める必修的な「科学（Science）」と「追加科学（Additional Science）」に分けられました。このうち、「追加科学」はさらに理系科目を学ぶ際の基礎になるような内容の科目で、その他に義務教

育後就職する生徒のニーズに応える「応用型追加科学（Applied Additional Science）」があります。一方の必修的な「科学」が国民の共通の素養としての「科学リテラシー」の涵養のための授業科目です。

　この枠組みの下でヨーク大学とナフィールド・カリキュラムセンターによって作られた，『21世紀科学』の『科学』コースは，将来の市民の科学リテラシーのための科学教育を目指すことをとくにはっきりと謳っています。本稿ではまずこのコースはどのようなものなのかを紹介し，次にそのような教材を生んだ英国のカリキュラム改革がなぜ行われたのかとカリキュラムをめぐってその後起きた論争の主要な論点を概説し，私たちにはどんな努力がもとめられているかを考える材料を提供したいと思います。

Ⅳ　『21世紀科学・GCSE科学』コース

　『21世紀科学』のホームページは同コースで目標とする科学リテラシーについてつぎのように述べています。
　　…われわれは科学リテラシーを備えた人物はつぎのことができると想定する：
　　・日常生活に対する科学と技術の影響を評価し理解する
　　・健康，食生活，エネルギー資源の利用などのような科学が関わる事柄について，情報を踏まえた個人的な決定をする
　　・科学が関わる問題に関するメディアのレポートを読み理解する
　　・そのようなレポートに含まれている情報や（しばしばもっと重要なことに）そこには入れられていない情報について批判的に考察を加える
　　・科学が関わる論争的問題について他の人々との議論に自信を持って参加する
（http://www.nuffieldfoundation.org/twenty-first-century-science/scientific-literacy）
　つまりここでは，科学リテラシーの基準をたんに科学の基礎知識を持っているかどうかではなく，科学に関わる個人的・社会的意思決定に自信を持って関われるかどうかに置き，同コースは生徒がこのような力を獲得することを目指すという考えが述べられています。
　モジュールのテーマの多くは，生徒が現在および将来に出会うような，科学と社会が関わるいわゆるSTS（科学技術社会論）的な諸問題でかつ今日的なものです。たとえば，モジュールB1「あなたとあなたの遺伝子」の中では，遺伝病・出生前診断・遺伝子治療・クローン技術などが，遺伝情報はDNAに

◆第Ⅱ部◆ 科学の不定性と向き合う

表1 「21世紀科学・GCSE科学」必修「科学」の9つのモジュールのタイトル

B1	あなたとあなたの遺伝子	C1	空気の質	P1	宇宙の中の地球
B2	健康を保つ	C2	材料の選択	P2	放射と生命
B3	地上の生命	C3	食品問題	P3	放射性物質

※モジュールの頭につけられているアルファベットのBは生物分野，Cは化学分野，Pは物理分野を表す。

よって担われその情報が指示するのはタンパク質生成であるといったことや優性・劣性遺伝子などのような遺伝の基本的なしくみとともに取り上げられ，P2「放射と生命」では，携帯電話の電磁波，オゾン層破壊，気候変動などのトピックが，電磁波の基本的な性質とともに取り上げられています。P3「放射性物質」では，エネルギー問題と原子力発電からの放射性廃棄物の処分の問題が，放射線や核崩壊，放射線の人体への影響などについての基本的な知識とともに取り上げられています（その他には「私たち人類はなぜここにいるのか」という誰もが思春期に一度は抱くような問いへの解答に現代科学が貢献できるようなトピック，すなわち，宇宙の歴史・太陽系・プレートテクトニクス・進化論などが意識的に取り上げられています）。

こうしたモジュール構成の背景にあるのは，現代を生きる市民にとって必要となる科学リテラシーの構成要素となる「科学的説明」（1つのストーリーとしてまとまって語ることができるような知識・概念の集まり）と「科学についてのアイデア」（ナショナル・カリキュラムでは「科学の機能の仕方」と呼ばれています）です。同コースの著者らはこれらをまず選び各モジュールに埋め込んでいます。

「科学的説明」としては，化学物質，化学変化，物質とその諸性質，生物の相互依存性，生命の化学的サイクル，生物の基本単位としての細胞，生命の維持，遺伝の遺伝子説，自然淘汰による進化説，病原の細菌説，エネルギー資源と利用，放射，放射能，地球，太陽系，宇宙という16のテーマが選ばれています。

一方，「科学についてのアイデア」は，1）データとその限界，2）相関性と原因，3）説明を展開する，4）科学のコミュニティ，5）リスク，6）科学と技術についての決定を行う，という6つの柱立てのもとに，科学哲学や科学技術社会論的な観点に関する学習目標が整理されたものです。このうち1）〜4）は，科学的知識の性格，科学の方法や科学の進み方の特徴を取り上げています。

一方，5）と6）では，技術的に実現可能なことと実現すべきこと（価値）との違い，科学・技術が関わる問題についての決定や科学に対する社会的規制に関わる諸観点，たとえばリスク管理とリスクコミュニケーション，リスク・ベネフィット論，予防原則，放射線防護最適化のALARA原則（後出）など，科学と社会の関係についての考え方・議論の仕方を教えることが示されています。どのモジュールでどの「科学についてのアイデア」の学習目標をどの程度組み入れるかには工夫が凝らされていて，たとえば，P1「宇宙の中の地球」では，宇宙の歴史や太陽系の概要などとともに地球の歴史が扱われていて，そこでは科学と社会の関係についての検討はほとんど要求されませんが，ウェゲナーの大陸移動説と当時の学界の反応，その後のプレートテクトニクス説の興隆とその科学的根拠などを扱う中で，上記の「科学についてのアイデア」の3）や4）に関係するような，科学的な理論の発展のケーススタディがなされ，そこでの科学のコミュニティの役割についての学習がなされるように意図されています。一方，逆にP3「放射性物質」の教師用ガイドに掲載されている同モジュールの到達目標や生徒用教科書の本文のほぼ3割程度が「科学についてのアイデア」の5）や6）に述べられている科学と社会の関係についての考え方・議論の仕方に当てられています。

　各モジュールでは，生徒用教科書の叙述自体がストーリー風に展開するエピソードの紹介になっている場合も多く（そのうち一部は俳優を使ってドラマ化された動画の補助教材も用意されています），また，多数の印象的なパワーポイント教材や関連するBBCのニュース映像，関係者のインタビュー動画などが多様に用意されて，なるべくトピックのレリバンス（生徒にとっての関係性）を感じられるように工夫されています。

V 『21世紀科学・GCSE科学』のトピック例

　もう少し具体的に実際の教材例を紹介すると，B1「あなたとあなたの遺伝子」の生徒用教科書のある節では2人とも「嚢胞性線維症（cystic fiblosis：これは劣性遺伝子によって遺伝する慢性遺伝子病です）」のキャリヤであることがわかったエレーヌとピーターというあるカップルが，エレーヌの初めての妊娠時に羊水穿刺検査を受け，胚が出生後この病気を発症するであろうことが判明した結果，中絶することを選択したこと（もちろんそれはこの2人にとって非常に

困難な決断であったこと）が紹介され，このときの2人が考えていた問題は倫理的な問題であったと述べられています。そして，この決断の際に考慮された事柄がいくつか述べられていきます。その上で，このカップルとは異なる決断をした人たちの例も紹介されます。さらに，人によっては，中絶はそれ自体が根本的に間違ったことであると考えるかもしれないということが紹介されます。また，本文の横には，年齢・性別・皮膚の色，服装などもさまざまな6人の人がそれぞれに，この問題について意見を言っているイラストが掲載されています。そして，こうした説明すべての後に，つぎのような問いが置かれています。「問1『倫理的な問題』というのはどういうことを意味するか説明しなさい。」「問2 エレーヌとピーターの立場に置かれたカップルが取る可能性のある，3つの異なる見解を述べなさい。」「問3 深刻な病気についての胎児の遺伝子検査について，あなたはどんな見解を持っているか。なぜそのように考えるのかも説明しなさい。」そしてモジュールのまとめのページでも，この部分について「人は，自分たち自身の信条および（あるいは）自分たちのおかれた状況のゆえに，異なる決断をすることがありうる。倫理的問題を検討する際に，あなたは，1) その問題がどんな問題なのか明確に言えるべきであり，2) 人々が取る可能性のあるいくつかの異なる見解を述べることができるべきであり，3) あなたがどう考えるか，それはなぜかを言えるべきである」と述べられます。つまり，ここでは，この問題が，科学の進歩によって生まれその理解にも科学が不可欠でありつつ，たんに科学的な見地から解決はできない，本質的には倫理的問題であるということ，現代は科学の進歩がこのような新しい問題を市民に投げかける時代であり，私たちはそれを受け止めるべきことなどの理解を促進しようとしています。

　一方，現代社会には原発の利用や放射性廃棄物の処分のように，恩恵もコストもリスクも巨大化した科学・技術の利用についての決定が直接問われている課題もあります。民主主義の社会である限りこのような問題の決定の最終責任は市民にあります。そこでこのような問題の議論や決定に積極的に参加できる市民になるためにはどのような観点が必要になるでしょうか。その場合は，上で紹介したカップルのエピソードで出てくるものとは別の視点も必要になります。それらは『21世紀科学』ではモジュールP3「放射性廃棄物」で意識的に取り上げられています。そこでは，リスクとコストとベネフィットについての社会的な視点，たとえば社会的にリスクをより多く担わされる集団と恩恵をよ

り多く受ける集団が異なる場合があること，予防（事前警戒）原則の理解なども目指されています。

VI モジュール P3「放射性廃棄物」の授業の流れ

　モジュール P3 の生徒用教科書は 28 ページの長さで，教師用ガイドに用意されている授業案の流れもだいたい教科書と同じです。そこで以下生徒用の教科書の内容を簡単に紹介してみましょう。推奨授業計画によれば授業時間は 60 分授業で 12 回程度です。

　はじめに，「序　なぜ放射性物質を学ぶか」では，既存の原子力発電所の老朽化にともなって早晩発電所の代替の問題が浮上し原子力発電所を新たに建設するかどうかをイギリス国民は決定しなければならない，そのためには放射性物質とエネルギー問題についての理解が欠かせないという問題意識が述べられます。つまり，放射性物質について学ぶための主たるコンテキストが，はじめから政策決定への参加であるわけです。このこと自体が，このコースの展開は日本の理科の教科書の展開とはまったく異なることを示しています。

　つづいて「A 節　エネルギー・パターン」では，現在の電力供給の概観が紹介され，電気は非常に便利な二次エネルギー源だが電力生産を化石燃料に頼る限り地球温暖化の原因となる CO_2 の増大化がもたらされることを述べて，以下の授業内容の土台となる実生活的・社会的コンテキストを与えています。ここでは科学的な法則や原理の話は出てきません。

　つぎの「B 節　身の回りの放射線」では，まず身の回りの放射線の線源の 100 分比が紹介され，続いて 400 年前にアグリゴラが記録しているドイツの銀鉱での「肺病」が現在では吸ったラドンガスによる内部被曝が原因であると推測されているエピソードを鍵に，アルファ線の内部被曝の危険性，照射と汚染の違い，環境放射線問題，線量の測定とその単位など，放射線についての基礎知識が紹介されています。同時にリスクとベネフィットを秤にかけるという考え方も導入されます。また住居におけるラドンガスの危険性についての英国政府のリーフレットが全文紹介され，短いコラムではイギリス人女性医師アリス・スチワードによるアメリカの原子力産業の労働者の健康調査とそれに対する会社側の妨害のエピソードが紹介されています。つづいて「C 節　放射線と

健康」では，放射線の医療利用が2人の人物の具体的な例（1人は肝臓の感染症への感染の診断へのガンマ線の利用，もう1人は甲状腺ガンの放射線治療）でストーリー風に紹介されます。このときリスク・ベネフィット論が再び登場します。つづいて被曝線量の規制が紹介され，ALARA 原則（ALARA = As Low As Reasonably Achievable，合理的に達成可能な限り低くするという意）の説明がなされます。また，アルファ線，ベータ線，ガンマ線の特徴の紹介がなされ，滅菌における放射線の利用も紹介されます。核治療の現場を取材したリアルなビデオ「放射線と健康」が用意されています。

一転して「D節　原子内の変化」は，原子と比較した原子核のサイズ，原子核の崩壊，放射性同位体など放射性崩壊に関する科学的知識のわかりやすい説明が大半を占めています。続く「E節　原子力」は，核分裂，ウラン235の連鎖反応（ここで核兵器についてもコラムで触れる），連鎖反応の制御などのしくみを紹介した後，発電所の基本的な構成を火力発電所との比較で説明します。最後にチェルノブイリ原発事故について述べていますが，冒頭の科学的な原理の説明から後半の原子力発電所のしくみの叙述までだいたいが客観的な叙述です。アニメ教材「核反応炉はどのように作動するか」などが用意されています。結局この2節の内容はわが国の教師にとってもただちに授業できそうな科学的な内容および技術的なものが主になっています。

一方，「F節　核廃棄物」はその表題の通り核廃棄物の処分の問題を扱います。その中で核崩壊のパターンとして指数関数的な減衰のグラフと半減期の概念を紹介します。つづいて高・中間・低レベルの廃棄物の区別とそれらの扱いの違いなどが説明され，セラフィールドの核廃棄物処理施設の紹介がなされ，予防（事前警戒）原則が説明され，最後に核廃棄物の処分をめぐるいくつかの典型的な意見・反応が紹介されます。これらの意見は客観的に紹介されそれらをどう評価するかを生徒たちは考えます。いくつかの意見を最後に列挙しているのは，この問題が科学・技術に関わる市民にとっての焦眉の問題として意識されていることを反映していますが，この最後の部分について授業でどのように扱うか，日本の教師はとまどうと思われます。表計算教材「半減期」などもありますが，セラフィールドの処理施設をめぐる取材で，同工場の技術者や環境NGOグリーンピースの活動家などにインタビューをして賛否両論を紹介する興味深いビデオ「放射性廃棄物」などがあります。そして最後の「G節　エネルギーの将来」では，ここまでの学習の上にたってA節の問題をふたたび

取り上げ，将来のエネルギー源をどこにもとめるべきかということを考えます。石油，天然ガス，原子力，風力，太陽光の5種類の発電の特徴が比較され，CO_2排出量削減問題とライフサイクルアセスメントの観点とが述べられ，その上で「原子力発電所の建設の可否」「再生可能エネルギーの利用によるエネルギー供給」「エネルギー消費の削減」という3つの論点についての典型的な賛成・反対意見が紹介され，生徒自身が考えることを求めています。各発電の推進者に取材したビデオ「電力生産」があり，それを見て，事実と意見を分けることなどを求める問いがあります。付け加えると，この事実と意見を分けるということについては，他にも放射線被曝と喫煙のリスクについてのある地方議員の発言についての新聞記事を読んで，事実と意見を一つずつ分けていく活動などもあります。

Ⅶ 英国の改革の背景

このようなコースを生んだカリキュラムの改革を準備したのは，英国の科学教育関係者の中での問題意識でしたが，それが実現したより広い社会的な背景には「公衆の科学理解」や科学コミュニケーションに対する80年代から2006年当時にいたる英国での認識の変化があったと考えられます。小林傳司氏によれば，英国における「公衆の科学理解」（科学コミュニケーション）についての議論の深化にはつぎのような3つの段階があります。1985年にロイヤル・ソサエティ（王立協会）が，国民の科学離れの下で進行するサッチャー型大学改革への危機感を背景に「公衆の科学理解」ボドマー・レポートを発表し，科学者は国民へ向かってより積極的に研究内容などの普及につとめるべき等とする提言を行いました。しかしその後1992年に英国物理学会が「公衆の科学理解」誌を創刊し，同誌に依る科学社会論者ウィンらが，ボドマー・レポートを「欠如モデル」すなわち公衆に科学的リテラシーが欠如していることが主要な問題であるとする単純な観点に基づく議論であると批判します。続いて2000年には英国議会上院・科学と技術特別委員会第三報告「科学と社会」が発表され，1990年代のBSE（「狂牛病」）事件を契機とした科学に対する信頼の危機を踏まえ，科学と市民の間の対等な立場での双方向性を持ったコミュニケーションの必要性の認識を基調とする議論が広がるのです。（第12章を参照）こうした「公衆の科学理解」に関する認識の変化と『21世紀科学』のような科学コース

の登場とは時期的にも内容的にも一致しています。

　実際，英国の科学教育関係者を代表する団体である科学教育連盟（ASE）の2002年大会において，その年度の会長に迎えられた元上院議員ジェンキン卿（かれは20年以上にわたって保守党の下院議員を務めた後上院議員に任命され，先述した「科学と社会」レポートをまとめた人物です）は，会長就任講演の中でこのレポートの趣旨について，1）「信頼の危機」の存在は誇張ではなく現実であること，2）科学に関する論争が持つ一つの特徴は，科学とその応用の背景にある倫理・価値・モラル問題に対する公衆の正当な疑念の（政治・行政・専門家側による）無視や科学そのものへの公衆の否定的な態度との混同であること，3）「公衆による科学の理解」だけでは十分ではなく，専門家や政治・行政が公衆を理解する必要があり，科学コミュニケーションは情報を与えるだけではなく双方向的であるべきこと，公衆との対話という新しい文化が必要であること，4）公衆との対話のためには，秘密主義の文化から透明性と公開性の新しい文化への転換が必要であること，すなわち，「公衆の関与」が同報告の核心であること，5）多くの人は科学に対して自身の学校時代から保持している態度とメディアとによって形成された見解を持ち続けること，そこで人々が見たり読んだりするものの理非を自分で判断できるようにすべきこと，すなわち必要なのは市民の「科学リテラシー」であるとのべているのです。これはわが国の現状からはなかなか想像しがたい見識であるとともに，保守党・労働党の立場を超えた共通の危機感が同カリキュラムの成立の背景にあったことを物語っているとみることができます。

Ⅷ　批判と反動

　ところが，このカリキュラムと『21世紀科学』に対しては始まってほどなく反発や批判が巻き起こりマスコミをにぎわせました。当初の代表的な批判の論点は，ア）学問的な要求度が低い，イ）生徒には取り上げられている今日的なトピックの科学的な理解が不足している，ウ）これらのトピックからその理解の基礎に遡るアプローチは科学の学習の仕方として誤っている，エ）レベルの高い大学への入学のためには，物理・化学・生物の個別科目の受講が可能なエリート校に行くしかなくなるだろう，といったものです。さらに2009年にNew Scientist誌がある物理教師の意見を詳しく紹介していますが，かれは，

第8章 理科教育における不定性の取り扱いの可能性

自分自身はC.P.スノーの言う（人文的素養と自然科学的素養という）「2つの文化」の間のギャップがない社会の実現にはこの種の教育が不可欠だと信じるとしつつ，現行の試みはうまく行っていないと述べます。そして，ア）「科学の機能の仕方」の導入が科学の他の重要な側面を教える上で悪影響をおよぼしている（科学自体の内容の学習時間がそのために大幅に削減されている／科学的内容はそのスキルを教えるためのたんなるコンテキストのように映る），イ）この種の教育に必要な倫理学／科学史／科学哲学の理解を多くの教師は持ち合わせていない，ウ）この種の観点に関する試験問題はあいまいで主観的なものになっている，エ）現在のやり方ではこの種の議論の強調は生徒たちに科学は世界の理解についての一意見に過ぎないという認識を残しかねない，と批判します。一方，注目すべきことに，ロイヤル・ソサエティをはじめ，英国物理学会，王立化学会，生物学会などの主だった理系諸学会は，先述したASE（科学教育連盟）とともにこのカリキュラムを一貫して擁護しました。また，2009年に，同カリキュラムと『21世紀科学』シリーズ製作の主導者の1人ミラー氏は，新カリキュラム導入後，とりわけ『21世紀科学』コース実施校で義務教育後の理系科目履修者は顕著に増加していると報告しました。また，その後2014年にリーズ大学のグループが委託を受けて行ったより包括的な調査でも，『21世紀科学』履修者と他コースの履修者間で，義務教育後の理系科目履修者の割合に差はないことが報告されています。

しかし，その後，肝心の科学的・社会的問題についての議論や判断力の定着度の検証がなされる前に，予想外の批判と反発にあわてた労働党政権によって同カリキュラムからのなし崩し的な後退が始まり，その後，現保守・自由民主連立政権下で，英国政府はかなり強引な中等教育全般についてのいわば伝統的な学力の増強政策を打ち出しました。そして「科学」では，それは先述の理系諸学会からの強い懸念の表明にも関わらず，GCSE段階のシラバスにおける科学的知識の習得の重視となって現れました。

IX 日本での試み

福島第一原発事故以後も日本の理科教育では，個々の教師の授業例はあっても，英国のような科学的リテラシーのためのカリキュラムと教材の集団的な作成や実施はなされていません。どんなカリキュラムが必要か，どんな教え方が

ふさわしいかをめぐる根本的な検討も行われていません。むしろ，理科教育の外で，英国と響きあう試みが始まっています。

たとえば，科学技術社会論では，以前より小林傳司氏（2007），平川秀幸氏（2010）らがいわゆる「トランス・サイエンス問題」や狂牛病をきっかけとした英国における双方向的な科学コミュニケーションの必要性の認識の成熟などを紹介しつつ，市民による科学・技術が関わる問題についての議論と決定をファシリテートする必要性を論じています。

科学哲学者戸田山和久氏（2012）は，日本の学校では（自然について）「科学が語る言葉」は教えられるが「科学を語る言葉」は教えられないこと・後者の理解が市民の科学的リテラシーには必要であることを指摘し，「理論と事実・仮説・説明・原因・相関・検証」などについてわかりやすく説明した上で，3.11後の事態を踏まえて今必要な市民の科学リテラシーについて，「21世紀科学」と同様に，科学の営みや科学と社会の接点の観点から議論しています。

一方，宇宙物理学者の池内了氏（2012）は，トランス・サイエンス問題を市民が考える際の「科学に代わる論理」として，1）通時性，2）予防原則，3）少数派・弱者の視点を挙げています。

また，教育学者子安潤氏（2013）は，原発や放射線などの問題には，低線量被曝の危険性のような事実に関する論争と原発の存廃のような価値判断をめぐる論争があると指摘した上で，学校教育の中でこれらの論争を取り上げる必要性を論じ，いずれの場合にも，教師は「思慮深い子どもを育てる必須の原則が複数の見解の検討」だということを意識し，生徒の議論のファシリテータの役割を自覚的に務めるべきであるとしています。

これらすべてに共通なのは，科学と社会が関係する諸問題の公的な議論の場に参加する，あるいはその議論を支える市民の形成やそうした市民との相互的な対話の必要性を認識する専門家・政治・行政が喫緊に必要であるという問題意識です。

X　おわりに

本稿のはじめに述べたように，わが国は，3.11とその後の東京電力福島第一原発での3基の原子炉の炉心溶融という史上未曾有の大事故以来，科学・技術の進歩が人間の生活に与える新しい種類の問題に国民全体で向き合ってい

かなくてはならない時代にはっきりと入りました。そのとき，科学者・研究者も含めて私たちが必要とするのは，科学・技術に対する市民のコントロール（シビリアン・コントロール）という観点であるかもしれません（もちろん私たちはそうかどうか自体をよく考えコンセンサスを作らねばなりません）。そのためには先に触れた戸田山氏の言う「学校で教えてくれないサイエンス」を理科教育がこれまで通り扱わなくてよいのかという問題があります。そしてもし教えようとするとき，本稿で紹介した英国のカリキュラムの例のように，その内容は科学の不定性の問題にいたるところで触れることになります。一方，英国の論争における同カリキュラムへの批判は，少なくとも現実的にもっともな点も少なくありません。現実には競争や選別がともなう学校教育の中で，そうした競争とは動機づけを原理的に異にした，社会全体を支える市民の科学リテラシーの育成のための科学カリキュラムをどのように保障していくかという問題や，科学と社会が関わる問題の学習を指導できる教員をどのように育てるかという具体的な問題が多く残されていることがそこでは明らかにされていると思われます。しかしそれにも関わらず，全体としてはこのカリキュラムの方向を擁護しようと努めてきた英国の理系諸学会の高い見識にも学ぶことは多いように思われます。

〔参考文献〕

笠潤平「科学リテラシーを目指す英国の義務教育の改革」物理教育 54 号（2006 年）19 頁

笠潤平『原子力と理科教育』（岩波書店，2013 年）

UYSEG & Nuffield Curriculum Centre, *Twenty First Century Science First Edition : GCSE Science Higher Level Textbook*, Oxford Univ. Press, Oxford, 2006

R. Millar, J. Osborne, *Beyond 2000*, King's College London, London, 1998

笠潤平「中等科学カリキュラムをめぐる英国の論争と英国物理学会」大学の物理教育 20 号（2014 年）89 頁

小林傳司『トランス・サイエンスの時代』（NTT 出版，2007 年）

平川秀幸『科学は誰のものか——社会の側から問い直す』（NHK 生活人新書，2010 年）

戸田山和久『「科学的思考」のレッスン——学校で教えてくれないサイエンス』（NHK 出版，2011 年）

池内了『科学の限界』（筑摩書房，2012 年）

子安潤『リスク社会の授業づくり』（白澤社，2013 年）

笠潤平「科学・技術と社会の関係について考える機会を提供しよう」学術の動向 22 号（2017 年）67-69 頁

C.P. スノー『二つの文化と科学革命』（みすず書房，1960 年）

第9章

教養教育への東北大学の挑戦
―― 実験を通して学ぶ科学の営み ――

関根　勉

I　はじめに

　前章では，イギリスの中等教育改革から，日本への示唆を得ました。こうした改革は，日本の教育においても今後の重要課題となりますが，中等教育では学習指導要領によってカリキュラムが定められているので，チャレンジングな課題であることも事実です。たとえば，筆者の専門である「放射線」に関する教育を見ても，その一端を見ることができます。

　30年ほどの間，「放射線」は日本の中学・高校の教科書から姿を消していました。東日本大震災・福島第一原子力発電所事故が起こった平成23年に復活しましたが，これは，原発事故の重大さにより再び登場したのではなく，どちらかと言えば原子力を推進するための要素が含まれていたようです。ともあれ，日本の教科書から放射線が消えた30年で，生徒のみならず，放射線教育を受けていない中等教育の教員も生まれました。そして，そのような教員は福島原発事故の直後に，自分達が理科教員でありながら，放射線への詳しい知識を欠いていることに悩んだようです。

　そして東日本大震災は，教育現場としての大学に対してもまた，自らの役割を考え直すよう迫りました。大学の，特に原子力，放射線，防災，地震などに関わってきた教員や研究員は，地震予知や原子力災害への対処などから，社会と科学の関わりを問い直す必要がありました。また，大学がどのような人物を社会に輩出してきたのかも問い直されました。前述した中等教員がまさにそうであるように，大学の卒業生は社会の様々な場面で，科学的知識を社会に伝え

たり，あるいは意思決定に用いる必要があります。東日本大震災は，科学的知識を用いた専門的な判断，意思決定は，多様な要素を広く見渡した上でなされる必要があることを私たちに再認識させました。

そのような判断が可能になるには，多次元的な目を持って問題に取り組み，思考できる能力を醸成するための，高等教育・教養教育が不可欠になります。大学は，その役割をどのように果たしていけるのか。本章では，東北大学の取り組みを紹介しながら，大学の教養教育での可能性を考えます。

II 東北大学での新たな理科実験授業「自然科学総合実験」の立ち上げ

教養（一般）教育の日本での歴史は，米国タイプの一般教育（特に1940年代のハーバード大学で提案されたモデル）が，戦後統治下で設立された大学基準協会により移植されたことに発します。それ以前の旧制高等学校や専門学校，高等師範学校など，目的や質を異にする機関は「大学」に再編され，次々と教養部が大学に設置されていきました。しかし，批判的な力を備え，多次元的な見方を育むはずだった教養教育は，日本ではその本来の意味をなかば失ってしまい，魅力のない受動的な必修授業を表す代名詞にまでなってしまいました。その結果，1991年7月，大学設置基準の大綱化によって，多くの国公立大学の教養部は解体されてしまいました。

このような歴史を背景にしながら，多くの大学でカリキュラム改革や，時代に合った教育プログラム開発が試みられ，特徴を持つものが現れ始めました。高校での教科選択制や"ゆとり教育"，大学入試科目の選択制などの影響によって入学生の履修教科が不揃いになったこと，大学のユニバーサル化（大衆化）による学力・意識低下に対する危機感も改革を後押しし，高校と大学のギャップを埋めるための「導入教育」の必要性も認識され，取り組みが増えてきました。本章で紹介する東北大学の理科実験プログラム「自然科学総合実験」もその導入教育の一つです。この自然科学総合実験は，理科系学部（理・工・農・薬・医・歯）に所属するほとんどの初年次学生（約1,700名の受講生）を対象とした必修科目として平成16年に開設されました。また，文科系学部（文・経済・教育・法）の初年次学生向けの選択科目である「文科系のための自然科学総合実験」も，平成19年に開講されました。後者は選択科目なので，およそ

50名～80名程度（文科系学生の約10%程度）が受講しています。

　理科系のための自然科学総合実験は，自然科学系学生を対象として開発されたため，自然科学の学び方や研究のしかたを理解するように設計されました。前章で紹介されたイギリスの「21世紀科学」に見られる項目の取り上げ方とコンセプトが似ています。5つのメインテーマは，「地球・環境」，「エネルギー」，「生命」，「物質」，「科学と文化」となっていますが，これらは21世紀に注目される，または解決しなければならない課題を見据えたものです。そのため，従来の物理，化学，生物，地学などの教科で区分けされた，分野別の構造ではなく，分野が融合した理科実験プログラムであることが特徴となっています。すなわち，一連の実験課題を受講することにより，結果的に分野を超えた幅広いテーマを体験し，多次元的な視点を養うことがねらいとなっています。自然科学の研究分野では，複数の分野の研究者が協力して取り組む，いわゆる学際的な研究の進め方が日常的であるため，一線の研究者でもある大学教員にとっては受け入れやすい課題設定です。また，自然科学での論理的思考能力とそれを表現する科学的文章の記述能力，旧来の教科の枠組を越えて問題に向かう姿勢を育むことが学生に課された目標です。これによって養われる多次元的な視野は，未知の先端的な自然科学の課題に取り組む際の基本となるだけではなく，卒業後の社会の中で，様々な意思決定を行う際の多次元的視点の土台となるはずです。

Ⅲ　文科系のための自然科学総合実験

　ここでは，文科系を対象に開講している学生実験を例に，具体例を紹介します。

　文科系のための自然科学総合実験では，より社会を意識した課題設計になっています。その背景には，(1) 現代社会は自然科学の成果のうえに営まれており，その近代科学の本質を理解する上で，自然のしくみを実験や観察を通して理解することが重要であり，(2) 人間のあり方や社会のしくみを考える人文社会科学にとって，科学技術の影響を無視して未来社会を構想することはできない，という認識がありました。目的としては，自然に触れ，自然のしくみを理解し，自然科学における論理性を学びながら，現代社会に利用されている自然現象を体験することを設定しました。

具体的テーマは，6つのカテゴリー下に計10課題を作りました。

I. 地球・環境

課題1　温暖な地球と温室効果

課題2　大気中の放射能

課題3　地球大気の大循環

II. エネルギー

課題4　色素増感型太陽電池の製作としくみ

III. 生命

課題5　生命のはじまり：線虫の受精と卵割

課題6　ゲノムDNAによる米の品種判別：DNA鑑定

IV. 身の回りの科学

課題7　"蛍の光"と血痕の検出：化学発光

V. 科学と文化

課題8　弦の振動と音楽：文化の普遍性と多様性

VI. 自然科学の屋台骨

課題9　数学とその論理性 ── 代数の話題から

課題10　球面三角形の幾何学

全体的には理科系向けの自然科学総合実験のカテゴリーと共通性がありますが，いずれも新たに企画・開発したものです。また，数学の実験を加えたことにも特徴があります。いくつかの実験を選んで，本書との関連を示しましょう。

課題5"生命のはじまり"では，線虫という微生物のタマゴが卵割していく様子を顕微鏡で観察します。次々と目の前で起こる細胞分裂を見て受講者は何を考えるでしょうか。レンズの中に見える細胞の躍動から，生命のしくみや不思議さを感じて自分に重ね合わせてみたり，人工的な操作が目の前でできそうなことに気づけば生命倫理に思いをはせてみたりと，様々なイマジネーションを広げることができます。生命倫理は現代社会が自然科学と相互作用する事例の代表ですが，顕微鏡を覗いただけで，それを一瞬にして感じることもできるでしょう。

同じ生命系の課題6では，DNA鑑定がテーマです。ここではDNA鑑定の基本的なしくみを学ぶと同時に，実験を実際に行うことでDNA鑑定の限界や誤りが起こる可能性などを体感することができるでしょう。たとえば，DNA

鑑定に関わる解析結果は、電気泳動という手法によって、アナログデータとして示されます。曖昧さを伴う解析結果を「読み取る」場面に、受講者は不定性の一つを見ることができます。また、解析対象となる試料を作成する場面に不手際があると、誤った解析結果が生まれる場合もあります。このような間違いは原理的にあらゆる場面で、したがって、第4章で取り上げた犯罪捜査でのDNA鑑定でも起こりうることです。実験教育では受講者は、実験の失敗からも、現実の科学を深く学ぶことができるのです。さらには、遺伝子操作や食糧問題などの社会的問題との関連にも気がつくかもしれません。

課題8 "弦の振動と音楽：文化の普遍性と多様性"では、音楽における音階の成り立ちと自然科学の関係について自然音階（純正律）と平均律を例に、ギター等の実際の楽器を用いて学びます。音楽は世界共通語と呼ばれますが、その背景には、音階の共通性があります。日本の伝統音楽の音階がヨーロッパで開発された五線譜でも書き表せることは偶然の一致ではありません。その背景には時代や地域を越えて成り立つ自然法則の普遍性があるためです。しかし現代では、大枠では共通しながら、詳細は微妙に異なる音階が、大きく分けて2つ存在します。それが平均律と純正律です。

授業では、この2つの音階の違いを、理論と実験を併用しながら調べ、それぞれの音階の特徴を明らかにします。実験の最後には、平均律で調律した楽器では、その1つの楽器の中だけでも、「うなり」という音の濁りが避けられないことを、受講者自身の耳で発見します。平均律には「うなり」という欠点がある一方で、純正律で調律されたピアノやギターでは困難な転調を容易に行える長所があること、純正律にはうなりは生じない反面、鍵盤楽器などの転調に支障が生ずることを理解します。実際に授業を行うと、平均律で強い絶対音感を身につけた学生は、「うなり」を全く欠点と思わず、むしろ平均律だけを好ましく思う学生があれば、逆に、「うなり」に敏感で、平均律より純正律をより好む学生があることも分かりました。これは、同じ時間・空間で同じ音を聴いても、聞こえる音は、受講者一人一人毎に異なることを示しています。つまり、純正律と平均律のどちらをとるかは、優劣の問題ではなく、澄んだ音と転調の自由度のどちらをとるか、という価値観の問題であることが分かります。授業では、このような個々人の価値観の多様性をも生きた教材として用いながら、科学的知識が明らかにする普遍性と、科学だけでは定まらない、個々人の価値観の多様性に根差した不定性の双方を学ぶためのテーマとしています。

最後に紹介する実験は，課題2"大気中の放射能"です。これは福島原発事故以前からのテーマです。この実験では，天然の放射性元素であるラドンから生まれる放射性核種を集め，そこから放出される放射線を測定することによって身近な放射能の存在を知ります。ラドンは通常の温度では気体であり，岩石等に含まれるラジウムから生まれてくるため，大地や建物材料からは空気中に常に供給されています。したがって人間が住む環境では，空気を吸えば体内に一緒に入ってきます。その際，ラドンから生まれる短寿命の放射性核種は肺の中に沈着し，次々と放射線を放つため，内部被ばくをしていることになるのです。すなわち，呼吸という，人間に欠かせない活動で内部被ばくが起こっていることを実験で認識することになります。通常時の年間被ばく線量のほぼ半分がこのラドンに由来することは，なかなか実感がわかないものですが，実験ではこれを容易に理解することができます。また，物質が他の物質にダイナミックに変化していく放射性壊変と呼ばれる現象を目の前で観察することにより，自然科学的な物質観を学んでもらうことも大きな目的です。原発事故後の授業では，学生達が放射線影響について質問を投げかけてくることが多くなりました。

　以上のような理科実験は，我々の周りの種々の自然・人工的事象が自然科学の手法で表現できることを示しています。しかし，旧来の科学教育では，これらの知見を以て，科学万能の世界がそこに広がっていると勘違いさせてしまう点に問題がありました。一つ一つの科学分野の範疇に閉じて，知識のみの積み上げを行うと，その科学的知識が社会で使われる場面で起こりうる問題への視野を狭めてしまう可能性があるからです。実際，科学者が社会の価値観やそれに基づく判断の多様性に気づかず，一定の専門的視点のみから活動すると，自分が支えられている社会に，予期せぬ問題を生み出してしまうこともあります。たとえば，クローン技術の人間への適用を可能とする研究などが挙げられます。

　科学はものすごい勢いで進歩してきましたが，科学的知識自体，そもそも万能ではありません。ロケットを発射して月面着陸ができる技術を数十年前から持ってはいても，1枚の紙片を目の前で手放したときにそれがどこに落ちるのかは，その紙片の行方を左右する様々な条件が全て，無限に近い精度で明らかにならなければ分からないのです。しかし，私たちは紙片についての全ての条件を，無限の精度で知ることはできないので，結局，紙片の落下がよく分かり得ないのです。科学ではそもそも，100％正しい理論は原理的に存在しません。

ある事象を説明できる複数の仮説，すなわち理論があるなら，その理論を否定する証拠（反証）が見つからない限りはどちらの仮説ももっともらしく理解できます。科学者はこれを意識しているので，"この考え方でこの事象は説明できる"と結論づけたとしても，その反証を常に意識して仮説（理論）を検証し続けようとします。あるいは，より一般的に説明可能な別の仮説をさらに探し続けるので，安穏とした気持ちが科学者に訪れることはありません。つまり，自然科学での理論には，いつでも不定性が隠れているのです。科学の与えるその時の回答は，その時代における理解や解釈として位置づけ，扱わなければならないのです。

文科系向けの理科実験では，21世紀の社会的な課題と向き合う中で，このような不定性をふまえた科学的な知識や営みの性質を実験を通して経験します。それによって，学生たちが今後直面するであろう意志決定の際に，直面する課題を多次元的に考えるための視点を育むことをねらいとしています。それゆえ，全体をとおして，科学的知識（knowledge of science）を伝えることよりも，むしろ科学のいとなみ（knowledge about science）を伝えることを重要と考えています。また，意思決定には，狭義の科学的知識・要素のみならず，価値判断の多様性に伴う，多次元的要素も関わることを意識させる内容となっています。

IV　これからの教養教育

高等教育機関としての大学は，"大学の大衆化"時代を本格的に迎えています。"末は博士か大臣か"という言葉にも表された，ほんの一握りのエリートを輩出する大学であったのは遠い過去の話です。日本の普通の高校生は，偏差値などによって序列化された大学を見わたし，自分に見合うところを選んで受験し入学します。至極当たり前のことですが，これによって二人に一人以上が高等教育を受けることになり，その質の多様性は大幅に広がりました。また一方で，"グローバル化"という言葉が世界を駆け巡るキーワードとなりました。イノベーションを創出することができ，社会に展開できる力をもった人材，言わば"専門性を持ち，かつリーダーシップのある教養人"の育成が求められています。教養ある専門人ではなく，専門性を持つ教養人が社会から求められているとも表現できるでしょう。

2011年の東日本大震災は，日本社会の科学観，それを育む科学教育の課題

を浮き彫りにしました。震災直後の津波避難，原子力発電所の安全への備え，低線量放射線被ばくへの対応など，様々な場面で，私たちは科学技術の限界を踏まえた対応や判断が必要であることを再認識しました。大学の人文社会科学系縮小など，豊かな市民の育成とは逆向きの流れも生じている現在，このようなときだからこそ，教養教育の意義を再確認する必要があるのだと思います。

最後に，本章で紹介した東北大学の「文科系のための自然科学総合実験」について，新入生向けチラシに野家啓一氏（東北大学名誉教授）が寄せた「新入生の皆さんへ　実験のすすめ」という文章の一部を紹介します。この文章を読んで受講を決めた，という文科系学生も多いようです。

「現代社会は科学技術の成果なしには一日たりとも存立しえません。もちろん，科学技術は交通や通信の高速化や病気の克服などの恩恵のみならず，環境破壊や薬害など人類の生存に関わる弊害をももたらしています。それゆえ，科学技術の正負両面を正しく認識することは，理科系と文科系とを問わず，現代人の基本的「教養」と言うべきものです。とりわけ，人間のあり方や社会の仕組みを考える人文社会科学にとって，科学技術の甚大な影響を無視して未来社会を構想することはできません。」

〔参考文献〕
笠潤平『原子力と理科教育　次世代の科学的リテラシーのために』（岩波書店，2013 年）
東北大学自然科学総合実験編集委員会編『文科系のための自然科学総合実験』（東北大学出版会，2008 年）
「自然科学総合実験のホームページ」〈http://jikken.he.tohoku.ac.jp/〉

第10章
法教育における科学リテラシーの展望と課題

米村 滋人

I 科学教育と法教育

　8章と9章で，科学の特性を理解し，科学の知識を実際に「使える」ようにするためには，それに適した科学教育が重要であることが述べられました。それでは，法に関する教育はどうでしょうか。法律は，社会の中で発生するさまざまな紛争や問題を一定の「ルール」に従って解決するしくみで，人々の社会生活にとって不可欠のものです。にもかかわらず，法律は専門的な内容が多く言葉も難しいためか，法学部以外では「法を学ぶ」ということはあまり一般的でなく，高校までの教育でも法律はほとんど取り扱われません。法律のような専門的な知識は，それを扱う専門家に任せておけばよく，一般の人々は詳しく知る必要がないと考えられているのかもしれません。

　しかし，「法を学ぶ」ということは，本当に，法律専門家以外には必要のないことなのでしょうか。また，逆に，法学部などで法律を学んでいる人は，科学を学ぶということをしなくてもよいのでしょうか。本章では，「法を学ぶ」ことの意味を，「科学を学ぶ」ことの意味とあわせて考えたいと思います。

II 現在の法教育の概要

　まず，現在行われている法教育の全体像を説明しておく必要があるでしょう。法教育は，全体として，大学における法教育と，初等・中等教育における法教育に分かれます。順に見ていきましょう。

1 大学における法教育

大学での法教育は，法学部を中心とする学部での専門教育としての法教育と，大学における一般教養教育（大学によって呼び方はさまざまですが，すべての学部の学生が選択履修できる科目群を通じた教育）としての法教育に分かれます。

(1) 専門教育としての法教育

専門教育としての法教育（ここでは，4年制大学の学部レベルを念頭に置いて説明します）においては，まず講義科目として，法学の各分野を網羅的に履修するものとされるのが一般的です。法学部での法律科目は，大きく分けて，①実定法科目（実際に社会の中で通用している法律や法分野に関する科目），②基礎法科目（法の基礎理論や外国法に関する科目）があり，具体的には，以下の表1にまとめるような科目があります。

表1

法学部の講義科目
① 実定法科目 憲法，民法，刑法，商法，民事訴訟法，刑事訴訟法，行政法，租税法，国際法，労働法，知的財産法，国際私法，経済法，社会保障法，環境法など ② 基礎法科目 法哲学，法理学，法社会学，西洋法制史，日本法制史，ローマ法，英米法，ドイツ法，フランス法など

①では，具体的な法令の内容や個々の制度趣旨について詳細な講義が行われることに加え，過去の判例（実際の事件に対して裁判所が下した判決のうち，将来の同種事件の解決にも同様のルールが適用されると考えられるもの）についても講義がなされます。上記の科目名は，実際に存在する法律（「法典」と呼びます）の名前と一致している場合もありますが，一致していない場合もあります。たとえば「行政法」という名前の法律は存在せず，行政にかかわる多数の法令が「行政法」という科目の中で取り扱われます。逆に，実際の法典名と分野名が一致している場合にも，同じ名前の法典だけが講義の対象になるわけではありません。たとえば，日本には「民法」という法典が存在し，それは「民法」という科目の中で取り扱われます。しかし，「民法」という法典以外にも，「借地借家法」や「消費者契約法」など，現在では大小さまざまの法律が法典として

の「民法」のルールを補う役割を果たしており，それらの別の法律も「民法」という科目で講義の対象となります。つまり，上記の講義科目は，実際に存在する法典名によって区分したものではなく，現在の日本で通用しているルール全体を，理論的・学問的な観点からいくつかのグループに整理したものだ，と言い表すことができます。もっとも，社会の中で通用しているルールの総体をどのような観点から整理して分類するかは，1通りの決まったやり方があるわけではありません。そのため，国によって異なる区分を用いる場合も多く，この点は，後に述べるようにそれぞれの国における法教育のあり方にも影響してきます。

②には，「権利」「正義」のような基礎概念や法の根源的な意味を問う法哲学・法理学や，法が実際の社会においてどのように表れているかを調査・分析する法社会学などが含まれます。また，法律の歴史や外国の過去・現在の法制度も重要な科目として扱われます。これらを学ぶことには，どのような意味があるのでしょうか。法律は国ごとに違いますし，時代によっても大きく違いますから，外国の法律を知っても，過去の法律を学んでも，現在の日本に存在する法律問題を直接に解決できるわけではありません。それでも，これらを知ることは法を理解するための助けとなり，間接的に問題解決の役に立つと考えられています。

それは，次のような理由によります。法律というのは，ある日突然生まれてきたものではありません。人類がこの世に登場して以来，人と人の間，集団と集団の間で，争いや紛争というものはほとんど絶え間なく起こってきたと考えられます。そのような中で，どうすれば争いを避けて多くの人が平和に暮らせるか，過去の人々が，場合によっては多くの人命の犠牲を伴いながら知恵を絞って作り出してきたものが，社会のルールすなわち「法」であり，今を生きる私たちは，そのような過去の人々の叡智の上に安定した社会を築くことができていると言えるのです。法の背景にある考え方や現象を分析することや，外国の法律を知ること，法が歩んできた歴史を振り返ることは，現在の日本の法律を知るためにも必要不可欠であり，これらを学ぶことで，より多面的に日本の法制度の特徴を知り，問題解決にふさわしいルールを考えることができるようになるのです。

以上の講義科目のほか，多くの大学では，演習科目（しばしば「ゼミナール」「セミナー」などとも呼ばれます）も開講されています。これは，1人かごく少数

の教員が中心になり，少数（通常は10～20名程度）の学生がさまざまな問題について発表して議論することを目的とする科目です。法を学ぶ際に重要なポイントの1つは，「議論する」ということです。法律問題には，決まった答えがあるわけではありません。法は「説得の技法」であるとも言われることがありますが，結論としてどのような立場をとるにせよ，他人を説得できるように論理的に自分の立場を説明することが求められます（裁判官が判決の中で論理的な理由を述べることができなければ，そんな裁判官の下した判断に多くの人々が従うでしょうか）。このような能力を身につけるには，単に知識として法律を学ぶだけでは不十分で，多くの仲間たちと議論を重ねなければなりません。演習科目は，そのような能力を身につける場として大学教育に組み込まれているのです。

(2) 一般教養教育としての法教育

一般教養教育の場での法教育として，かつては，「法学」や「法学入門」などの名前で法学の初歩的部分を内容とする講義科目が開講されることが一般的でした。しかし近年は，「消費者と法」「国際社会と法」「法と生命倫理」のような，比較的親しみやすく，トピックの明らかな名前の科目名がつけられることが多いようです。もっとも，この段階の法教育には，決まったやり方があるわけではありません。理科系の学生を含めて予備知識も問題関心もさまざまな学生が履修するため，(1)で述べた専門教育としての法教育に比べると，初歩的で断片的なものにならざるを得ませんが，具体的にどこの部分をどのように教えるかは，教員の専門や考え方によっても大きく違うのが実情です。むしろ，だからこそ，その科目で扱う内容は全体のごく一部であることを明示した科目名が増えているのかもしれません。

このように，法学の専門教育とは別に，あらゆる大学生が履修できる科目として法学の授業科目が開講されることは，大変意味のあることです。「法律を学ぶ」と聞くと，さまざまな法律の条文に何が書いてあるか，という知識を学ぶことだと思う人が多いようですが，そうではありません。法律の細かい条文は，法改正があれば当然変わりますし，条文のほかに判例や行政解釈もありますから，法律に関する知識は膨大です。しかし，その種の細かい知識は，専門的に法律を扱う人にとっては重要ですが，誰もが知っている必要があるわけではありません。大切なのは，法律の背景にある基本的な考え方，つまり，「この社会はどのように成り立っているのか」を知ることなのです。

社会は，さまざまな人から構成されています。男性もいれば女性もいます。

子どももいればお年寄りもいます。豊かな人も貧しい人もいます。健康な人も病気の人も，障害を抱える人もいます。当然，性格もものの考え方も，1人ひとり違っています。そういうさまざまな人がいる中で，どうすれば平和で安心した生活が送れるかを考え，作られたしくみが「法」であり，そこには人々が互いに尊重し合いながら共生していくための「知恵」が組み込まれています。このような「法律の考え方」を知ることは，この社会に生きる人すべてにとって重要なことです。

また，法的なものの考え方のもう1つの特徴は，既に述べたとおり「自己の立場を説得的に説明する」ことを重視するというものです。ここには，社会をよくする方法は1つではないので，多くの人が対話と議論を重ねながら方向性を見いだしていくことが必要で，法も，そのような対話と議論を通じて生み出されていくものだ，という考え方が根底にあります。そのため，法律を学ぶ際には，さまざまな社会問題について自分はどう考えるかをしっかり説明し，他者との議論を通じて互いに理解を深めていくことが求められるのです。

以上のよう意味で，一般教養教育の場で法教育が行われていることは大変意味のあることです。もっとも，通常の一般教養教育の中では，法学は講義科目として開講されることが多く，断片的な知識が与えられるに過ぎません。法律の知識を聞くだけで，法の背景をなす「考え方」を理解し，それを生かして議論を展開できるようにすることは容易でなく，その点で現在の一般教養教育における法教育には不十分な面があります。

2　初等・中等教育における法教育

以前は，法律は非常に専門的で難しいと考えられたためか，大学以外で法律を教えるとことはほとんどされませんでした。しかし，最近は，小中高校における初等・中等教育の一環として，法教育が行われる場合も出てきています。

まず，通常の教育課程の中に組み込まれているものとしては，高校の公民科に属するいくつかの科目において，法律の内容が取り扱われています。高等学校学習指導要領において，「現代社会」においては，「個人の尊重を基礎として，国民の権利の保障，法の支配と法や規範の意義及び役割，司法制度の在り方について日本国憲法と関連させながら理解を深めさせる」ものとされています。また，「政治・経済」においては，「日本国憲法における基本的人権の尊重，国民主権，天皇の地位と役割，国会，内閣，裁判所などの政治機構を概観させる

第10章 法教育における科学リテラシーの展望と課題

とともに、政治と法の意義と機能、基本的人権の保障と法の支配、権利と義務の関係、議会制民主主義、地方自治などについて理解させ」ることとされています。いずれの科目においても、「法に関する基本的な見方や考え方を身に付けさせる」ものとされており、憲法を始めとする法の基本原理や基本的な法制度のあり方が教育の対象となっています。また、特に「現代社会」では、消費者問題や労働問題など現代の日本社会が抱えるさまざまな課題を説明するものとされ、その中で法の役割などについても触れる機会があります。

ただ、このような高校の公民科の授業によって、前述のような、法の背景をなす「考え方」や議論の技法を身につけることは、かなり難しいと考えられます。高校の公民科では、大学受験等の必要もあり、どうしても知識を詰め込むことが中心になりがちで、「考え方」を説明し、生徒同士が討論するというようなことに時間を使うことができません。また、必ずしも法の専門教育を受けていない高校の先生がそのような法教育を実践できるかにも、難しい部分があるでしょう。さらにそもそも、「現代社会」や「政治・経済」は選択科目であり、すべての高校生が履修するわけではないばかりか、進学校では、大学受験で不利になるとの理由からむしろこれらの科目は敬遠される傾向にあるようです。

そこで、最近では、大学法学部の教員や弁護士などの法律家が高校に出向き、「出張講義」などの形で直接法教育を行う試みも出現しています。高校の先生にとっても、法律を教えることは難しく感じられるためか、このような形での出張講義は高校の側からの評判も良い場合が多いようです。もっとも、この種の法教育に携わる大学教員や弁護士の数は限られている事情もあり、すべての高校で出張講義ができるわけではなく、行われたとしても、1校あたり年に1回か2回しか行えないようです。

小中学校においては、さらに、法教育を行う機会は少なくなります。「社会科」の中で憲法の内容などが断片的に取り扱われることもありますが、やはり、知識として教える要素が強く、必ずしも考え方を教えることにはつながっていません。また、身の回りのトラブルや問題についてどのように考えるかは「道徳」において教えられる形になっており、法教育と呼べるような教育はされていないのが実情です。

III　法教育の意義と課題

1　法教育の目的

　以上のことを踏まえて，法教育にはどのような意義があり，どのようにすればその目的を達成できるのかを見ていきましょう。IIで見たように，法教育にはいくつかの目的が存在します。

　第1に，将来の法律専門家を養成する目的があります。裁判官や弁護士のような実務法曹はもちろんですが，加えて，官公庁や一般企業でも法律の知識や考え方が必要とされることがあり，そういった業務を行える専門性を備えた人材を養成することが専門教育としての法教育の目的です。

　第2に，必ずしも法律を専門的に用いるわけではなくとも，社会の中で生活する上で誰もが備えるべき素養を身につけてもらう目的があります。日本は民主主義の国ですので，私たちが国の基本的なあり方を理解し，将来に向けた課題解決の方法を私たち自身で考えられるようにすることは大変重要です。また，身の回りのトラブルを解決するためにどうすれば良いかを知っておくことも大切で，これは一般教育としての法教育の目的と言うことができるでしょう。

　この2つの目的のうち，第1の目的は大学の法学部を中心とする専門教育において実践されています。専門教育としての法教育にも，後に述べるとおり課題はいくつもありますが，現状でも一定水準の専門家を輩出できており，目的はさしあたり達成できているといえます。他方で，第2の目的は，小中高校や大学の一般教養教育において実践されるはずなのですが，既に述べたとおり，現状では法教育それ自体がほとんど行われていない状況であり，目的が達成されているとは到底言えないと思われます。日本の法教育は，第2の目的の達成に大きな難点があると言うことができるでしょう。

2　法教育のあり方に関する課題

(1) 一般教育としての法教育の課題

　では，一般教育としての法教育の目的を達成するためには，どのような教育方法が良いのでしょうか。ここでは，望ましい教育のあり方を考えてみることにします。

　まず何よりも，現状の初等・中等教育では，「社会科」や「公民科」の中でごく限られた内容が断片的に教えられているに過ぎず，法教育はほとんど扱わ

れていないと言っても過言ではありません。教育方法の問題を議論する以前の問題として，法教育を，何らかの形で通常の教育課程の中に組み込む必要があると思われます。

その上で，教育の対象を，「法律の知識」から「法的な考え方」に移行させることがとても重要です。社会の中にさまざまな紛争や問題が発生する中で，問題をどのように捉え，解決を導いていくべきか，その思考プロセスを身につけることこそが，人々の円滑な社会生活にとって有意義なものであると言えるからです。既に述べた通り，現在も，学習指導要領には「法に関する基本的な見方や考え方を身に付けさせる」と定められているにもかかわらず，そうなっていない実態があります。その原因については推測の域を出ませんが，さしあたり，大学入試を筆頭とする入試との関係で知識中心の教育になりがちであることや，教える教師の側に「考え方」を教えるノウハウがないことなど，複数の原因が考えられます。そして何よりも，適切な教材が存在しないというのが最大の理由かもしれません。

しかし，最近では，初等・中等教育においても，法教育の教材が作られ，学校の現場でこのような教材を活用した法教育が実践されるに至っています。一例として，ある教材の内容を見てみましょう。

バイオリンが壊れちゃった！

　ある日の，放課後の出来事です。

　文化祭のコンサートで演奏するためのグループ練習を，3階の音楽室で行う時間でした。Aさんは，友達のBさん・Zさんと，3人のグループで演奏することになり，3人は，それぞれバイオリンを持って登校してきていました。初めは，どのグループも音楽室で練習していました。

　今日は，3人の息がぴったりあって，演奏している3人は気分がよくなってきました。3人とも大満足でした。しかし，周囲の他のグループの練習の音もずいぶん大きくなってきて，自分たちのバイオリンの音がよく聞こえません。そこで，Aさんのグループは，担当の先生に断って，3人で，2階の合併室で練習をすることにしました。

　音楽室から合併室に移動するときに，Bさんは，Aさんに，「3人の譜面台や楽譜などを，2階の合併室に持って行ってね」と，声をかけました。そして，Bさんは，「代わりに私が，Aさんのバイオリンを持ってあげる」と，言ったのです。Aさんは，少し迷いましたが，その申し出の通りにしまし

た。Bさんは，またすぐに音楽室に戻るので，バイオリンをケースには入れず，右手に自分のバイオリンを，左手にAさんのバイオリンをもって，音楽室から出ようとしました。そのとき，3人分の弓と自分のバイオリンを持ったZさんは，「今日は，とても息がぴったり合っているな。よかった！」と，嬉しそうに独り言をつぶやいていました。Bさんは，その声を聞き，Zさんに同感といった顔をして，少し後ろを振り返りながら，廊下に出たのです。

と，そのとき，廊下左側から走ってきたCさんが，Bさんの左手とバイオリンに，ぶつかってしまいました。その勢いで，バイオリンはBさんの左手からはじけ飛んで，数メートル先の柱に激しくぶつかってしまいました。Aさんのバイオリンは壊れてしまいました。さて，この中学校では，壊れたり盗まれたりすると困るので，あまりに高価な物は持ってきてはいけないことになっていました。

ところが，この壊れた，Aさんのバイオリンは，120万円で購入した物でした。実は，Aさんは，練習用の安いバイオリンを持っていたのですが，コンサートには，良い方のバイオリンで演奏したいと願って，グループ練習の時から，担当の先生にも内緒で，120万円のバイオリンをもってきてしまったのでした。また，Aさんは，このバイオリンに保険をかけていませんでした。ですから，このバイオリンの修理には，60万円くらいかかるそうです。また，Cさんは，アリーナでバレーボール部の練習に参加していたのですが，同じ部員の一人がケガをしたので，あわてて保健室に先生を呼びに行くところでした。

Aさんは，修理をしてもバイオリンは完全には元に戻らないので，同等のバイオリン（120万円）を弁償してもらいたいと考えており，Bさん及びCさんに対し，代金120万円を請求しました。

問　バイオリンの事例について，A，B，Cさんはそれぞれどのように相手に対して思っているでしょうか。あなたがA，B，Cだったとしたらと考えて，それぞれの心情を想像して書いてみましょう。
〔法教育フォーラム・「教材倉庫」（詳細は158頁の参考文献欄参照）より引用：本問は寺本誠氏（お茶の水女子大学附属中学校）・額田みさ子氏（弁護士）の作成による〕

これは，中学生向けの法教育教材として，中学校教諭と支援弁護士4名が作成した教材の1つです。子どもが日常的に遭遇する可能性のある事例を素材に，子ども同士が議論して解決を考えることができるよう，工夫されています。この教材を使った授業では，調停役の生徒がA，B，C役の生徒から話を聞き，調停案をまとめるということも行っています。

このような独自教材を用いた授業は，熱意のある学校教諭や弁護士・法学者などによって，少しずつ行われるようになっています。子どもたちは，このような授業を通じて社会の中での「ルール」のあり方を考え，トラブルを解決するための手続や方法を考えることができ，それは，正課授業の断片的な知識を補う役割を果たしています。

近年は，政府も法教育への取り組みを拡充させています。法務省は，裁判員制度が始まったことなどを契機に，広く国民に対する法教育を普及させる取り組みを行うために，2005年から「法教育推進協議会」という会議を設けています。この会議では，現在に至るまで定期的に会合を開き，法教育教材の作成や法教育全般に関する報告書・提言の公表などを行っています。

このような新しい法教育の試みは，まだ一部で実現されているに過ぎませんが，大学教員・弁護士などと小中高校の教諭が協力し合う形で，初等・中等教育での法教育の機会を拡充することが望ましいと言えるでしょう。

(2) 専門教育としての法教育の課題

大学における専門教育としての法教育に関しては，既に述べたように現状でもある程度の目的を達成できていますが，これに関しても必ずしも十分とは言えません。特に，新たな社会状況の下で発生した問題に対処する場合に，既存の専門教育の問題が表れやすい傾向があります。

まず，そもそも，法は不変のものではありません。国会で法改正がなされる場合がありますし，そうでなくても，社会状況の変化によって従来の法の運用が適切でなくなることもあります。そのような場合，専門家には，改正後の法律の内容を理解し，また新たな社会状況での法のあり方を考えることが求められます。法律の専門家は，大学を卒業すればその後全く勉強しなくて良いわけではなく，一生涯にわたり，新たな知識や考え方を学び続ける必要があるのです。そのため，たとえば弁護士会では，所属弁護士を対象とする勉強会や研修会などにより，最新の法令・判例の動向や新たな問題状況を知る取り組みがされていますし，裁判所も，司法研修所の裁判官研修や各種の研究会などを通じて，同様のことを行っています。それでも，従来の運用との隔たりが大きい場合には，このような内部の研修システムだけでは必ずしも十分な対応ができないこともあります。そのような例として，医療訴訟に関する運用を挙げることができます。

1990年代後半頃から，医療過誤が社会的な関心を集めるようになったなど

の理由から，医療訴訟の件数が急激に増加しました。ところが，裁判官や弁護士などの専門法律家は医学や医療現場の実情に関して十分な知識がなかったこともあり，訴訟のたびごとに，比較的些末なことがらについてまで専門医に鑑定を依頼して意見を聴かなければならず，判決が出るまでに何年もの時間がかかる事例が多く見られました。加えて，出てくる判決の内容も，一般には避けようのない合併症について責任を問われるケースや，明らかなミスであっても過失がないとされるケースなど，医療の専門家から見れば不適切と思える判断が多かったため，司法に対する信頼を損なう状況も発生していました。そこで，東京地裁・大阪地裁などの主要都市の地方裁判所は「医療集中部」という裁判部を設け，その裁判部に医療訴訟が集中的に割り振られるようにして，いわば裁判官の中に「医療訴訟の専門家」を養成する試みを行いました。また弁護士会や弁護士の有志グループも，医療訴訟に関する情報を共有したり頻繁な勉強会を開催したりするなどの試みにより，専門的な訴訟にも対応できる態勢を整えてきました。近年では，かつてのように長期にわたる医療訴訟は少なくなり，また判決内容も，医療の専門家も納得できるものが大半を占めるようになったと言われています。これは，上記のような取り組みを通じて医療訴訟に詳しい裁判官や弁護士が増えたことが原因であると考えられます。

　もっとも，このように医療訴訟の運用が安定化するまでには10年以上にわたる法曹界を挙げての取り組みが必要で，すべての問題についてこのような対応ができるとは限りません。また，大学の法学教育においては，このような医療訴訟の問題ですら十分に教えられる態勢にはなっておらず，この種の新しい問題に対応できる人材を大学の法学教育を通じて養成できるようにはなっていないのが現実です。これには，日本の法律科目が，戦前のドイツ法学の影響から学問的・体系的分類によって構成されていることとも関係があります。すなわち，体系的分類をすれば既にある古典的な問題や各分野の典型的な問題は十分に扱うことができますが，複数の分野にまたがる問題や，どの分野にも分類しにくい問題などは抜け落ちることが多く，複雑化した現代社会のニーズに法教育が応えられるようにはなりにくいのです。しかしこれでは，専門教育としての法教育が十分な社会的役割を果たしているとは言えません。新たな問題を十分に取り扱えるようなカリキュラムとすることが，この分野の重要な課題であると言えるのです。

Ⅳ 科学リテラシーと法教育

1 科学と法の協働の必要性

　近年，科学と法の協働ないし協調が必要であると言われることが増えています。これは，環境関連の訴訟や原子力発電所に関する訴訟など，法的な判断のために科学的知識や評価が大きくかかわる訴訟（この種の訴訟を総称して，以下では「科学訴訟」と呼びます）が増加しており，法律の専門家も科学的知識を使う必要のある場面が増えていることが最大の理由です。先ほど例に挙げた医療訴訟も，このような科学訴訟の典型例であると言えるでしょう。確かに，科学訴訟において，判断の前提となる科学的知識が正確でなければならないことはいうまでもありませんし，科学的知識を正しく用いるためには，科学の特質についても十分に理解してもらわなければなりません。本書のあちこちで説明されているように，科学には常に「不定性」があります。このような「不定性」に直面した際に，いたずらに右往左往せず適切に対処できるようにするためにも，法律の専門家が科学リテラシーを身につける必要があることは疑いのないことです。

　しかし，「科学と法の協働」という意味は，単に専門知識として両者とも必要であるというにとどまらない意味を有しています。それは，「知識」ではなく「考え方」での協働，すなわち「科学的思考」と「法的思考」の協働に意味があると考えられるからです。科学的思考の大きな特徴は，1つの現象について「なぜそうなるのか」を考え，一般法則を見いだして現象を説明するという点です。第8章・第9章で取り扱ったのは，そのような科学的思考をはぐくむための理科教育・科学教育のあり方でした。実は，法的思考もよく似たプロセスをたどります。1つひとつの事例について「望ましい解決」があるのはもちろんですが，そこにはきちんとした理由がなければならず，「なぜそうなるのか」「なぜその解決が望ましいのか」を考える必要があります。また，常にケースバイケースで判断するということでは，次に同様の事例が起こった際にどのような解決になるかが予想できず，社会に混乱をもたらします。そのため，どのような事例であれば前に起こった事例と同じ解決となるかを明らかにする必要があり，それはある種の「一般法則」を見いだす作業にほかなりません。このように，「科学的思考」も「法的思考」も，現象を丹念に分析し，原因や背景について考察を加えて，さらに一般法則を考えるという点で，共通してい

ます。

　このような「考え方」の共通性は，教育の場面で大きな意味を持ちます。「科学リテラシー」を身につける教育は，実は，同時に「法リテラシー」を身につける教育ともなりうるからです。もちろん，科学と法には異なる部分もありますが，両者を一体的に学ぶことにより共通点と相違点を意識的に学ぶことができ，最終的には両者の学習効率とも向上することが期待されます。たとえば，科学と法の「考え方」を一体的に身につけることは，科学の「不定性」に適切に向き合うためにも，大変有用であると言えます。本章では，この社会で発生するさまざまな問題に関して唯一の「解決策」は存在しない中で，多くの人の対話と議論を通じて生み出されていくものが法である，ということを述べました。実は，同様のことは科学にも当てはまります。新たな知見が出てきた場合に，科学者が改めて議論することで，「正しい知見」の内容が変わることがあるのは，その現れと言えます。科学も法も，わからない部分を抱えつつ，多数の専門家の議論によって当座「正しい」と思える内容を掲げているに過ぎません。これは言い換えれば，科学にも法にも「不定性」があるということであり，「不定性」に対処するには，科学的な考え方，法的な考え方を的確に理解する必要があるのです。このようなことができるために，法と科学を一体的に教育することは，大変意味のあることです。

2　教育における科学と法の協働

　実際に，諸外国では，科学と法を同時に教える教育プログラムが実践されつつあります。たとえば，パリのソルボンヌ大学には，「法と科学」のダブルコースプログラムがあります。これは，科学と法の両者に通じた人材を養成することを目的に，2年次までは，物理学・生物学・化学・数学・情報科学などと憲法・民法・刑法・法制史などを同時に学ぶよう設計された教育プログラムです。

　また，近年は日本のさまざまな大学でもダブルディグリープログラムが設置されており，複数の専門について学位が取得できるようにするプログラムや，海外の大学の学位をあわせて取得することができるプログラムなど，さまざまな形で複数の学位を短期間で取得できる機会が与えられるようになっています。このようなプログラムが実践されている背景には，複数の専攻分野を同時に修めることにより知識が増えるということに加え，それぞれの分野におけるものの見方・考え方を知ることで物事を多面的に捉えることができ，視野の広い人

材を養成できるとの考え方があるものと思われます。ここでも,「知識中心」の教育ではなく,「考え方中心」の教育が模索されていると言うことができるでしょう。

　このような教育プログラムを法教育にも取り入れることが望ましいのは,言うまでもありません。従来の教育課程においても,一般教養教育を中心に複数の分野を学ぶ機会は確保されていますが,現状ではどうしても「知識中心」の教育になりやすく,法と科学の「考え方」を身につける教育は十分に実践されていないように思われます。もっとも,法学の専門教育課程では,近年,新たな立法や新たに登場した判例が多数に上っており,また,環境法のような新しい問題領域も拡大していることから,教育すべき内容が飛躍的に増加しています。そのような状況を踏まえると,現在の法学専門教育の基本構造を大きく変えない限り,法と科学を同時に教育する大がかりなプログラムを実施することにはかなりの困難が予想されます。

　むしろ,より早期の段階,特に初等・中等教育や大学の一般教養教育の中で,「考え方」を身につける教育の一環として科学的思考と法的思考の両者をうまく組み合わせた実践型・討論型の教育を行うことは,検討されて良いのではないでしょうか。既に述べたように,科学的思考と法的思考には一定の共通性があり,両者を同時に学ぶことで学習効率の向上も期待できます。また,初等・中等教育でも授業時間の制約がある中で,新しい内容を取り込むことにはかなりの困難が予想されますので,科学の問題と社会・法制度の問題をともに扱うカリキュラムを組むことが現実的であるとも言えそうです。科学リテラシーも法リテラシーも,科学や法の専門家だけが有していれば良いわけではありません。いずれも人々の日常生活にとって極めて重要なものであり,生活の中でさまざまな情報や問題に直面した場合にどのような「考え方」をすべきかを学ぶことは,誰にとっても大変有意義なことです。そのような意味で,「科学と法」の両者を包摂する教育プログラムは,より広い人々を対象に行うことが望ましいと考えられます。そのような試みにより,専門家と一般市民,あるいは専門家集団と一般社会の対話が円滑に行われるようになり,社会全体が科学や法の叡智を上手に活用できることも期待されます。

　専門知識は,その分野の専門家だけが持っていれば良いわけではありません。法も科学も,人々の生活と密接なかかわりを持っていますので,専門家と社会の健全な対話があって初めて生かされるものです。一般市民と専門家が相互に

◆第Ⅱ部◆ 科学の不定性と向き合う

不信感を抱いている状況では，一般市民は十分に専門知識を活用できず，また専門家は十分に社会のニーズや問題状況を理解することができません。法教育も科学教育も，「専門家が無知な人を教育する」というイメージで捉えることは適切でなく，あくまで，専門家と一般市民との対話の一形態として捉えるべきものです。さまざまな場面を通じて専門家と社会が対話を重ね，協力して問題に立ち向かうことが，今，求められていると言えるのです。

〔参考文献〕
城山英明＝西川洋一編『法の再構築〈3〉科学技術の発展と法』（東京大学出版会，2007年）
大村敦志・土井真一『法教育のめざすもの —— その実践に向けて』（商事法務，2009年）
大村敦志『法教育への招待 —— 法学から見た法教育』（商事法務，2015年）
関東弁護士会連合会編『これからの法教育 —— さらなる普及に向けて』（現代人文社，2011年）
「法教育フォーラム・教材倉庫」〈http://www.houkyouiku.jp/textbook.html〉（閲覧日：2017年8月21日）
『私法分野教育の充実と法教育の更なる発展に向けて』（法務省法教育推進協議会，2009年）〈http://www.moj.go.jp/content/000004354.pdf〉（閲覧日：2017年8月21日）

第11章

学習，コミュニケーション，意思決定のための不定性評価の新手法

吉澤　剛

● ● ● Ⅰ　はじめに ● ● ●

　これまで学問や司法，行政，政治の世界において様々な形で見られる科学の不定性を取り上げてきましたが，では，実際にこれをどのように扱えばよいのでしょうか。「不定性」というふわっとした形のないものを言葉だけで伝えて意思決定者の判断に委ねるのは，意思決定者の望むように政治利用されるおそれがありますし，知識を扱う専門家にとっては無責任な姿勢と言えるかもしれません。さらにいえば，言葉だけに頼ると，専門家や一般の人々が不定性の考え方を学ぶことや，お互いのコミュニケーションも難しくします。

　そこで本章では，科学の不定性を量的かつ可視的に表現するユニークな評価手法を紹介し，個人や集団における学習や，人々のコミュニケーション，社会や政策にかかる意思決定を支援するツールの新たな可能性を示したいと思います。

　科学の不定性を評価するにあたり，まず，標準的なリスク評価から考えてみましょう。リスクにはさまざまな考え方や定義がありますが，有害性×確率という単純な掛け算で表すことが一般的です。科学の不定性という大きな枠で考えるならば，「何が起こるのか」ということと，「それがどのように起こるのか」ということを合わせて考えることになります（第7章を参照）。ここで注意しなければならないのは，その両方に価値観，つまり人それぞれの見方が入ってくるということです。「何が起こるのか」については，「何が有害か」「何が安全か」という言葉に置き換えるとわかりやすいかもしれません。自動車やタバコ，

原子力発電所は人命を奪う可能性があるので有害だと考える人もあれば，それによって得られる便益に照らして考えればむしろ安全だと考える人もいます。自分ばかりでなく「誰にとって」ということも大切で，子供にとって，将来世代にとって，動物にとって，地球にとって，というとらえ方によって利害は大きく変化しますし，「良いか，悪いか」という話に簡単につながりうるので，価値観の問題であることは考えやすいでしょう。

　こうした問題については，質的な評価が一般的です。それはインタビューやピアレビュー，審議会，裁判などで知られるように，異なる世界観や利害を持った人々が熟議して結論を導いたり，専門家が多様な見解を総合的に判断したりというやり方が学問や社会の現場で多く見られます。統計学的な量的手法も用いられているものの，多くのサンプル（参加者）を必要とするほか，調査設計にかかるバイアスを慎重に避けることが求められます。こうした問題を解消する評価手法の1つとしては，「Qマッピング」をAppendix 3で取り上げることにします。

　一方，「どのように」というのは，「どのくらいの割合で」（確率）や「どのくらいの値段で」（コスト）という話であるから，きちんと計算できるものについては，客観的に1つの答えが導き出せる。計算ができない不確実なできごとについても，いずれデータや分析手法が整えば明らかになるだろうから，価値観の入る余地はない。そう考える人が多いと思います。とはいえ，データを集めたり確率やコストを計算したりするというのは，計算するための仮説やモデルを立てているわけですので，仮説やモデルの立て方は，「何が有害か」という話と同じぐらい価値観に依存するものになります。科学における仮説やモデルというのは，同じ分野の多くの科学者による評価検証にさらされて，より強固で客観的なものになっているはずだ，と考えるかもしれません。しかし，科学において確率の計算が必要になってくるときは，社会における意思決定が求められたり，仮説やモデルに影響する（交絡を起こす）外部因子が多い，複雑で開かれた系（システム）を扱う場面がたびたびです。そこでは調査者がある種の割り切りによって1つの値を定めることになります。本章ではこの問題を取り扱うこととし，そうした割り切りをやめて，不定な科学や社会を扱うために幅を持った「量」を表現する本来的な手法として，「多基準マッピング」を紹介していきます。

Ⅱ 多基準マッピング

　多基準マッピングは，コンピュータソフトウェアを活用した量的評価手法であり，不確実性のある評価項目について区間データを入力し，項目間の重みづけをすることで，主観的判断による多基準評価をおこない，結果をグラフ化するというものです。

　プロセスは4段階に分けられますが，次の段階に進んだり前の段階に戻ったりして，いつでも情報を追加・削除できます。このソフトウェアはラップトップコンピュータなどに入れておき，ユーザーが簡単に自分自身で値を入力したり，結果を見たりすることができます。ここではわかりやすい例として，大学に入ったばかりのAさんとBさんが受講する選択基礎科目をそれぞれ1つ決めるために，多基準マッピングを活用してみたという設定で説明しましょう。

〔第1段階：オプションの定義〕

　最初に，多基準マッピングで何を評価したいのかという任意のオプションを決めます。AさんとBさんは「法と社会」「科学技術社会論」「現代倫理」「意思決定論」の科目を2人で検討しようと決めたので，それぞれの科目がオプションに相当します。AさんとBさんのデータは別々に管理できるため，Aさんだけ「高等教育論」をオプションに加えることもできます。

〔第2段階：評価基準の定義〕

　評価者がさまざまな選択肢を選び比較するときに考慮する任意の評価基準を決めます。AさんとBさんは話し合い，就職したときにすぐに役立ちそうな「社会人基礎力」，自分の将来の可能性を広げるものとして「キャリアパス開拓」，受講の負荷が少なく，優秀な成績が取りやすい「成績評定」，そして先生の話術や授業内容による「授業の面白さ」を，科目を選ぶときの評価基準としました。

〔第3段階：得点づけ〕

　評価基準ごとに，それぞれのオプションについて最大値と最小値の点数をつけます。得点は1点から整数刻みでつけることができ，最大得点も自分で決めることができます。最大10点でも，1000点でも構いません。ふつうは最大100点ぐらいにすることがおすすめです。これは，この限度を超えられないということではなく，評価を進めていくうちに100点以上の得点をつけたい項

目が出てきた場合，それ以上の得点をつけることも可能です。

　この方法は，パフォーマンスが優れているほど得点を高くつけ，得点の幅を設定できることが重要です。評価者自身がよく知らない項目だったり，世界中のどこにも情報がないような項目については，評価者の直感にしたがって，得点をつけるしかありません。そのときに，得点に下限から上限までの幅を持たせることで，量的な評価にかかる不定性を表現できることになります。

　文系学部に所属するAさんは，10点満点として表1のように得点づけをしてみました。法律や意思決定はビジネスや組織経営にとって役立つと思い，「社会人基礎力」や「キャリアパス開拓」の得点を高くつけました。

　図1では，Aさんの「社会人基礎力」の得点がグラフで表示されています。「現代倫理」の授業は面白く，良い成績も取りやすいと評判です。「科学技術社会論」の授業は科学や社会の話題が多岐にわたるため，面白かったという学生と，難しくてつまらなかったという学生がいると聞いています。そこで，分かれた評価を考慮できるように，3点から8点まで得点の幅を持たせました。

　一方，理系学部に所属するBさんの得点は表2のようになりました。「法と社会」や「意思決定論」は将来研究職に進むにしても必要かもしれないとちょっと迷ったため，得点幅を大きくしておきました。「成績評定」と「授業の面白さ」については，サークルの先輩や過去問などの情報をもとにAさんと話し合って決めたので，Aさんと同じ点数になっています。

〔第4段階：重みづけ〕

　各評価基準の間の重みづけをして，総合結果を見ます。重みの点数も正数であれば自由につけられます。評価者はすべて項目の得点づけが終わったら，それぞれの基準に重みをつけます。「社会人基礎力」と「授業の面白さ」という異なる基準に対して，どちらをどれだけ重要視するかによって，重みとなる数字を変えます。後者を20という重みにしたとき，前者が後者より2倍重要だと思えば，前者は40という重みをつけます。重みの合計は一番上の尺度バーに数字とグラフで表示され，「％」を押すことで，合計が100に調整され，それにしたがって，各基準の重みの数字もパーセンテージとして表現されます。

　このような重みづけをしている最中，画面の上半分には総合結果として，全基準について重みづけを考慮した形で，各オプションに対するパフォーマンス得点が表示されます。重みづけのバランスを変えれば，そのたびにパフォーマンス得点の区間データが動きますので，自分の想定する望ましい総合結果に向

第 11 章 学習,コミュニケーション,意思決定のための不定性評価の新手法

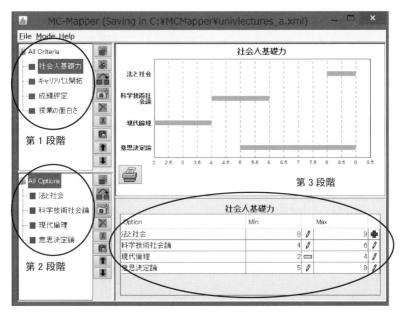

図1　多基準マッピングにおける評価基準ごとの得点づけ（Aさんの例）

表1　Aさんのパフォーマンス評価

	社会人基礎力		キャリアパス開拓		成績評定		授業の面白さ	
	最小	最大	最小	最大	最小	最大	最小	最大
法と社会	8	9	7	9	4	6	4	5
科学技術社会論	4	6	5	7	7	9	3	8
現代倫理	2	4	2	3	8	10	8	9
意思決定論	5	9	5	9	5	8	6	8

表2　Bさんのパフォーマンス評価

	社会人基礎力		キャリアパス開拓		成績評定		授業の面白さ	
	最小	最大	最小	最大	最小	最大	最小	最大
法と社会	4	7	6	7	4	6	4	5
科学技術社会論	7	8	6	10	7	9	3	8
現代倫理	4	5	4	5	8	10	8	9
意思決定論	5	8	7	8	5	8	6	8

◆第Ⅱ部◆ 科学の不定性と向き合う

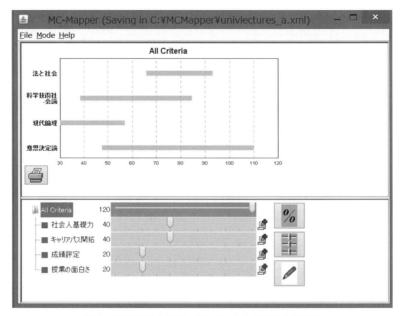

図2　評価基準の重みづけ（Aさんの当初の評価）

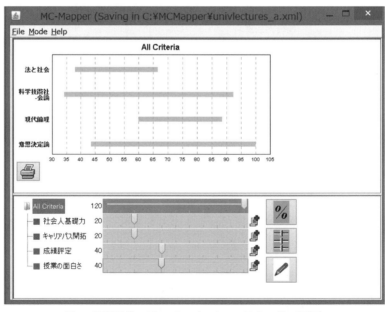

図3　評価基準の重みづけ（Aさんの見直し後の評価）

第11章 学習，コミュニケーション，意思決定のための不定性評価の新手法

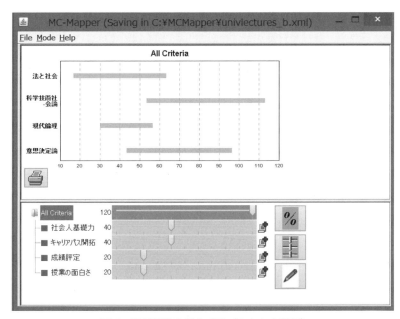

図4 評価基準の重みづけ（Bさんの評価）

けて，重みづけを再調整することもできるようになっています。

　AさんとBさんは将来性を考えて，2人とも「社会人基礎力」と「キャリアパス開拓」の重みを「成績評定」と「授業の面白さ」の2倍に設定しましたが，Aさんは考え直し，やはり今の自分にとって重要となる後者の2つの評価項目を前者の2倍に重みづけしました。図2はAさんの当初の評価で，図3は見直し後の評価を示しています。その結果，評価が高かった「法と社会」よりも「現代倫理」や「意思決定論」のほうが高評価になったものの，当たり外れが大きそうな「意思決定論」よりも「現代倫理」が安定していて良さそうだと判断し，「現代倫理」を受講することにしました。一方，真面目なBさんは当初の重みづけ通りに検討したところ，「現代倫理」のほかは点数幅が大きく迷いましたが，高評価の「科学技術社会論」に可能性が感じられたので，「科学技術社会論」を選択しました（図4）。

　上の例は簡単な説明のために示したもので，実際にこんな込み入ったやり方で講義科目を決めることはないでしょう。それでも，幅のない評価値だけで評価した場合，Aさんは平均得点の最も高い「意思決定論」を選んでいたでしょ

うし，そもそも重みづけを変えていなければ「法と社会」にしていたかもしれません。また，評価項目を明示的に設定したり，AさんとBさんがお互いに相談して評価点数を同じにしたり，グラフを見ながら重みづけを変えたりすることで，自分や相手がそれぞれどのように各科目や項目を見ているか，改めて考えさせる機会を与えてくれます。

Ⅲ　具体的な事例

　でも，講義科目の選択は「科学」ではないので，科学の不定性ではない，と思う人もいるかもしれません。なるほど，「単位面積あたりの穀物の収穫量」や，「単位電力量あたりの燃料のCO_2排出量」であれば，科学的に1つの量が定まり，このような評価は必要ないかもしれない。ただ，自分の農地にその穀物を作付けするかどうかや，自分の国でその燃料を輸入する政策を導入するかどうか，といった検討を行うには，コストや労働者の安全性，社会受容性や安全保障といったさまざまな観点を複合的に勘案して決定しなければならず，それぞれを数値化し，項目間を重みづけるときにはどうしても不定性が入り込むので，適度な「いい加減さ」が求められます。そうしたとき，このツールによって専門家や市民がこれまで気がつかなかった新しい知見や意義が得られることがあるのです。

　たとえば，ケニアにおいてトウモロコシ生産の潜在的なイノベーションの可能性を議論する際にこの多基準マッピングが用いられたことがあります。農民や育種家，政策立案者や種子企業など，それぞれの参加者が自分の基準でオプションを評価した結果，高所得の農家は新たな主要作物など多様な種子を持つことが成功につながると考えているのに対して，低所得の農家は投資に見合った収益が得られないとして慎重になっていることがわかりました。

　多基準マッピングの別の使い方をあげてみましょう。第2節のようにそれぞれの評価者が不確実性のある評価項目について区間データを入力するのではなく，評価者の確定的データが複数存在することで，データが区間幅を持つという事例です。たとえば，私たちがふだん使っている電気を生み出すエネルギーには水力や火力，原子力などさまざまありますが，1kwhという消費電力量を発電するのに必要なコストはそれぞれ異なります。政府や民間などによる個々の試算では，水力については何円，火力については何円というように，きっち

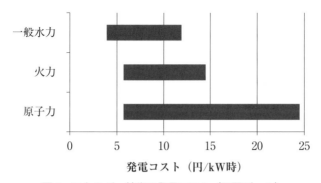

図5　エネルギー技術の発電コスト（区間データ）

りした値が示されているものが多いです。ところが，それぞれの試算結果をまとめると，まったく異なるストーリーが生まれます（図5）。

どれも権威あるしっかりとした機関や研究者が試算を行ったはずが，お互いの結果の間の矛盾が広がってしまいます。同じ水力や火力，原子力であっても最大値と最小値の区間幅は大きくなり，発電コストの大きさは水力と火力，原子力でどのような順位づけをすることもできます。つまり，各機関や研究者は厳密な科学的手続きにのっとって計算をしたにもかかわらず，そしておそらく手に入れられるデータはどこもそれほど大きく変わらなかったと想定されるにもかかわらず，データの分析にかかる仮説やモデルの立て方が大きく異なったために，結果がこのように大きく違ってきたわけです。

科学者は，学術論文に書けるような発見した「事実」を示すことには慣れていますが，たとえそれが専門的な知識や経験に基づいたものであっても，主観的な「推量」を表現することを臆する傾向にあります。多基準マッピングは，社会に踏み出す専門家としての役割を求められた科学者にとってのある種の踏み絵であり，不確かなものを自分たちの判断で数量化させることによって科学者それぞれの言質を引き出すことを可能にします。その反面，不定性の幅を持たせたり，意思決定者が重みづけを変更する余地を残したり，他の専門家や市民のマップと比較して相互の対話を促進することで，科学者だけが一方的に社会的責任を負うことのないような配慮もなされています。

Ⅳ　おわりに

　科学の不定性とは，科学のプロセスや結果に立ち現れるある種の「余白」であり，社会と交渉することのできる領域です。その領域に置かれた個人は，科学と社会をめぐる問題についての学習やコミュニケーション，意思決定を迫られますが，多基準マッピングというツールを介することで，自分の中にある確かな１つの軸を発見し，明らかにすることができます。量的データを用いて可視化を行うことで参加者間の対話や熟議ばかりでなく，各参加者自身の省察による社会的自己の再発見を促します。これは質的な参加型研究の側面を持ち，さらなる学究や問題解決に向けた仮説発見法としても役に立つでしょう。多様な項目を多様な観点から俯瞰的に評価するにあたり，それを１次元に落として比較衡量するという英断において，項目や基準間の相互作用や，そしてその背後にある文脈や行間を読み取って，人は１つの物語を紡ぐのです。これは開かれた未来に向けた多くの可能性の１つであり，他者と共有し，協働しながらその実現を目指します。不定性は現在の科学や社会の限界であるとともに，未来の科学や社会の可能性でもあるのです。

〔参考文献〕

Stirling, A. and Mayer, S.（2001）A novel approach to the appraisal of technological risk: a multicriteria mapping study of a genetically modified crop. *Environmental and Planning C: Government and Policy* 19：529-555

Multicriteria Mapping〈http://www.multicriteriamapping.com/〉

吉澤剛『多基準多様性分析の熟議的実践：日本におけるエネルギーのベストミックスに関する考察』東京大学公共政策大学院ワーキング・ペーパーシリーズ，GraSPP-DP-J-10-001（2010年）

吉澤剛・中島貴子・本堂毅「科学技術の不定性と社会的意思決定 ── リスク・不確実性・多義性・無知」『科学』82巻7号（2012年）788-795頁。

野家啓一『物語の哲学 ── 柳田国男と歴史の発見』（岩波書店，1996年）

第12章

科学の不定性と市民参加

尾内隆之

Ⅰ　はじめに

　五感では触れられない世界を科学が解き明かし，その科学をもとにした技術が新しい現象を可能にするとき，私たちは大いに驚き，讃えるものです。しかし今日，科学の力を単純に喜べない状況であることもまた，第Ⅰ部のさまざまな問題からわかります。むしろ，科学と技術に対して懐疑的にさせる材料には事欠かないと言ってもよいくらいです。

　さらに，東北地方太平洋沖地震による巨大津波と福島第一原発事故を通して，私たちは科学で知り得ることの限界を目の当たりにし，専門家や政府への不信感なども経験しました。科学の限界という事態そのものに驚いた人もいたかもしれませんし，専門家や政府から裏切られたと感じた人もいるでしょう。あるいは，専門家に「おまかせ」にしていたことが深刻な事故を引き起こした，という後悔の念を持った人もいるかもしれません。私たち市民には，科学のあり方とその社会との関わり方について，考え直す資格と責務が十分にあると思われます。

　では，人々の懸念や疑問を何らかの形で科学の側に届ける必要があるなら，科学と社会とはどのようにつながりをもつべきでしょうか。科学的な問題についても，市民の側からもっと関心を持ってアプローチし，社会全体で取り組んでいくことはできないでしょうか。本章は，そのための道筋について考えていきます。

　まずは，科学と社会の関係の歴史をひも解くことから始めましょう。

II 科学と社会 —— 乖離から「対話」へ

1 「知れば必ず好きになる」？

　科学の成果を社会に広め，人々の知的レベルを向上させ，あるいは人々の好奇心に応えて科学への「応援団」を増やすといった取り組みは，決して新しいものではありません。日本でも昔から読まれているファラデーの『ロウソクの科学』は，イギリスの王立研究所が1825年から開いてきた「クリスマス・レクチャー」という公開講座の記録です。現代では科学研究に多額の公的資金が投入されているため，科学の世界を社会に開く活動はいっそう重要性を増しており，実際に，科学研究費補助金をはじめとする研究助成ではアウトリーチ活動（広報・普及活動）の実施が必須となってきました。科学の知を大きな支えの一つとする現代社会において，市民が科学に興味を持ち，応援してくれることが重要なのはまちがいありません。

　でも，それがもし単純な科学礼賛に終わるとしたら，今日の状況にふさわしいとは言えないでしょう。確かにかつて科学の発展は，「バラ色の未来」と素朴に結び付けられていました。1945年にはアメリカ政府が「科学：終わりなきフロンティア（Science : The Endless Frontier）」という文書を発表して，国を挙げて科学研究を推進し，その成果を政策に積極的に活用すると高らかに宣言しました。原爆や化学兵器がもたらした世界大戦の惨禍を踏まえ，科学の負の側面に警鐘を鳴らす議論もありましたが，「悪いのは悪用する人間だ」とかたづけられ，科学への肯定的な評価は揺らぎませんでした。冷戦期には軍事技術がいっそう伸展するとともに，1970年代からの遺伝子技術に代表されるように，科学はさらに高度化，複雑化して社会を駆動することになります。

　そのように社会が科学技術化していく中で，一般市民と科学との距離が広がっていると懸念したイギリスのロイヤル・ソサエティ（王立協会）は，1985年に「公衆の科学理解（The public understanding of science）」という文書を発表しました。これは，科学への関心が乏しくなった人々に積極的に情報を提供し，一般市民の科学への理解の増進に科学界が取り組むという方針を示したものです。科学者と市民のコミュニケーションを豊かにする契機として，一定の評価をしてよいでしょう。ただし，市民は難しい科学をよく理解していないから科学に無関心になったり不安を持ったりするのであって，「よく知れば必ず好きになる」と見込んでいたことが，タイトルからもうかがえます（第8章も

参照)。やはり「科学：終わりなきフロンティア」と同じように，科学はつねに正しく，有益な何かをもたらすのだから，その成果は当然に使われるべきだと前提していたようです。

2　科学の不定性への視点 ●●●

科学は専門的であるがゆえに，社会との関わり方が啓蒙的になる傾向はぬぐえませんし，啓蒙活動それ自体が悪いわけでもありません。しかし，「素人」に正しい知識を与えることで科学の知識と営みが受容され，肯定されるという発想が重大な欠陥をもたらし得ることは，本書の問題意識から理解できると思います。

そもそも，科学の「正しさ」という前提自体に疑問が生じていることは，ワインバーグがトランス・サイエンス論 (1972年) ですでに指摘していました (第1章および第7章を参照)。ワインバーグ自身は，科学技術がもたらす問題は科学技術の進展によっていずれ乗り越えられるとも考えていたようですが，科学の応用が急速に進み，テクノロジーが社会を席巻する時代にあって，科学のとらえ方を決定的に変えるべき (部分がある) とする彼の指摘は，やはり鋭かったと言えます。トランス・サイエンスにおいては，「人々はよく理解すれば受容する」という単純な図式が成り立ちようもないからです。

科学に答え切れない問題群は，社会的に検討するしか選択肢はなく，かつ，その結論が政治的判断へと過度に流されないことも必要です。ワインバーグは原発を例に，市民が関与する形での公開討論を行うよう主張し，その議論の場を，原告と被告が争う裁判を連想させる「対審手続き adversary procedure」という表現で説明しました。つまり，それは「公衆の科学理解」が想定していたような，予定調和的な，あるいは科学者が「上から目線」で安穏としていられる場ではないのです。

そして1980年代後半には，科学によって答えられない問題が社会を揺るがす事態が次々と起こり，現実に科学者や政府は大きな転換を迫られました。その代表例が，イギリスにおけるBSE問題です。

3　市民との「対話」への転換 ●●●

BSEは1986年に最初の感染牛が判明した後，イギリスで急速に拡大しました。ちなみに1986年にはチェルノブイリ原発事故も起きており，ヨーロッパ

社会は放射能汚染問題でも動揺することになります。BSE への不安の広がりに対してイギリス政府がとった対応は，農業大臣が娘と一緒にビーフバーガーを食べたパフォーマンスが象徴するように，人間に感染しないので安全だとアピールすることでした。

根拠とされた科学者委員会の報告は，確かに人間への感染可能性を「極めて低い」と評価していました。しかし同時に，その時点では知見が限られており，評価が誤りであった場合には事態は深刻になると警告していました。後に人間における発症が確認され，イギリス政府は 1996 年に一転して人間への感染可能性を認めることになり，政府と科学者への不信が高まりました。科学的に不確実な部分を無視して確かな証拠のように扱ったことが，市民の目には，関連業界の利益を優先して安全性をないがしろにしたと映ったのです。

この事態は，イギリスの科学界に「信頼の危機 crisis of confidence」として重く受け止められ，科学・科学者と社会との関係の再構築が喫緊の課題となりました。しかもこの頃，イギリスを含めヨーロッパ全体で問題化していた遺伝子組換え作物（GM 作物）の安全性論争も，科学者や政府に同様の危機感をもたらしていました。GM 作物は 1990 年代にアメリカで栽培と流通が認可され始め，当初はヨーロッパの各国も研究開発を推進しようとしていました。ところが，BSE 問題であらわになったような未知のリスクへの懸念が，科学的根拠の不十分さと合わせて指摘され，GM 作物反対論が噴き出したのです。批判の土台にあるのは科学的に未知の部分への懸念なのですから，当然ながら，その時点の知見をもとに「安全だ」とアピールしても納得されず，むしろ安全性をアピールすればするほど疑念が募ることになります。

こうした状況を受けて，科学と社会の関係のとらえ方に大きな転換が始まりました。すなわち，専門的な知識について市民を教え導くという形から，市民の疑問や批判を積極的に受けとめ，双方向のコミュニケーションを模索する形への転換です。科学と社会の関わりは，科学への理解増進や支持の獲得，科学者の説明責任など多面的なものですが，イギリスの経験はそこに，科学と技術への市民の積極的な参画（Public Engagement in Science and Technology）というアイデアをもたらしたのです。

イギリス議会上院の委員会が 2000 年に出した勧告「科学と社会」は，科学者と市民の間に「対話の文化」を創出することを求めました。先行事例はすでに各国で登場しており，この勧告もそれらを紹介し，イギリスでの活用を提言

しています。例えば、デンマークで生み出された「コンセンサス会議」や、イギリスに始まりフランスで広まった「科学カフェ」などが紹介されており、イギリスに限らず各国で、科学と社会の関係を見直す必要性が感じとられていたことがわかります。

4 「対話」の実践のかたち ●●●

「対話」についての考察をより掘り下げる前に、まずは対話の具体的な方法を見ておきましょう。ここでは、代表的な方法として評価されてきた「コンセンサス会議」を中心に取り上げます。

コンセンサス会議は、たとえば論争状態にある科学技術のメリットとデメリットを評価し、社会への導入の可否や問題の解決策などを市民が主体となって検討するものです。これはデンマークにおいて、原発をめぐる激しい社会的論争の経験も踏まえて考案されました。参加する市民は、原則として有権者名簿をもとに無作為抽出によって候補者が絞られ、年齢や性別などのバランスを踏まえて選ばれます。自ら手を挙げた、限られた人たちの集まりではなく、会議がいわば「社会の縮図」として認められるようにするためです。

市民の議論は、どの専門家に知識提供を依頼するか、問題を考える上でカギとなる疑問は何かといった、対話の土台となる部分から始まり、自ら選任した専門家との質疑応答を通して知識や情報を得たのち、市民のみの討議によってコンセンサス（合意）を形成します。そこには、専門家と市民を区分し、議論の主役である市民をさまざまな利害関係から切り離す、という基本理念が現わされていると言えます。

このコンセンサス会議については日本でもいくつかの実験的な取り組みがあり、北海道庁がGM作物に関する条例策定の参考にするために2006年に行った実績もあります。また、2012年に政府が実施した、エネルギー・環境政策に関する「討論型世論調査」も、エネルギーや原発を中心とする専門的な問題について、多様な市民が集まって対話を展開した事例と言えます。そこでもコンセンサス会議と同様に、さまざまな立場の専門家が市民への知識の提供と応答を行い、それをふまえて市民が議論を繰り返し、最終的に通常の「世論調査」とは異なる「討論を経た後の意見分布」を提示しました。

こうした対話手法が目指すものの一つは、意思決定プロセスの「上流」から議論を始めることです。すなわち、政策などが実質的に決まった後で人々の意

見を聞くのではなく，未知の問題点を含むと思われる科学技術について，それが広く普及して問題が顕在化する前に社会で懸念を共有し，どのような対応を準備しておくべきか，本当に社会に広めて良いのかを議論する，といった形です。コンセンサス会議はそうした取り組みの典型例といえます。

　近年では，こうした対話手法もグローバル化に対応して，例えば，気候変動のような地球規模の問題について世界各地で市民が同時に議論するという，大規模な取り組みも行われています。

Ⅲ　市民が関わり得る理由

1　不定性が要請する市民参加

　市民の参加はすでにさまざまに模索されていますが，難しい科学的問題に市民が関わることには，疑問を感じる人もいるでしょう。市民の関与に一体どのような意義があるのか。専門家ではない市民の議論に何か有効性があるのか，と。そこで本節では，市民の参加・関与が求められる理由と，その可能性について整理します。

　まずは，科学と社会との接点において代表的な争点となる，リスク問題を通して考えてみます。ある科学技術がどの程度のリスクを抱えているか。そして，わたしたちがどの程度のリスクにさらされているか。その見積もりには，言うまでもなく科学と科学者の力が欠かせません。そのためリスクをめぐる議論では，専門家による科学的な判断こそが「真実」であり，一般市民のリスク認識は歪んだ「信念」と見られる傾向があります。国際リスク分析学会が1981年に開いた最初の会議でも，そうした見方が支配的だったそうですが，その後は，リスクに関する意思決定に一般市民がもっと関わるべきだという方向へ変化してきました。

　今日では，科学的な分析や評価から人々の行動モニタリングに至るまで，リスクをめぐるあらゆる局面で専門家が市民と対話を図る必要があることが，リスク管理の共通理解となっています。リスクを引き受ける当事者である市民は，専門家の判断に対して従属する立場におかれがちであるため，市民が専門的判断を理解しつつ，自ら対応を選びとる機会を用意することが，対話の重要目的の一つとなるのです。また，個人の判断に資するだけでなく，社会全体に及ぶ意思決定の上でもそうした対話への転換が図られてきました。

私たちがあるリスクを拒んだり受け入れたり，あるいは我慢したりするためには，何らかの判断基準が不可欠です。個人や社会は，科学的リスク評価がはじき出した「確率」や，政府など公的機関が定めた「基準値」を参照しながら，そうした判断を見定めるのですから，言い換えれば，だれかがどこかに，何らかの材料を用いて，安全／危険，対策必要／不要といった切り分けを示す必要があります。それが政府の法規制等で行われる場合は，行政が選んだ専門家の科学的助言が根拠となります。しかし，科学による「リスク評価」は，そのままでリスクをどこまで受け入れるかの答えにはならず，したがって，リスクに実際に直面する当事者の考えを反映すべきであることを，以下で見ていきます。

2　リスクの判断と「当事者」●●●

　この問題は，リスクを（ある程度は）とらざるを得ない事例で考えると，より理解しやすいでしょう。巨大地震や巨大津波に対する備えを構築する場合や，感染症抑止の十分な効果が上がるように予防接種を法律で義務付ける場合などが挙げられます。地震や津波の発生を止めることはできませんし，予防接種の副反応被害を完全になくすこともまず不可能ですから，これらのリスクについては，人々が当事者として目を背けずに受け止めることが大切です。そのために，まずは専門家がリスク情報を提供し，問題への理解を促すという取り組みが行われますが，では人々が専門家の「教え」を理解すれば，それで十分なのでしょうか。

　リスク情報の中心となる，「確率」に基づいた予測について考えてみましょう。第3章で見た地震の予測のように，リスクの生起確率とは観測上の制約や，一定の条件付けのもとにはじき出された数値であり，限界も抱えています。これは第7章の不定性マトリックスで言う「不確実性」の一要素です。地震の揺れや津波に対し，原子力発電所でどこまで対策を講じるかを考える際は，この「不確実性」を避けられません。予防接種は，接種を受ける人それぞれの身体の個別性に左右される点で「不確実性」を抱えており，それゆえリスクに対する判断の多様性とも隣り合わせと言えます。つまり，これらの問題への対応は，「不確実性」を踏まえて，あるいは「不確実性」にもかかわらず，決定されているのです。

　原発の安全対策で使われる「安全余裕」という言葉にうかがえるように，こうした決定にも「不確実性」を吸収できる余地が設けられますが，コストとの

兼ね合いによる実現可能性や，専門家間の「相場感覚」も反映されます。科学に依拠しつつも，そこには確実に価値判断が含まれており，「決断」とも表現できる面を含みます（第1章参照）。そのため，「判断基準」の妥当性はもちろん，決定した専門家の正当性についても疑問を持たれる事態が生じ得ます。そうした疑問は，専門家からの一方通行の情報提供では解決困難でしょう。

また防災においては，市民自身の経済的負担や自主的な防災対策なども欠かせない要素です。予防接種では，リスクを理解するための情報提供とそのための追跡調査，副作用被害の的確な救済などが不可欠であり，それらのコストを負担するのも結局は当事者としての市民です。すなわち，リスクに対応する上でどれだけのコストと引き換えにできるか，リスクの受容を可能にするセーフティネットのあり方に市民の考えをどう反映するか，といった点についても議論は必要となり，専門家による安全／危険の科学的評価だけで決定できないことは明らかです。

ところで，東日本大震災を機に見直された津波の高さ想定では，各地で以前の予測をはるかに上回る結果が出てきましたが，では「想定最大高」の数値を用いれば問題は解消するのでしょうか。もし想定最大値をそのまま防潮堤の高さにしたら，やはり多くの人はおかしいと感じるでしょう。最大値ではなくとも，高さ数十メートルもの巨大防潮堤に遮られれば観光資産としての風景は台無しですし，住民もそのような場所に住みたいか疑問です。とはいえ高台移転となれば，費用負担だけでなく，生業やコミュニティを維持できるかといった心配も出てきます。数十年，数百年に一度の災害にふさわしい備えはどのようなものか，まさに生活全体に関してどのような価値を見出し，選び取るが問われることになります。

3　価値をめぐる問い ● ● ● ●

このように見てくると，確率やコスト計算などの形で科学的に評価されるリスク問題は，市民の参加と対話を通して問われるべき問題群の一部に過ぎないことがわかります。

GM作物が激しい論争を呼んだのは，安全性への懸念という典型的なリスク問題である以上に，議論が深まるに従って多様な論点が浮かんできたからでした。GM作物は，開発者が喧伝する食糧問題の解決に本当に貢献するのか。グローバル企業が生み出したGM作物に，世界の種子市場が独占されてよいの

か。これからの農業は，どうあるべきなのか。そしてそもそも，作物や食べ物が自然であるとはどういうことなのか，等々。GM作物という一つの科学技術から，さまざまな社会的影響が問われ，問題の「多義性」による不定性（第7章）が生じていることがわかります。

エネルギーに関する「討論型世論調査」の議論も，社会の構想が焦点だったと言えます。原発のリスクはもちろん重要な論点ですが，環境と資源を守りつつ，現在と将来の両世代の生活を支えるにはエネルギー源をどう選択すべきかが問われました。エネルギー政策を通して，なにを優先し，どのような社会を私たちが築いていくか。第11章で見た「発電コスト試算」の多様性は，まさにそうした構想における多様性を反映したものです。

GM作物にせよエネルギー政策にせよ，包含する論点の一つひとつが私たちの価値選択を反映しています。さらに，第6章で見た先端生殖医療も同様で，すぐれて倫理的な問題を私たちに突きつけると同時に，親子の関係や家族のあり方，ひいてはそれを基盤とする社会を私たちがどのようなルールに則って構成するか，という根本的な価値観に直結する問題でした。そのため，すべての妊婦が最新の出生前診断を受けられる政策を進めたイギリスでは，その是非をめぐって，専門家と市民のあいだでさまざまな意見交換の場がつくられたそうです。

以上の問題はいずれも，それを理解し，考察する上で科学を重要な拠りどころとしますが，明らかに科学のみでは議論の広がりをカバーできません。そこで市民の対話によって，科学的論争で見過ごされがちな価値観に関わる論点をすくい上げ，可視化し，研究や実用，あるいは規制の方向性などに反映させることが期待されることになります。

4 科学的探求への市民の関与

ただし，ここまでの議論では，市民が関わる余地は専門家の科学的判断以外の部分にあるということにもなりそうです。専門家は科学的探求を行って知見を提示し，対する市民は与えられた科学的知見を踏まえて判断を下す，という役割分担が前提となるならば，結局は，科学そのものには素人は口を出すなという話になるのでしょうか。それとも，科学的知見の生成というレベルで市民が関わることも可能なのでしょうか。

科学者の知見は，専門性を共有する者どうしの相互評価（ピアレビュー）に

よって，妥当性が担保されているとみなされてきました。しかし，それは基本的には科学の世界における妥当性であり，社会的な活用の場面での妥当性まで保証するものではありません。そこで近年では，「レビュー」の範囲を広げた「拡大されたピアレビュー」が必要だと考えられるようになっています。すなわち，専門的なことがらであっても，より多くの人の視点から，より広い文脈を踏まえて問い直すということです。

例えばそこで注目されるものとして，ローカル・ノレッジという概念があります。ローカル・ノレッジとは，生活の現場に固有の知識のことで，それを考慮しなかったため科学者による専門知識の生成に失敗するという事態を踏まえて，重要性が提唱されるようになりました。きっかけとなった事例は，チェルノブイリ原発事故によって放射能で汚染された，イギリス北部カンブリア州湖水地方の放牧地にあります。牧草を食べる羊の放射能汚染を調べようとした科学者たちが，例えば放牧地を区画分けすることで汚染の変化を比較検証しようと試みましたが，それに対して現地の農民は，狭い区画に囲い込むことは羊のふだんの生活状況に反しているので実験はうまくいかないと警告し，果たしてその通り，失敗に終わったのでした。

科学者が「科学の卓越性」を発揮させる目的で設計した研究方法であっても，研究対象や現場の特性に合わないという事態が，ここに現れています。現実の問題に，研究室の実験のような「純粋状態」（第1章）の発想で対処できるとは限りません。現場では当然ながら現場に固有の状況から影響を受けるため，その状況に精通した人々もまた，科学的探究に欠かせない知見を有しているのです。

同様の発想から，市民が自分たちで情報を集め，自らを取り巻く問題状況を明らかにする取り組みとしては，「市民の疫学 popular epidemiology」や「市民参加型調査」といった方法も提示されています。「市民の疫学」は，病気などのリスクを疫学的に理解するために，（専門家の協力を得つつ）市民が主体的に科学的データを収集，分析，解釈する取り組みと定義されます。アメリカやカナダにおいて，地域における発がんと環境状況のマッピングや，住民の健康状態に見られる地域特性を明らかにするプロジェクトなどが実施されています。「市民参加型調査」は，主に自然保護や環境再生などの環境分野において実践され，地域住民によるデータ収集と評価が行われてきましたが，近年では広く人文・社会科学の分野にも活用され始めています。

問題解決に必要な知識や情報を，科学者の領域にとどまらず，より開かれたかたちで集約，検証することは，市民参加への指向をそなえた社会でこそ可能になると考えられます。

Ⅳ 「対抗」としての市民参加

1 対話の成立をめぐる課題

さて，ここまで市民参加の必要性と可能性を積極的に探ってきましたが，実践の上では無視し得ない問題があります。まず，そのような市民参加の場は，どのように用意されるのでしょうか。先に見たとおり，コンセンサス会議のような特別な対話の場は，社会的合意を得るのが困難な局面に対応するために考案されましたが，とはいえ「合意」の実態をどのように評価するか，また，そこに市民参加を取り入れる必要性を見出すかどうかは，決定権を持つ人々しだいとも言えます。現に，これだけ科学技術の進んだ日本において対話が相対的に立ち遅れてきたことは，その証拠と言えるでしょう。日本の場合は，審議会やパブリックコメントの扱い方などに，政府が市民の関与を制限しようとする傾向さえ感じられます。場を設ける側の意見にかなう市民参加だけが許容されるとしたら，真の意味での対話や協働が成立するはずはありません。

たとえばリスクコミュニケーションでは，それが「コミュニケーション」を掲げる以上，本来的に双方向のやりとりを目指すはずですが，行政や研究者の姿勢を見ていると，しばしば議論の対象となるリスクを人々に受け入れてもらうための手段と考えているようにも思われます。自然災害のような本質的に避けられないリスクの場合は，ある程度のリスク受容を前提とせざるを得ませんが，社会の選択しだいで避けられるリスクについても同様の意図で「コミュニケーション」を進めるならば，それは明らかに不適切です。

意思決定における科学的知見の扱いという面について考えても，やはり課題が浮かんできます。たとえばローカル・ノレッジに着目する議論は，そもそも的確な科学的検証に必要な情報の発見，集約に失敗したことに始まっていました。すなわち，専門家にも知見や着眼に偏りがあり得ることを考慮に入れて，多様な知見に目を配り，吸い上げていくことが，ここで求められている姿勢です。ローカル・ノレッジは一種の専門知識であり，（素人による）市民参加とは違うという見方もできますが，専門家による科学的知見の提供のあり方そのも

179

のは再考が求められますし，それが開かれたものになるべきである点に変わりはありません。

2　政治化する科学的知見 ● ● ●

　こうした状況を生む背景として，行政や専門家にも何らかの立場や利害があることは見過ごせません。先に登場したワインバーグはその後，原発をめぐる議論に関して，安全性をより高めた新型原子炉の開発や低線量被曝に関する有効な基準設定などを論拠に，科学者の判断を優先する立場へと戻っていきました。1973年のスリーマイル島原発事故が引き起こした市民の不安が厳しい規制をもたらし，原発の発展を妨げているという不満がその背後にあったようです。彼にとって原発推進は疑問の余地のない前提であり，それを見直すことは選択肢になかったのです。しかし，そこでワインバーグが原発をめぐる科学の不定性が克服されたと判断していたとして，彼の判断は妥当でしょうか。そのような態度は，BSEやGM作物において問われたように，信頼のあり方に強く影響せざるを得ないのではないでしょうか。

　「科学は中立だ」としばしば言われますが，それは科学者や政府が中立であることとは異なります。科学的に導かれた知見が政策などの決定にどう寄与するかも，科学そのものが決められることではありません。とりわけ政府が主体となる場合に，科学的知見の集約に偏りが見られたり，市民の関与を抑制するような事態が起きたりすることは，特に不思議なことではありません。そこに悪意とは言わないまでも，何らかの意図が存在する場合は十分にあり得ます。

　前節で見た対話の手法は，科学的知見や情報が公正に提供され，行政や専門家が対話の一員として公平に振る舞うことを前提していますが，そうした状況が確保されるとは限りません。現実に福島第一原発事故の後に目にされたのは，政府が情報を隠蔽したり，市民の疑問に正面から答えなかったり，専門家が事故による影響を小さく見せようとする発言をしたりといった，信頼に値するとは言い難い対応でした。放射能汚染をめぐる情報隠蔽や，調査もせずに汚染を「デマ」と認定するような情報操作が行われていたことは，緊急事態だからと正当化できる範囲を超えていたと言わざるを得ません。

　このような場合には，市民参加によって知識や意見を政府や専門家に提供し，ともに議論することでより妥当性の高い決定がなされる，といった道筋は期待できません。市民参加論の理念が指し示すのは，社会の側がいわば補完的な役

割を果たすことで科学の不定性を乗り越えるという形ですが，有効な参加への前提が整っていない場合に市民社会にできるのは，むしろ対抗的な力としての関与ということになるでしょう。

3 専門性を備えた市民知？

　福島第一原発事故の後，政府の出す情報では放射能汚染の実態がなかなか明確にならず，にもかかわらず専門家から安全性を強調する発言が続いたことで，市民の中から，自分たちの手で実態を把握し，対応を考えようと動き始める人が現れました。彼らはそれまで無縁だった専門知識と向き合い，協力してくれる専門家を探し出し，勉強とネットワークづくりを手探りで進める中で現状を可視化し，社会に情報を提供しました。エネルギー政策の問題についても，原発推進に固執して情報を隠したり操作したりする行政と専門家に対し，彼らが排除しようとする脱原発の代替案を社会に示す対抗的専門家と，それを支持する市民の活動が活発化しました。これらは，専門的知見の新たなつくり方を示したとも言えます。

　もっとも，そうした事例は福島第一原発事故のずっと以前から見られたものです。例えば，徳島県を流れる吉野川の可動堰建設問題では，市民に古くから親しまれていた吉野川第十堰を，治水対策の面から改築，可動堰化しようとした政府の計画に対し，それに反対する市民の中から，建設省（当時）の科学的根拠の妥当性を覆す水利計算結果が示され，計画への賛否を住民に直接問う徳島市民投票（1996年）の実施につながる要因となりました。

　より古い例としては，1960年代の三島・沼津コンビナート建設計画問題における住民の探求活動が，公害・環境問題の分野で有名です。当時すでに，石油化学コンビナートからのばい煙が引き起こした「四日市ぜんそく」が全国に知られており，静岡県三島市・沼津市にまたがる地区に新たに計画されたコンビナート建設に対し，地域住民が地元の科学者や学校の理科教諭らと協力して大気汚染のシミュレーションを自ら行いました。これにより，四日市のような被害は出ないと主張する政府側の科学的見解の不十分さが明らかになり，国の大規模公共事業が初めて中止に追い込まれたのでした。

　これらはイギリス・カンブリア州の事例のような見過ごされたローカル・ノレッジとは異なり，意図的に排除されていた知見を市民の側が探り出し，社会に明らかにしたものとして注目されます。（なお，カンブリア州の事例において

も，汚染地域の中心にセラフィールド核燃料再処理工場が立地していたことから，核燃料施設による長期的放射能汚染が，前述の汚染問題をきっかけに地域住民によってあらためて問題化されました。）

4　公共的議論の場としての「裁判」●●●

　科学技術をめぐる裁判もまた，対抗的な性格をそなえつつ社会の議論を促進する公共的な「フォーラム」の一種として評価できます（第5章参照）。原発の再稼働や，GM作物の栽培試験，携帯電話基地局の電磁波影響など，日本でもさまざまな争点が取り上げられている科学技術裁判には，単なる紛争解決としての役割以上の意味と可能性があると思われます。裁判は原則として公開ですから，訴訟の過程において示された科学的知見とそれをめぐる論争を知ることは，科学問題を考える上での貴重な情報源として活用できるでしょう。

　裁判の判決とは，社会の規範やルールを形成ないし変更するという，強い影響力を持っています。科学を裁判で扱う際の困難と課題については第5章で見た通りですが，市民に与えられた正当な法的手段として，また，意思決定に納得できない際の異議申立てのルートとして，裁判の重要性は今後も減じることはないでしょうし，科学の不定性をめぐるこれからの意思決定に，公共的フォーラムとしての裁判における議論と判断を活かせるはずです。

　「対抗」という視点から市民参加に着目することには，抵抗感を持つ人もいることでしょう。でも，社会の意思決定をめぐるさまざまな活動として，前節で論じた「協働」と同様に，「対抗」も重要な要素です。裁判に関して言えば，訴訟とは本来的に，原告と被告が勝ち負けを争って敵対するものであるため，第5章で既に見たように，その敵対的なシステムが科学的知見を適切に扱えないという事情がありました。そこで，異なる科学的・専門的知見が共存しうることをむしろ前提として認め，異なる見解の「対抗」的な関係を見渡しつつ，より適切な判断につなげるというのが，第5章とAppendix 1が取り上げる「コンカレント・エビデンス」の基本思想です。このことは，「対抗」というものが単なる「敵対」とは違うことを意味しています。すなわち，建設的な「対抗」関係を見出し，立場を異にする者同士がそれを生かしていく工夫が必要であることを，裁判という場が教えていると言えるでしょう。

　より広い視野から言えば，科学技術やリスクの問題がもたらした社会的合意形成への注目や，意思決定に関わる情報公開，予防原則，リスクコミュニケー

ション等の各種の原則，準則，ルールなど自体が，対話と対抗の双方を伴う多様な活動を通して生み出されてきたものにほかなりません。その意味で，コンセンサス会議のような制度化された対話は，対話の手法の一つを成すに過ぎないと言えます。科学の不定性をめぐる市民参加は，あくまでも多様な関与の総体として存在するのです。

V 「不定性」に向き合う市民社会へ

　不定性を抱えた問題における意思決定は，科学者と行政や関連業界だけの「内輪」の世界でなされるべきではなく，市民を巻き込んで，さまざまな新しい形での対話が実際に模索されており，またそのことに重要な意義があることを確認してきました。

　とはいえ，市民が関与すれば必ず好ましい結果が出るとか，あらゆる社会的課題が市民参加によって決定・解決されるべきだと主張したいのではありません。市民参加を求める議論は，しばしばその効果を過大評価していると感じる人もいるでしょう。そもそも市民参加は決して万能ではなく，問題解決に必要なものではあっても，十分さを保証するものではありません。

　でも，同様のことは，不定性を前にした科学（科学者）にも言えるのです。科学研究の進展に応じて，不定性が縮減される場合や，問題の解決に近づくことはあるでしょうから，科学の「卓越性」への関心を忘れてはなりません。とはいえ，知見の不確実性や多義性といった論点を含む社会的課題に対して，科学とは，言うまでもなく不可欠で重要ではあるけれども，ひとつの道具として，その有効性は問題状況に応じた相対的なものだという認識も必要です。

　いまや科学の発展の一歩一歩に社会から目が向けられ，高い期待が寄せられると同時に，さまざまな懸念も持たれています。科学と科学者への信頼の問題と，対話の必要性は，決して消えることはありません。「不定性」が多様な問題に内包されて私たちを取り囲む現代において，科学に対する市民社会の信頼とは，どこかの時点で完成され，（かつてのように）再び専門家に委ねられるようになるという類いの概念ではないでしょう。それは民主主義のプロセスと同様に，人々の絶え間ない対話によって維持していくしかありません。誰かが誰かを一方的に教え導くのではなく，協働と対抗のあいまった対話を充実させ，実りあるものにするための，市民社会からの関与と参加が望まれるのです。

183

◆第Ⅱ部◆ 科学の不定性と向き合う

〔参考文献〕

飯島伸子『環境問題の社会史』（有斐閣，2000年）
B. ウィン（立石裕二訳）「誤解された誤解——社会的アイデンティティと公衆の科学理解」（『思想』第 1046 号，岩波書店，2011年）
小林傳司編『公共のための科学技術』（玉川大学出版部，2002年）
小林傳司『トランス・サイエンスの時代』（NTT 出版，2007年）
柘植あずみ・加藤秀一編『遺伝子技術の社会学』（文化書房博文社，2007年）
J. トゥロースル（木原正博・木原雅子訳）『疫学と人類学——医学的研究におけるパラダイムシフト』（メディカル・サイエンス・インターナショナル，2012年）
原塑「トランスサイエンス」「科学技術コミュニケーション」（楠見孝・道田泰司編『ワードマップ　批判的思考』（新曜社，2015年）
B. フィシュホフ，J. カドヴァニー（中谷内一也訳）『リスク——不確実性の中での意思決定』（丸善出版，2015年）
藤垣裕子・廣野喜幸編『科学コミュニケーション論』（東京大学出版会，2008年）
北海道大学科学技術コミュニケーターユニット編『科学技術コミュニケーション』第 1 号（2007年）

おわりに

尾内隆之

　本書を締めくくるに当たって，読者のみなさんに「試験問題」を出したいと思います。「読者を試すのか！」とお怒りにならずに，まずはともかく問題を読んでみてください。

> 「健康リスク？」
>
> 　あなたは大きな化学肥料工場のそばに住んでいる，と考えてください。近隣住民のあいだでは，ここ数年，慢性呼吸器疾患に苦しむ人が増加しています。住民は，この工場から何か毒物が排出されているのではないか，と疑っています。そこで，工場からの健康影響を議論するために住民集会を開いたところ，科学者から次のような発言がありました。
> ◆工場が調査を依頼した科学者A氏
> 　「この地域の土壌の毒性調査を行いましたが，採取したサンプルからは，毒性物質の存在を示す証拠は見つかりませんでした。」
> ◆懸念を持っている住民が調査を依頼した科学者B氏
> 　「この地域の慢性呼吸器疾患の患者数と，工場から遠く離れた地域の患者数を比較した結果，工場に近い地域でより多くの患者が発生していることがわかりました。」
> 【問1】　工場の社長は，A氏の調査結果をもとに「工場からの煙が健康リスクをもたらしていないのは明らかだ」と主張しています。そこで，A氏の調査結果を根拠にした社長の主張を疑い得る理由を，B氏の調査結果以外に挙げてください。
> 【問2】　B氏は，呼吸器疾患の発生数を，工場周辺と遠方地域とで比較していますが，その比較のしかたが適切ではない可能性もあります。適切な比較ではなくなる要因として，考えられるものを挙げてください。

　この問題は，OECD（経済協力開発機構）が実施している学習到達度国際調査「PISAテスト」において，「科学的リテラシー」分野の一つとして出されたものです（ただし，英語の原典を翻訳するにあたり，問題の意図がより明確になるよう表現を少し補っています）。PISAテストは，世界各国の15歳の子どもを対象に，読解力・数学的リテラシー・科学的リテラシーの三分野について3年ごとに実施されており，しばしば目にする「世界の学力ランキング」のよう

おわりに

な報道はこれを参照しています。

さて，みなさんはこの問題について，どのように感じたでしょうか。ここで自問してほしいのは，この問題の正解や正解率よりも，こうしたタイプの「問い」が日本でいう義務教育修了レベルの生徒を相手に出題されていることへの，みなさん自身の感想です。この問いに答えるには，いわゆる理科の教科書的知識を当てはめて正解を確定するという姿勢ではなく，「科学という方法」そのものへの理解とその使い方，そして社会の中での科学のあり方に考えをめぐらせる姿勢が必要です。つまり，個別の科学的知識を身につけているかどうかではなく（PISAテストでもそれは問われますが），科学的に考えるとはどういうことなのか，科学という営みを「メタ」な視点から見ることができるかどうかが問われています。その総体こそが，このテストでいう「科学的リテラシー」なのです。

では，この問題への答え方のポイントを具体的に見てみましょう。

まずは当然ながら，化学物質の環境中での挙動に関する考察，「原因物質」を調べる際の調査デザインの適否，調査結果の検証および結論の論理的妥当性といった点を押さえることが必要です。その上で，A氏の調査の問題点としてあり得るものを多角的に考えます。

仮に健康被害をもたらした毒性物質が実際にあるとして，その物質が，時間とともに変化したり分解されたりしたのかもしれません。また，土壌中では毒性がなくなるような特性をそなえていて，大気中にある場合のみ疾患を引き起こすのかもしれません。人々が困っているのは呼吸器疾患なのに，原因物質は土壌のみで調査しなければならないとしたら，その点ですでに大きな制約を抱えるはずです。化学物質に関する理解に加えて，それが理科の実験器具の中ではなく現実の環境中に置かれた場合を考察できることが重要です。

また，A氏が調査した土壌サンプルの取り方が適切ではなく，この地域の土壌を代表していないという（場合によっては意図的な）ミスの可能性もあるでしょう。そもそも疾患の原因物質が，これまでこうした調査の対象とされてきた毒性物質のリストに入っておらず，見過ごされている可能性もあります。視野をさらに一段階広げて，ここでの「土壌調査」の方法や手順など，調査のデザインを科学的方法論の観点から検討することが求められます。

加えて，B氏の調査における課題点も問2で問われているので，日本の中等教育では（あるいは高等教育でさえ）なじみがない疫学的調査についても，そ

のやり方の妥当性を考察しなければなりません。もっともここでは，疫学という方法を知っていなくても，複数のものごとの比較という作業を客観的観点から評価できるか，というレベルの問いになっています。例えば，そもそも呼吸器の弱い高齢者や子どもの人口割合がまったく異なる町と比較していたり，「遠方の町」の保健管理サービスが格段に優れていたりすれば，比較しても「肥料工場のある地域」の方が高リスクとは確定できません。

このように，この問題は「科学」そのものを客観的に見られるようになることを要求しています。科学的調査という営みに内在している種々の条件や制約を適切に踏まえること，調査結果から導かれる主張としての妥当な範囲，限界点を理解することは，科学の不定性を理解する上で重要な科学観の要素と言えます。

PISAの出題者はさらに，社会的関係に埋め込まれた科学・科学者のあり方に目を向けるよう求めています。具体的には，問1の解答になり得る要素として，こうした調査業務によってA氏が金銭的利益や社会的地位を得る場合，調査結果における科学的知見が歪められる可能性があることを挙げています。もちろん，必ず歪められるなどと指摘したいのではありません。科学を社会の中でとらえる場合に，「利益相反」や「不正行為」といった問題があり得ることをきちんと承知しておくべきだ，という出題者の意図が了解できます。

「はじめに」で触れた「バカロレア」もこのPISAテストも，科学をはじめとするさまざまな社会的営為について私たちが本質から，かつ広い視野から考えることを求めています。日本に暮らす私たちも，そうしたものの見方と思考力を養いたいものです。とはいえ，ここでPISAテストの「問題」を示した理由は，単に今日の学力試験の動向に対応しようと言いたいからではありません。ここに挙げた「健康リスク？」問題は，確かに架空の「問題」ではありますが，本書を読んだみなさんであれば，ここで想定されているような状況が現実社会に存在する「問題」と重なることに気づいていると思います。

古くは水俣病をはじめとする公害問題を振り返ると，その時点までの科学ではよくわかっていなかった現象に関して因果関係を解明するという，難題に取り組んだ歴史でもあります。同時にその過程において，誠実な科学者の調査研究が政府や企業によって妨害されたこともありました。科学的に十分にわからないのをよいことに，原因企業が自分たちに好都合な「科学的知見」を持ち出して被害をないものとして扱った例も数々見られます。そうした悪質な例では

おわりに

なくても，科学技術をめぐる現在進行形の問題として，科学的知見が定まらず白黒付けがたいもの，そもそも科学の力だけでは白黒付けられないものなどが，さまざまに存在します。さらには，未来の科学技術に目を向けるならば……。

＊　　　　　＊

さて，科学をもとに何かを決めるとき，そこには「唯一の答え」への誘惑が常に存在します。その場をしのぐだけでみんなが納得し，問題が解消するのであれば，科学の不定性などことさらに論じる必要はないのかもしれません。しかし，それでは実際は問題を悪化させるだけではないでしょうか。本書ではそうした問題意識から，科学の不定性への理解を深めるための議論を積み重ねてきました。

日本社会では，科学の不定性に対する認識が不足しています。実のところ，科学的知見を提供する科学者も，科学の不定性を十分に踏まえてこなかった，あるいは，不定性への配慮を怠ってきた面があるように思います。それゆえ，長期的な視点から，科学の不定性に関する認識を社会に広める取り組みとして，本書では教育という現場を重視しました。教育を通して，不定性への向き合い方をその難しさも含めて知っておくことが必要と考えたからです。そこでは当然，PISAテストが求めるように，科学という方法の本質を知り，科学を社会の文脈において理解することになるでしょう。

同時に，科学の不定性への理解不足が，社会的な意思決定の場面で問題を生じていることから，科学そのものの教育だけではなく，決定のプロセスや判断基準を規定したルール＝「法」の制約と科学との関係を理解することにも，本書は目を向けました。条文として精緻に整えられた「法律」でさえ，現実には解釈の余地がかなり広いのであって（だからこそ法律学が必要），加えて，慣習や社会的常識などの広い意味での「法」の影響や，ルールの決め方についてのルールを議論する際の困難さは，いわば「法の不定性」とも言うべき問題を示唆しています。そこから本書では，法の見方を身につけるための「法教育」の取り組みについても見てきました。

本書で問題提起したような教育が実を結ぶのは，まだまだ先のことかもしれません。それでも，現在を生きる私たちが同時代のなかでそうした教育の必要性を訴え，取り組みを進めていくしかありません。同時に，現時点でも課題は山積しているのですから，長期的な課題と同時に，いまできることを広げる努力も欠かせません。

例えば，不定性をきちんと踏まえた科学的知見を，どう私たちの手元に用意するのか。科学的知見が多様性や不確実性を含んでいることは，社会生活にとって相当に厄介なことですが，理科の教科書で習うような「真理」が期待できない場合に，依拠すべき知識が何もないと放り出すのでは，根拠のない決定になってしまいます。いわば「暫定的な真理」とでも言うべきものを，どうにかして用意しなければなりません。ここで科学者・専門家どうしの対話，すなわち多様な知見・見解の共有と吟味が必要となりますし，科学者や法律家，行政にとどまらず，広く市民が科学の不定性をめぐる議論に関与し，参加することの重要性も，本書では論じました。

　とはいえ，本書で述べたことは，科学の不定性をめぐる議論の一部にすぎません。具体的にどのように取り組んでいくか，その方法論的な探求も不十分です。それでも，本書はまずは「科学の不定性」の入門編として，不定性とはなにか，どう向き合えばよいか，向き合うことにどのような意味があるのか，といった点については描き出せたと考えています。

◆Appendix 1◆
オーストラリアでのコンカレント・エビデンスの経験から

ピーター・マクレラン

　この講演では，最近オーストラリアの裁判所に導入されたコンカレント・エビデンスの基本手続きと歴史的背景について議論します。コンカレント・エビデンスは科学的証拠を取り扱うための新しく，これまでより効率的な手法です。
　これまで，科学的な争点を含む訴訟で，専門家証拠は法廷において一人一人の証人を個別に尋問する形で行われてきました。対審構造（adversary system）下でこれまで用いられてきたこの手法では，科学者証人は代理人弁護士に主尋問と反対尋問で尋問される中で証拠としての証言を行いました。この科学者証人は，互いに質問をすることが許されません。このような対審的手法の下では，裁判官はどこに科学的真実が存在するのか判断することは難しくなりがちです。弁護士の目的は訴訟に勝つことで，弁護士は真実には必ずしも興味がないのです。個々の科学者証人を個別に尋問する方法では，裁判手続きは長期化し経費を要することがしばしばでした。また，専門家証人（expert evidence）が法廷で（弁護士による）敵対的な質問にさらされることはよくあることでした。その結果，多くの質の高い専門家証人が訴訟に関わることを拒みました。
　これらの問題を解決するため，オーストラリアの裁判所はコンカレント型専門家証拠と呼ばれる専門家証人を扱う新しい制度を開発しました。この制度は2005年にオーストラリア・ニューサウスウェールズ州の土地・環境裁判所（Land and Environmental Court）に導入されました。
　この新しい制度の下では，個々の専門家はそれぞれ個別の意見書（report）を準備するよう求められます。その後，その専門家たちは電話か対面で互いに接触して争点について議論をし，争点となっている科学的問題について互いに合意できる点と合意できない点を明記した共同レポート（joint report）を作成します。この後，コンカレント・エビデンスとして知られる形で，法廷で一緒に専門的証拠を証言することになります（このやり方は，時に"hot tubbing"（訳注参照）と呼ばれます）。コンカレント・エビデンスの間，裁判官は専門家証人が共同で作成した資料を検討課題目録として用いながら議論の司会を行います。コンカレント・エビデンスの下で裁判官は，旧来型の対審構造で全ての質問を

◆ Appendix 1 ◆ オーストラリアでのコンカレント・エビデンスの経験から

弁護士に任せていたのとは異なり，専門家証人に対する質問に関してより主体的な役割を果たすのです。

　これまでの体験から，コカレント・エビデンス方式は多くの場合，時には著しく，専門家尋問に要する時間を短縮することが分かっています。以前なら何日も要したであろう尋問も，たった一日で終わることも可能です。コカレント・エビデンス方式では，裁判官は科学的争点についてより深い理解を得ることができます。この方式は専門家証人に互いに質問しあうことを許し，どの点において，どのような理由で専門家に相違点が生じてくるのかを明らかにします。この方式で科学者は，これまでの伝統的な対審的やり方に伴う（弁護士による）攻撃にさらされることなく証言することができます。そのため，科学者証人はコンカレント・エビデンス方式を強く支持しています。

　コンカレント方式を導入した際には，法廷で科学的証拠を集めるための手法や理念に変化を伴ったため，一部の裁判官と多くの弁護士から強い反対の声が上がりました。しかし，コカレント・エビデンス方式の長所が知られるにつれて，この方式はより受け入れられていきました。このコンカレント・エビデンス方式がさらに広く，効果的に用いられるためには，この手法についての裁判官と弁護士への教育が望まれています。

訳注：hot tubbing（ホットタビング）は熱い風呂に一緒につかる，というような意味合いがあります。複数の証人が一つのボックスに座って，一緒に熱く議論している様子から，こう呼ばれているようです。コンカレント・エビデンスの実際は，YouTube の動画で知ることができます（日本語字幕付き）：https://www.youtube.com/watch?v=1icW0m1xKbI

（訳：本堂毅）

◆Appendix 2◆
「不定性マトリックス」の舞台裏

アンディ・スターリング

　フランシス・ベーコン（17世紀の「科学的方法論の父」[1：146]）の有名な格言に「知は力なり」[2] というものがあります。この力への関心が，科学の実践を独自の方向に向かわせたことは重要です。一方，この力が地球全体に行き渡った反動として，ますます世界は維持しきれなくなり，格差は広がるという厳しい状況が続いています。

　ベーコンの洞察は，ふつう理解されるのとは反対の意味でも真実です。知は力，つまり知識が権力を得るだけでなく，力は知，つまり権力が知識を形づくることもあるからです。そして，どちらのプロセスも不確実性と不可分です。権力は不確実性に満ちた未知なる対象にさまざまな方法で接近し，働きかける場合もあれば，逆に未知なる対象が権力に働きかける場合もあります。したがって，知識と不確実性の相異なる姿や状態をとらえることほど重要な政治力学はまずありません。

　そのなかで，さらにやっかいな問題が横たわっています[3]。権力者と批判勢力のどちらも似たり寄ったりの支配力を振る舞うのは，（機を見るに敏な）波乗りの特権として実社会に登場します。最も強大な権力者であっても，実のところはその支配力の発動に確信を持てないのが常であり，それは人々が権力者に抱きがちな甘い幻想とは異なるのです。しかし，そうではないと装うことは，往々にして特権を維持するには一番良いです。しかも，そのような権力者の内なる欺瞞は，批判勢力にとっては，権力者側の矛盾を暴くという特権を逆につかみとる術ともなるのです。

　とはいえ，尻尾が出てしまうこともあります。たとえば，イギリスのハロルド・マクミラン首相はかつて，首相として今最もおそれていることを「事件ですよ，みなさん，事件です」[4] と率直に表現しました。最近でも，アメリカの大統領首席補佐官のラーム・エマニュエルは，「深刻な危機を決してムダにしてはならない」[5] として，最高権力者でもどれほど偶然のできごとに頼っているかを強調しています。最も有力とされる「意思決定者」以上に，現実の政治があちこちに散在する要因から成り立っていることを熟知している人々は

いないのです。

　ですから，世界は，礼儀正しい政策作法による単純な方便でどうにもならないほど，はるかに複雑で御しがたい場なのです。知識形成における客観的な着眼点の選択と主観的な処理方法の選択は，どちらも社会的，生命的，物理的変化プロセスの無秩序な組み合わせからなります。その組み合わせは頑固かと思えば気まぐれで，その行き着くところはたいてい深刻なほど決定力に欠け，ひどく手に負えません。したがい，権力は個別具体的に想定した影響をもたらす力量をそれほど持たず，立ち現れる歴史的偶然に名誉を与える（あるいは他に非難をなすりつける）特権のようです [3]。

　このような見方から，「権力」やその「影響力」と呼ばれているものを最も説得的に表現するならば，在職期間に限りのあるカゲロウのようなエリートが知識と不確実性を彫琢し，自らの「特権」を「支配」に似せること，といったところでしょうか。このように言ってしまえば，「健全な科学」や「根拠に基づく意思決定」というお決まりの政策用語に組み込まれているところの，《まずは知識，次に行動》という神聖化された順序立ては打ち砕かれるでしょう。ある決定を正当化するための強力な政治的な要請というものは，正統性や信頼，受容，苦情処理といったお題目を提供しながら，知識に付随する不確実性を無理やり否定します。これらの圧力は，明らかに不確実性といえるようなものの探究はもちろん，その承認さえもむしばむのです。

　《まずは知識，次に行動》の裏を返せば，すでに実現したものであれ，これから実行しようと意図しているものであれ，何らかの行動を起こすことが，物事を理解する牽引力となります。政策に関する知識や不確実性は，行動によって動機づけられ，行動によって生み出され，行動によって形作られ，行動によって意思疎通され，行動によって解釈されます。一般的な行動とは言えないかもしれませんが（まさに，今こうして一文を書いていることもそうなのですが），すぐれて学術的な政策研究でさえも，分析という行動にほかならないのです。私が今回執筆依頼を受けた，後述する「不定性マトリックス」の誕生経緯も，その例外ではありません。

　依頼を受けることは光栄なものの，とりあえずであってもこの取り組みを自分自身の貢献として語ることには気後れがします。幅広い政治的実践へのどんな単一の介入でもそうであるように，この「不定性マトリックス」は，広範囲で長期にわたる多くの人々の業績を通して（特定の瞬間の，特定の目的のために）

◆Appendix 2◆「不定性マトリックス」の舞台裏

一時的に取り出されたものにすぎません。このマトリックスがはっきりさせようとする考えは，老子やソクラテスにまで遡ることができ，権力や知識そのものとおそらく同じくらい昔から，《権力のなかにある知識》や《知識のなかにある権力》に対する闘いの産物なのです [6]。

最近でいえば，このマトリックスは科学技術論（STS）における重要な貢献を（さまざまなニュアンスや補足，整理を加えつつ）統合しようとしています。特に，たとえばデビッド・コリングリッジ [7]，ジェリー・ラベッツとシルビオ・フントウィッツ [8]，ブライアン・ウィン [9] の業績に負っています。しかし，これら先行研究と同じく，独自の具体化はきわめて特異な個人的体験と出自を反映したものです。

私は活動家かつ社会科学者として，エネルギーや化学物質，遺伝子組換え作物，市民関与，社会における科学，研究政策や環境科学といった課題についてイギリスや欧州の政府審議会の委員を立て続けに務めるようになり，この仕事の着想にいたりました。隠された不確実性に光を当てることに関心があったので，最初で最後の経験と思って委員を引き受けたところ，次々にいろいろなテーマに関わることになったのです！　素直に驚いたのは，権力中枢には大きな対立軸があるのがたいていで，私が示したような批判的な意見は（調子が合えば）思わぬ方面から強烈に支持される，ということでした。

細部で足並みが揃わなかったとしても，政策プロセスで複数の主張をぶつけあうことは，あらゆる種類の批判的エネルギーをアコヤガイの中の砂粒（ときに真珠になるもの）だと評価できます。そのような批判を個人ではなく課題のほうに注意深く向けると，チャンスの芽を大きく育てられるかもしれません。この仕事を進めるにつれ，上述のような正当化への圧力に異議を唱えられる能力を習得しました。そして 2003-04 年の GM Science Review [10][11] を構造化したときのように，結果として批判的な洞察が認められ，個々の戦術的な機会が着実に増え，もっと明確な立場を築けるようになりました。

これは重要なことですが，不定性マトリックスが狙いとするのは定量化それ自体ではありません。定量化は，その質的基盤が多元的でかつ尊重されているならば，透明性や説明性を高めるうえで有効です [8]。問題はむしろ，一つの数字に集約することへの不合理なこだわりや，確率論的計算はとにかく決定的で曖昧さのない結果をもたらすという誤解を招きやすい主張にあります。（個々の問題に対処したり，制度化して普及を目指すような絶対的なモデルとして不定性マ

◆Appendix 2◆「不定性マトリックス」の舞台裏

トリックスをとらえるのではなく）不定性マトリックスについて表面下で穏やかなネットワーク的活動を展開しなければ［3］，世界中の科学技術ガバナンスで見られる正当化への圧力は，（リスクに集約できない）不確実性，多義性，無知の存在すらも排除しようとします。

（発生確率の知識が定まっているかいないか，発生結果についての知識が定まっているかいないかという）不定性の異なる側面が，どのようにして一つに集約されまいとしているのでしょうか。それは，問題となる知識がどの程度どのような意味を持つかを評価する場を切り開く（Opening up）という，一番直接的なやり方によってです［12］。この手立てとして（ベーコンにまで遡る［13：xxvi］）「不定性（incertitude）」という古い包括的な述語を活用し，一方で，リスクや不確実性という耳慣れた言葉を，非確率論的な不確実性を指す名前として使わないようにしています［14］。

当然ながら，どうしてもこの種の政策的な仕事は激しく（ときにきわめて熾烈に），不定性をリスクに閉じ込めようとする権力者の強い関心に引き込まれます。そのようななかで，批判者かつ社会科学者であることは，自然科学の認識から見て，そして政策的な志向性から見て，二重に低い扱いを受けます。そのような二重苦を前に，もっと安全で自己言及的な（副）専門分野に逃げ込み，そこで専門用語を用心深く取り締まりたいという誘惑に狩られます。しかしながら，不定性マトリックスの野望は分野横断的であること，つまり心地よい専門的な一貫性ではなく，面倒な政治的多様性との難しい遭遇を志向することなのです。

ですから，この不定性マトリックスは特定の分野の権威や後ろ盾に頼ることはできませんでした。STSでさえ，直接的な政治関与の伝統は，往々にしてより自覚的な学術的関心より劣位に置かれています。そこで，この種の仕事は複数の敵対的な環境でも自らの言葉で立たねばなりません。力を発揮するためには，まず，挑むべき知識をねじ曲げようとする利害関係者当人に，そして正確に訴えることが最低限必要なのです。マトリックスはどうしたかというと，彼らの主張の支えである定量的リスクアセスメントという道具と実証主義的な言葉づかいで，（その真逆となる）批判的な構成主義的考えを明らかに示しました。

マトリックスは，「リスク」の主流な（狭く，実証主義的な）定義を構成する基本的な軸で，確率と程度という本来の意味を視覚的に表します。それぞれの

◆Appendix 2◆「不定性マトリックス」の舞台裏

軸で知識が問題となりうることの意味を図式化し，現在の概念設定そのものの致命的な限界や矛盾を内側から揺るがすのです。それ自体，マトリックスはしぶしぶでも反省を促す発見法として働きます。従順な支持者がリスクという道具の正統性を主張し続けているところでさえ，マトリックスはそうした集団に対して活発な振り返りをもたらします [15]。

つまり，不定性マトリックスは「トロイの木馬」なのです [3]。前向きなボディランゲージによって特権の堅固な要塞内に目立たない破壊的真意を差し込み，そこからこうした真意を排除するには知識が丹念に扱われるようにします。より直接的な構成主義者の批判も，逆に，それが外来語であるがゆえに，現在の科学主義的な道具主義によって言下に断られることがたびたびです。そのかわり，不定性マトリックスは簡単には切り捨てられないほど十分になじみのある実証主義的な言葉をまとっています。よく認められたSTS用語を付け合わせなくとも，多元性や非決定性の指す先鋭的な意味合いが伝わっていきます。

とはいえ，驚くべきことに，分野横断性が第三のデメリットとなります。上述のような関与のしかたは相手をひっくり返すばかりではありません。独創的なひらめきを育む自らのコミュニティをも困惑させます。STSでは，単なる図式的な考えの整理は非難されやすいです。二分法のようなやり方はその罪を重くします。2×2マトリックスほど一蹴された形式もないでしょう。私が経験したように，「リスク」のごとき忌まわしい言葉で重要な区別を着想するのは，STSの名士からとりわけ不面目な非難を招きます。

自己防衛的に孤立した専門分野にとって，純粋さは関与に勝り，再帰性は純朴さに反転します。おそらく自身の規範的な分野の語彙や正統性，序列を発展させ権威づけるのにそれほど関心のないSTSコミュニティは，その核となる有効な関わり方にもっと気づくでしょう。「トロイの木馬」は（STSコミュニティから自然科学者へと，自然科学者からSTSコミュニティへの）どちらの方向にも駆け寄るのです！

もちろん，特定の状況で特別な目的に向けてなされる介入であっても，不定性マトリックスは多くの限界や但し書きがともないます。批判的な分析という態度で見れば，その価値はいつも「多元的で条件つき」なものとなります [16]。マトリックスが「役立つ」かどうかは，目的と文脈によります。たとえば，主観的な知識の多元的な側面という発見的な特徴は，客観的な現象の個別事例のカテゴリー的分類として解釈されてしまうかもしれません。マトリックスは分

類法ではなく，触媒なのです．

ということは，多元性の考えが曲解されたとしても，権力者に対する異議申し立てには役立ちます．科学そのものは結局のところ，理想的には，まさにこうした権威を質せるのです．したがって，不定性マトリックスで不定性の対照的な側面を強調することは，単に戦術的で構成主義的な一手ではありません．確率を集約することの不備を指摘することは，実証主義的な意味でも明らかに真理であって，より戦略的に高次な見方となるのです！

運が良ければ，不定性マトリックスは，もっとバランスの取れた多様性のある選択肢や手法，可能性，見解や関心のために広大な政治的空間を切り開くこと（Opening up）で，権力者に挑むことができ，どんな領域であっても，隅に追いやられた人々に可能性を与えられるでしょう．そのことが，本章の冒頭に触れた，不合理で権力に動かされたベーコン的な知識の封じ込めに抗うひとつの実践的なやり方なのです．

(訳：吉澤剛)

［参考文献］

[1] A. Wolff, Ed., *Britannica Concise Encyclopedia*. New York: Encyclopaedia Britannica, 2006

[2] F. Bacon, "Meditationes Sacrae, 'De Haresibus,'" 1597

[3] A. Stirling, "Knowing Doing Governing: realising heterodyne democracies," pp. 259–289 in Jan-Peter Voss and Richard Freeman (eds), *Knowing Governance: The Epistemic Construction of Political Order*, Palgrave Macmillan, 2016

[4] E. M. Knowles, *What they didn't say: a book of misquotations*. Oxford: Oxford University Press, 2006

[5] "A 40-Year Wish List - you won't believe what's in the stimulus bill," *Wall Str. J.*, pp. 1–4, 2009

[6] M. G. Morgan and M. Henrion, *Uncertainty: A Guide to Dealing with Uncertainty in Quantitative Risk and Policy Analysis*. Cambridge: Cambridge Univ. Press, 1990

[7] D. Collingridge, *The Social Control of Technology*. M. Keynes: Open University Pres, 1980

[8] S. Funtowicz and J. Ravetz, "Three Types of Risk Assessment and the Emergence of Post-Normal Science." Praeger, Westport, 1992

[9] B. Wynne, "Uncertainty and Environmental Learning: reconceiving science and policy in the preventive paradigm," *Glob. Environ. Chang.* vol. 6, no. 92, pp. 111–127, 1992

[10] David King, H. Dalton, M. Avery, J. Bainbridge, C. Bharucha, D. Bowles, S. Bright, A. Cockburn, M. Crawley, P. Dale, M. Gale, M. Gasson, J. Gray, P. Heslop-Harrison, J. Hill, B. Johnson, C. Leaver, J. Pretty, B. Silverman, A. Stirling, W. Sutherland, M. Wilson, and P. Young, "GM Science Review: First Report," London, 2003

[11] David King, H. Dalton, M. Antoniou, M. Avery, J. Bainbridge, C. Bharucha, D. Bowles, S. Bright, A. Cockburn, M. Crawley, M. Gale, M. Gasson, A. Gray, J. Gray, P. Heslop-Harrison, J. Hill, B. Johnson, C. Leaver, B. Pearce, J. Pretty, M. Reiss, B. Rima, B. Silverman, A. Stirling, W. Sutherland, M. Wilson, and P. Young, "GM Science Review: Second Report," London, 2004

[12] A. Stirling, "'Opening Up' and 'Closing Down': Power, Participation, and Pluralism in the Social Appraisal of Technology," *Sci. Technol. Hum. Values*, vol. 23, no. 2, pp. 262–294, 2008

[13] F. Bacon, *The New Organon*. Cambridge Univ. Press, 2000

[14] A. Stirling, "Diversity and Ignorance in Electricity Supply Investment: addressing the solution rather than the problem," *Energy Policy*, vol. 22, no. 3, pp. 195–216, 1994

[15] A. Stirling, "Risk, Uncertainty and Precaution: Some Instrumental Implications from the Social Sciences," pp. 33–76 in *Negotiating Change: new perspectives from the social sciences*, F. Berkhout, M. Leach, and I. Scoones, Eds. Cheltenham: Edward Elgar, 2003

[16] A. Stirling, "Keep it complex," *Nature*, vol. 468, pp. 1029–1031, 2010

◆Appendix 3◆
Qマッピング

吉澤　剛

「Q」のアプローチ

　QマッピングのQとは何でしょうか。Qという言葉はとても不思議で魅力的な響きがあります。QuestionのQでありながら，英語でもなかなかお目にかかれない文字だけに，これを目にしたとき，少なからず引きつけられるものがあります。これから説明するQマッピングはQ方法論を応用したものであり，そのQ方法論はQ技法と呼ばれる因子分析に基づいています。みなさんが一般的に統計学などで学ぶ因子分析は，正確には「R技法」と呼ばれ，個人と観測特性との関係において，観測特性について相関を解明しようとするものです。これに対して，個人間の相関を解明するものが「Q技法」と呼ばれます。つまり簡単に言うと「R」の反対だから，その手前の文字を取って「Q」なのです。では「R」は何から来ているかというと，Relatives（類体）から来ていて，「相関」という考えにつながっています。種を明かせばひどくつまらないように聞こえるものの，両者の技法をめぐる確執や誤解によって学問の主流を走るRに虐げられてきたQの陽の当たらない歴史を見れば，実にドラマティックなものであることがわかるでしょう。

　Q方法論は80年前に英国の心理学者・物理学者であるウィリアム・スティーブンソンによって考案されました。彼は，このアプローチは単なる技法にとどまらず，その根底をなす思想においてもRとは異なることを示すために「方法論」という言葉を用いました。

　QとRの思想の違いは端的に図1の左右を見比べると考えやすいかもしれません。左図はご覧の通り標準的な人間の容姿をしています。これは20名の人に対して，25の身体部位をそれぞれ計測し，その結果をR因子分析して部位間の相関を求めたものです。腕の長さと身長に相関があるなどがわかり，それぞれの部位の平均を取ると，左図のようになります。これは，いわば人間の身体をいったんバラバラにし，それぞれを長さという「客観的な値」として平均化して計測した後，人体として再構成したようなものです。結果的に腕の長さと身長は相関していたとしても，それは外形的な結果にすぎません。

◆ Appendix 3 ◆「Q マッピング」

図1　RとQのアプローチによる「人間」
（出典：S.R. Brown, A fundamental incommensurability between objectivity and subjectivity. p.70 and p.85 in S.R. Brown and D.J. Brenner（eds.）Science, Psychology, and Communication. Teachers College Press, 1972）

これに対して，図1の右は実に異様です。およそ人間とは言えない異形の容姿をしています。アニメに出てくるデフォルメされたキャラクターのようにも見えないでしょうか。これは20名の人に対して，25の部位のどれを重視するかという観点で優先順位づけをしてもらったQ因子分析の結果です。人は明らかに眼を最も重視し，その他の顔の部位のほかは，ほとんど重視されていないことがわかります。この「主観的な値」によって再構成された人間は，人が見る主観的な姿ということができ，また，それぞれの部位が優先順位づけされることによって，身体全体の中での1つの部位の位置づけが定まります。すなわち，人間の身体をバラバラにして扱う「分析」ではなく，全体として扱う「総合」といえるでしょう。「事実」と「価値」という言葉を対立的で分離可能なものとしてとらえることは危険ですが，最も単純に言えば，Rは事実に注目し，Qは価値に注目したアプローチです。

Q分類とは

Q分類はQ技法のなかで欠かせない手続きであり，社会科学で用いられる他の手法とは際だって異なる特徴を持っています。それは，調査者が個人の回答者に対して，一連の標本の順位づけをするように求めるという手続きです。標本は写真や行為の記述，パーソナリティの特性ということもありますが，たいていはステートメント（意見の陳述項目）です。このステートメントは名刺大のカードに1つずつ記載され，各回答者はすべてのステートメントが記載されたカードの束を用いて作業します。ワークショップでは，あることがらについて参加者から自由に意見をもらい，それを30～50個の「ステートメント」

として整理します。

次に，回答者は山型の分類グリッドにしたがってカードを分類することが求められます。これをQ分類と呼びます。このグリッドの右端は「最も同意できる」として正の整数，左端は「最も同意できない」として負の整数が得点として割り当てられています。「山型」というのは平均が0，標準偏差が1となる形で，「準正規分布」と言われることもあります。中間の得点（0）は平均ということではなく，意味として中立，曖昧，あるいは不確

図2　Q分類
（出典：I.T. Ellingsen, A.A. Thorsen & I. Størksen, Revealing children's experiences and emotions through Q methodology. Child Development Research 2014, p.4）

実ということであり，いかなる心理学的意義も持ちません。回答者は，まず項目を「否定的」「中立的」「肯定的」の要素を持つ三つの山（項目群）に分けてから始めるとよいでしょう。それから，与えられたグリッドに当てはまるようにレイアウトを固めていきます。まず最も右端の項目（「最も同意できる」）から始めて1つの側（この場合は「同意」）を埋め，仮に積んだ山（肯定的に分けた項目群）がなくなるまでおこない，それから反対側（「不同意」）をおこないます。そして残りの（より中立的な）項目の位置を割り当てることで完成します。最終的に満足がいく形になるまで，どの段階であっても，項目を自由に移動したり交換したりできます。

図2はQ分類をおこなっている回答者の挿絵として欧米で用いられていますが，中央が下向きに長く逆三角形になっていますよね。日本人の感覚だからかもしれませんが，この向きになんとなく違和感があったので，いつもは山型の三角形に並べてもらうようにしています。

図3は45枚のカードを並べるときの分類グリッドの例です。この形はもっと平坦でも，逆に，もっと険しくても構いませんし，最大／最小の絶対値が5でなくても，4や6でも構いません。さらに言えば，数学的にも，実は左右対称のグリッドにこだわる必要はないのです。ただ，私たちはおよそ正規分布的な考え方に慣れていますので，よほど特別な理由がない限り山型を遵守するこ

◆Appendix 3◆「Qマッピング」

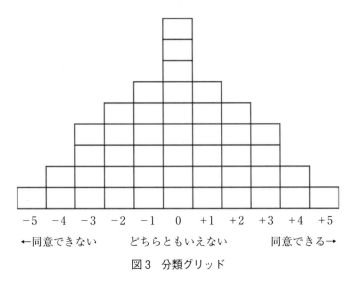

←同意できない　　どちらともいえない　　同意できる→

図3　分類グリッド

とが望ましいといえます。

ワークショップの例から

ここで，専門分野の多様な大学院生が参加したワークショップを例に見てみましょう。参加者は「研究が社会に貢献するために誰が何をすべきか？」というテーマでステートメントを出し合い，全員で整理した37のステートメントを人数分のカードに印刷し，各自がそのカード束を使ってQ分類をおこないました。各参加者のQ分類は，ステートメント番号ごとの得点としてデータ化され，それを専用のソフトウェアに入力すると，まず，通常のR因子分析（主成分分析）によって2つの主成分を抽出し，その主成分を軸に各参加者の位置をプロットした2次元散布図が描かれます。調査者は，因子分析の結果を見ながら，この横軸と縦軸の両極それぞれに任意の名前をつけて軸の特徴を参加者に伝えます。

例では，横軸右方向（第1主成分の正）が「外に働きかける」と名づけられています（図4）。この方向に位置する参加者は大学や研究機関，研究者自身が科学の楽しさや成果を社会に伝えなければならないと考える傾向にあります。ここでは，マスコミも小さな成果を拾い上げる必要があり，そのために学生はそもそも研究についての勉強をきちんとしていなければなりません。横軸左方向（第1主成分の負）は「内側を固める」となり，研究者自身というよりも，

◆Appendix 3◆ Qマッピング

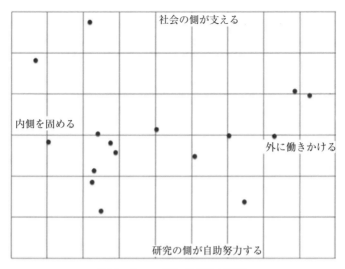

図4　Qマッピングの途中結果

研究支援者や社会をつなぐ人材の充実が重要で，それを政府による制度や大学・大学院による教育を通じて支援しなければならないと考えています。縦軸上方向（第2主成分の正）は「社会の側が支える」であり，政府や公的セクター，企業やマスコミ，研究支援者が研究者を支援するためにそれぞれ取り組まなければならないとしています。縦軸下方向（第2主成分の負）は「研究の側が自助努力する」で，研究者自身が分野の課題や社会に対して何ができるかを考え，他分野の研究者とコミュニケーションをすべきであると考えています。研究者の目を外に向けるためにマスコミが社会の問題を取り上げたり，大学も社会に開くなどする必要があります。

マッピングしてみると

ワークショップでは，参加者に自分の位置の予想をさせるなどした後に，各プロット位置に対応する参加者の名前とQ方法論の結果を重ね合わせた図を表示します。これをQマッピングと呼んでいます。

図5は先の例の最終結果です。なお，参加者の名前はここでは数字に置き換えています。ワークショップでは，自分の位置が事前予測とずいぶん異なった参加者もいれば，ぴったり当てた参加者もいました。このような進め方は，

◆ Appendix 3 ◆ 「Q マッピング」

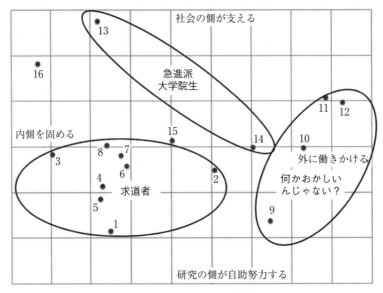

図 5　Q マッピングの最終結果

自分の位置を正確に当ててもらうことではなく，全参加者における自分の相対的な位置をあらかじめ予想してもらうことと，なぜ当たったのか，なぜ外れたのかということを自問してもらうという目的を持っています。

　Q 方法論の結果をもとに 3 つのグループにわけ，ディスカッションをおこないました。各グループでは，チーム名を決めるとともに，自分たちのチームの特徴について考え，代表者に発表してもらいました。最も大きなグループでは，自分たちの持っている技術や知識をどうやったら社会の問題解決につなげていけるかという，自分たちからアプローチをかけていこうという意識と，いろんな研究分野の中で自分たちの位置づけを明らかにしたいというスタンスがわかったと報告しています。一方で，社会に支えてもらおう，研究者の環境を外から固めてもらおうというステートメントは低く，周りからの還元はあまり期待しないという意味で「求道者」チームと名づけられました。

　次のチームは「何かおかしいんじゃない？」という名前ですが，その心は意外にプラス面で共通しているのではなくて，マイナス面，あまり同意していないところで共通点が多いためです。それは，企業や大学ではこんなことできないのでは？　という現実思考で発言しやすいところです。ただ，外に働きかけ

るという共通性があるように見えて，ことを起こすまでに非常に腰が重く，やるにしても社会的な制度で支えてほしいという気持ちがあるとのことです。制度ばかりでなく，期限や約束の環境を作って外堀を埋めないと進まないという感覚があるようです。ディスカッションにおいて付箋や模造紙を使った書き込みやメモはうまくいかず，話し合いがまとまらなかった様子を他チームと比較しながら冷静に自己分析していました。

　最後のチームは，ワークショップの都合により，Q方法論による3番目のグループ（図5の13, 14）と，どこにもグルーピングされなかった参加者（15, 16）を一緒にして議論を進めてもらいました。このチームは，まずチーム名を書くところからディスカッションが始まり，数名による発表もマイペースに進みました。「急進派大学院生」という名前は，意見がバラバラで，それが院生っぽいところでもあるからということです。

　このQマップでは，R因子分析はプロット位置を，Q方法論はプロットのグルーピングを結果として導きます。たとえるなら，参加者の位置は建前の自分で，グルーピングは本音の自分を表しているといえます。この結果にしたがって，Q方法論の結果にしたがったグループにわかれ，各グループでは自分たちの共通点や他グループとは異なる特徴を話し合います。この結果の全体発表をしたり，グループ間の討論を進めたりすることで，他の参加者との認識の相違を通して自己認識を改めることができます。

Qマッピングの効能

　こうしたQマッピングはどのような場面で必要でしょうか。

① 熟　議

　多様な人々がかかわり，もやっとしたテーマについていくつかの方向性をまとめるのに適しています。たとえば，異なる分野の大学院生によって社会における研究の役割を考えたり，大学教員によって大学の理想と課題を考えたり，多様なステークホルダーによって産学公連携を考えたりと，さまざまなワークショップでQマッピングが利用されてきました。そこでは参加者がそれぞれ異なる世界観を持っていることを意識するとともに，同じ価値観を持った人どうしや異なる人どうしで話し合うことによって，より自己や他者の考えを明確に理解でき，コミュニケーションや学習も深まります。

◆Appendix 3◆「Q マッピング」

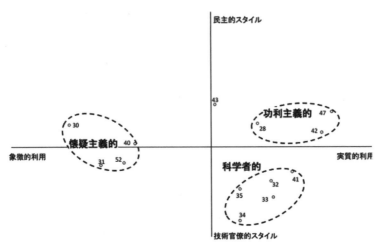

図 6　見解のマッピング（太陽光発電）

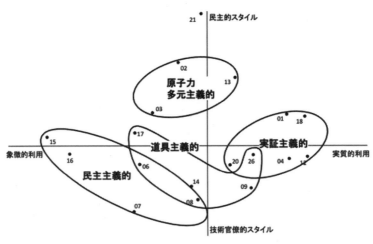

図 7　見解のマッピング（原子力発電）

② 多 極 化

　関係者の間で議論が大きく分かれているときに，問題解決の糸口を見つけます。これは将来の意思決定に向けた問題の整理に役に立ちます。

　たとえば，10 年ほど前に原子力発電と太陽光発電のそれぞれの専門家やステークホルダーに対し，現在の研究技術開発政策に関する予測や分析，評価のありかたに関して Q 分類をしてもらったことがあります。太陽光発電よりも

原子力発電の方が利害は顕在化しており，関係者の価値観はお互いにかけ離れていると予想していましたが，Qマッピングの結果は正反対でした．太陽光発電は反対者が少ないからといって，誰もが推進政策に賛同しているというわけではなく，科学者は研究開発に，ユーザーは設置補助に公的資金を投じてほしいと考える一方，企業はそもそも国の政策に多くを期待していないということがわかったのです（図6）．

これに対して原子力発電は，賛成派と反対派の乖離はあるものの，実務的解決策を探る折衷派が両者の間に横たわり，全体としてみれば関係者の価値観は連続的にマッピングされています（図7）．表面的に見ると太陽光発電を推進することは社会的合意が得られているため，関係者の利害が潜在化し価値観の乖離が見えないのです．逆に，原子力発電はそもそも関係者の利害が激しく対立しているので，折り合うための存在が社会的に必要とされていると言えるでしょう．

③ 優先順位づけ

誰もが必要だと思っているがゆえに優先順位がなかなかつかない課題を整理します．ある企業の技術戦略策定のためにQマッピングを用いたことがあります．推進したい技術や有望な技術はいくつもあるものの，それらにすべて資源を割り当てるわけにはいきません．投票のような多数決では，それぞれの参加者がどのような意志を持ってそれらの技術を推したのかがわかりません．Qマッピングを見ながら，Q方法論によるグループで話し合うことによって，自分たちのグループの価値観やそれに基づいた技術戦略が明らかになりました．そして，異なるグループの価値観や技術戦略と照らし合わせて全体で議論することで，この企業にとって本当に推進すべき技術や優先すべき課題が見えてきたのです．

④ 少数への目

意見を表明できる人が少ないテーマについての見解をまとめます．原子力発電と太陽光発電の例や，企業の技術戦略の例などでは，テーマについてきちんとした考えを持っている人は多くても数十人程度に限られます．統計学的に一般的なR因子分析をするならば，40～50という標本数では有意な値を導出するのも一苦労です．また，テーマについてきちんと考えるほど，さまざまな考え方を反映して回答はばらつき，回答の平均を取ることの意味は薄くなってきます．少数者，少数であることを大事にするという発想は，大衆化された近代

◆ Appendix 3 ◆ 「Q マッピング」

図8　マッハの自画像
【出典】E. Mach, Beiträge zur Analyse der Empfindungen. G. Fischer, 1886, p.14.

へのアンチテーゼであり，多様な少数者を認める社会の実現につながるともいえるでしょう。

Q の思想の意義

　Qはエルンスト・マッハの描く自画像を想起させます。

　マッハは音速の単位で知られるように物理学者として活躍したほか，科学哲学の分野では主客二分論を超克して直接的経験へと立ち戻ることを提唱しました。上の絵はその立場を象徴するものであり，人間は自分というものをこのような主観的な姿でしか描きえないことを明らかにしたのです。これは自分自身の知覚的正面図であり，鏡や写真に映った自画像は自分にとっての知覚的側面図と言うことができます。自分にとって近いものから遠いものまでの遠近法的な知覚の歪みは，自分にとって肯定的なものから否定的なものまでを並べるQ分類と重なります。Q方法論という多様なステートメントを一軸に整列させるという取り組みは，それをおこなう個人にとって，そのテーマに対する自分の物語を正面から再構成するプロセスといえるでしょう。

〔参考文献〕

Watts, S. and Stemmer, P. (2012) *Doing Q Methodological Research: Theory, Method and Interpretation.* Sage

吉澤剛「政策分析はどのように用いられているか？Q方法論による見解の複数性の同定」日本公共政策学会2007年度研究大会報告論文集（2007年）111-127頁

Yoshizawa, G., Iwase, M., Okumoto, M., Tahara, K. & Takahashi, S. (2016) Q workshop: an application of Q methodology for visualizing, deliberating and learning contrasting perspectives. *International Journal of Environmental & Science Education* 11(13): 6277-6302.

あ と が き

　この本はある確立した学問分野の入門というようなものではありませんでした。科学の不定性に関する入門書ではありましたが、「不定性」をあえて定義していません。定義することによって失われてしまうこともあるからです。たとえば「正義」のようなことも、無理やり定義すればおかしなことになるでしょう。定義するかわりに、「不定性」のさまざまな形を見てもらうことで、この概念を実感としてわかってもらうことが私たちの目標でした。

　この本の構想は科学研究費補助金「科学の多様な不定性と意思決定：当事者性から考えるトランスサイエンス」の研究の中で生まれたものです。著者である私たちはさまざまな専門分野で研究や実務を行ってきました。それぞれの分野で「科学の不定性」を経験し、解決への模索を通じて知り合い、その共通性を「発見」し、協力してきた集団です。それぞれが当事者として経験した、言葉にすることが難しい思いを、具体的な「不定性」という概念にまとめたことがこれまでの大きな成果であると思っています。

＊　　　　＊　　　　＊

　代表者である本堂毅は物理学者ですが、「本業」の研究に加えて、電車の車両の中で携帯電話を使った場合の電磁波の影響について調べているうちに裁判の証人となるなどの社会的な経験を積み、科学には不定性があるのに、裁判制度はそれを適切に扱えていないのではないか、という発想を持つにいたりました。それは裁判だけに限らないかもしれない、という思いがこの研究グループの出発点でした。

　以下、メンバーの紹介です（執筆順）。

　平田光司は加速器物理を専門としています。最先端の加速器の設計では科学だけでは決められないことも多く、その「不定性」が社会的、政治的な側面にもつながっていることに気づき、科学技術社会論（STS）の研究を始めることになりました。「不定性」の研究では意外なことがいろいろあって、これからが楽しみです。

あとがき

　纐纈一起は地震の研究者です。もともとは，2009年のイタリア・ラクイラで起こった地震に伴う裁判をきっかけに，大木聖子さんとこの分野も研究するようになりました。さらに東日本大震災で自らの問題となってしまってからは，主要な研究テーマのひとつにしています。

　辻内琢也は医師で，医療人類学を専門としています。日本の現代医学は西洋医学を基本としていますが，これまでの歴史，そして世界を見渡せば様々な「病気」，さまざまな「医学」が存在することに気がつきます。このような広い視点から，現代医学を捉え直す研究をしています。

　鈴木舞は，STSと文化人類学を専門にしています。犯罪捜査や裁判の中で利用される科学のあり方に関心があり，DNA型鑑定などの科学鑑定を行うニュージーランドの研究所で，フィールドワークを行いました。現在は地震学の研究も行なっています。

　渡辺千原は，専門は法社会学です。法学の中では，よくいえば学際的，悪くいえば，根無し草のように漂っているので，同じ香りのする科学技術社会論にもひかれ，法と科学の交錯，それが生じるような裁判に関心を持つようになりました。これからも細々と日本の司法をチアアップしていきたいと思っています。

　水野紀子は民法学者です。民法は，ローマ法を起源とする市民の共存のルールですが，そんな古いルーツのルールが，新しい科学技術のもたらす問題を考えるときにも有効なのは，人間という存在の本質に変わらないものがあるせいかもしれないと思います。

　中島貴子は農学，科学史，公共政策を経て科学技術社会論に辿り着いた研究者です。主に食と農に関する科学技術の重大事故や不安訴訟を例に，社会的意思決定における専門家と非専門家の関係に注目してきました。今後は，手術で延命が許されたガン患者の一人として，科学技術をめぐる個人的意思決定の問題にも関心を広げてゆきたいと思っています。

　笠潤平は，物理教育・科学教育を専門としています。この研究会には，本堂・平田両氏にスカウトされる形で参加することになりましたが，そのきっかけとなったのは福島第一原発事故を目の当たりにして日本の理科教育に何が欠けて

いたのかという議論でした．科学・技術に関して市民がより良い意思決定をするために，理科教育は何ができるかを今は具体的に考えています．

　関根勉は放射線・放射能の研究を続けてきました．学問としての科学と，放射線や放射能を利用する，あるいは影響される社会との関係にモヤモヤ感を抱き続け，大学教育を通して，その望ましい関係を探し続けています．

　米村滋人は民法・医事法を専門とする法学者ですが，もともとは（実は今も）内科医です．医学と法学の意思疎通が十分でないために起こっている医療問題がかなり多いことに気がつき，不定性を含む医学の特質を踏まえた法制度のあり方を研究しています．

　吉澤剛は早くから物理学者を目指すも，社会から離れることに不安を覚え，大学院，シンクタンクと渡り歩きながら科学技術と社会や政治との接点を探り続けてきました．現在は大学研究者およびNPO理事として，知識と社会をつなぐ学術的実践家を志しています．

　尾内隆之は，政治学者です．ずっと環境問題や科学技術という，政治のプロセスと論点全体の中ではマイナーなテーマに，ひっそり取り組んできたつもりでした．が，"3.11"を機に思いがけず（いや本心としては当然に）社会の重要テーマとなりました．もちろん，引き続き見続けていきます．

　ピーター・マクレラン判事には10年近く前，本堂が科学裁判の調査のためシドニーを訪ねたとき，ニューサウスウェールズ州司法委員会の方に紹介を受けて出会いました．判事が所長を務めていた土地環境裁判所でお話しをすると，すぐに問題意識を共有していることが分かり，国際シンポジウムでの講演のため2回も来日して頂きました．また，私たちメンバーもシドニーを幾度か訪ねて新しい科学裁判の実際を視察するなど交流を深めてきました．

　アンディ・スターリングさんは科学政策を専門とするイギリスの研究者です．本堂が久しぶりに来日したスペイン人の友人と近況を話している中で彼の不定性研究を知り，その友人の紹介で共同研究をはじめました．後で分かったのですが，アンディさんは，この本の著者である吉澤さんとは元指導教官として長年の親交があり，中島さんがイギリス留学中には同じ建物に居て一目おいていたポスドクフェローだったそうです．

あとがき

＊　　　　＊　　　　＊

　みなさんは本書を読んでどのような感想を持たれたでしょうか？　私たち執筆者は，もやもやとした問題意識をある程度整理し，問題提起できるようになったことをうれしく思っています。不定性を意識することで，新しく見えてくることは多々あります。これからさらに多くの人と問題意識を共有し，一緒に考えてもらえるようになることを期待しています。この問題意識を，より体系的で，また，さまざまな局面で利用できるような「道具」にまで育てていこうと思っています。みなさん，ぜひ協力，共同してください。本書の正誤表や，本書に続く考察などは以下のページに公開し，みなさんの疑問の紹介や（可能な場合には）その答え，新発見の発表の場ともしたいと思っています（少なくとも 2020 年 3 月末までは設置の予定）。

本書のホームページ（訪問歓迎です）

http://incertitude.jp/

ぜひ，訪問していただき，一緒にこの問題を深めていきませんか？

2017 年 11 月

平田光司（文責）

索　引

◆あ行◆

足利事件 ………………… 53-57, 62, 75-76, 114
ALARA 原則 ……………………………… 127, 130
RCT（ランダム化比較試験） …………… 31-32
遺伝子組み換え ………………………… 68-71,
　　　　　　　　　114-115, 120, 172, 194
遺伝子操作 ……………………………………… 140
EBM ……………………… 30, 32, 39, 45-50, 114
　――のオリジナルな定義 ………………… 46
医療 ADR ………………………………………… 85
医療過誤訴訟 ……… 69, 72-73, 79-81, 85, 115
医療集中部 …………………………………… 154
医療人類学 ………………………… 32, 48-50
因果関係 …………………… 13-15, 73, 79, 84, 187
インフォームド・コンセント …………… 73
AID …………………… 96, 99-101, 115-116
疫　学 ………………………… 39, 45, 178, 187
　市民の―― ………………………………… 178
疫学的調査 ………………………………… 41, 186
STS ………………………………………… 125, 194
江藤新平 …………………………………… 90-91
エビデンス・ベイスト・メディスン（根拠に
　基づく医療）→EBM
LGBT …………………………………………… 101
エレベーター死亡事故 …………………… 119
O. J. シンプソン事件 …………………………… 57
音　階 …………………………………………… 140
オープニングアップ …………………… 119-120
親子関係 … 69, 76-77, 85, 87-88, 92-98, 100
　血縁上の―― …………………… 87-88, 93-94
　法律上の―― ………… 85, 87-88, 92-94, 97
親子関係否認確認訴訟 ……………… 69, 77, 93
親子法 ………………………… 77, 84-94, 102

◆か行◆

科学鑑定 ……………………………… 52-53, 58-66
科学技術社会論 …………………………… 125
科学コミュニケーション ………… 83, 131-134
科学裁判 ……………………………… iv, 68-71
科学的根拠 ……………… 6, 7, 17-18, 38, 42,
　　　　　　　　　110, 111, 127, 172, 181
科学的説明 …………………………………… 126
科学的判断 ……………………………… 13, 177
科学的類推 ……………………………………… 13
科学の共和国 ……………………… 108-109, 113
科学の限界 ………………………………… 28, 169
科学の不確実性 ……………………… iv, 77, 82
科学の不定性 …………… iii, iv, 8, 13-14,
　　　　　　　19-20, 107, 118-122, 135, 159,
　　　　　　　166, 168, 171, 180, 182, 187-189
学習指導要領 ………………… 124, 136, 148, 151
過　失 …………………………… 15, 19, 73, 79, 154
価値観 …… 13, 20, 46, 96, 102, 113-115, 118-
　　　　　119, 123, 140-141, 159-160, 177, 205-207
価値判断 …………………………… 109, 134, 142, 176
活断層 ……………………………………… 24-25
鑑　定 ………………… 14, 53, 75, 78-79, 81, 154
カンファレンス鑑定 …………………… 81-82
漢　方 …………………………………………… 48
基礎医学 ……………………… 42-44, 47-48, 104
狭義のエビデンス ……………………… 46-47
共同レポート ………………………………… 190
教養教育（一般教養教育） …… 137, 143, 145,
　　　　　　　　　　　　　　147-150, 157
経験的知識 ……………………………………… 19
刑　事 …………………………………………… 72
系統的懐疑主義 ……………………………… 19
欠如モデル …………………………………… 131
決　断 ………………… 16-17, 46, 77, 82, 118, 176
広義のエビデンス ……………………………… 46
交互尋問 ……………………………………… 80-85
公衆の科学理解 …………………… 131, 170-171
高等教育 ……………………… 124, 137, 142, 186
高度の蓋然性 …………………………………… 84
戸　籍 ……………………………………… 90-94
戸籍制度 ……………………………………… 91-94
コホート研究 ……………………………… 39, 41
コンカレント・エビデンス ………………… iv,
　　　　　　　　　　　80-82, 182, 190-191
コンセンサス会議 ………… 173-174, 179, 183
コンタミネーション（混入） …………… 57-60

◆さ行◆

裁　判 …………………… iv, 5, 14, 52-58,
　　　　　　62-66, 68-86, 89, 160-179, 182

213

索　引

裁判員制度 ……………………… 80, 84, 153
裁判外紛争処理制度 ……………………… 85
差止め ……………………… 71-73, 114
座談会方式 ……………………… 81
3.11 ……………………… 116, 134
恣　意 ……………………… 93
恣意性 ……………………… 54-55, 66
GMイネ ……………………… 70-71, 78-79
GCSE ……………………… 123-127, 133
死後懐胎子 ……………………… 85, 97
地　震 ……………………… 16
地震予知 ……………………… 136
自然科学総合実験 ……………………… 55, 137-139, 143
実　験 ……………………… 7-12, 16, 21, 26,
　　　43, 70, 123, 136-143, 178
実証性 ……………………… 5-6
自　白 ……………………… 52-53, 62, 75
市民参加 ……………………… 174, 179-183
市民参加型調査 ……………………… 178
社会医学 ……………………… 42-48
社会的意思決定 ……………………… 108, 113, 118, 125, 210
社会的合意形成 ……………………… 182
社会的常識（通念） ……………………… 15, 188
熟　議 ……………………… 160, 168, 205
純粋状態 ……………………… 9-11, 178
貞観の地震 ……………………… 23, 28
証　拠 ……………………… 5, 55, 57-58, 62-65, 68-69,
　　　74-79, 82-84, 142, 172, 185, 190-191
診断基準 ……………………… 32-43, 45, 50, 115
信頼の危機 ……………………… 131-132, 172
スターリング ……………………… iv, 110-120
スリーマイル島原発（事故） ……………………… 110, 180
正　義 ……………………… 83, 89-90, 103, 146, 209
生殖補助医療 ……………………… 94-103
精　度 ……………………… 7, 12, 16, 22, 29,
　　　55-56, 59-61, 65, 75-77, 141
性同一性障害 ……………………… 96, 99-100, 115
専門家 ……………………… 14, 75
専門家証拠 ……………………… 190
専門家証人 ……………………… 78-83, 190-191
専門家の助言 ……………………… 111
想　定 ……………………… 16, 26-29, 116, 176
想定外 ……………………… 16-20, 26-28, 115-118
相場感覚 ……………………… 176
生命倫理 ……………………… 85, 139, 147

◆ た　行 ◆

対　抗 ……………………… 179-183
対抗的専門家 ……………………… 181
対審構造（対審の手続き） … 85, 171, 190-191
代理懐胎 ……………………… 94-99, 102
対　話 ……………………… 117, 119, 132,
　　　134, 170, 180, 183, 189
多基準マッピング ……………………… 161, 166-168
多義性 ……………………… 112-120, 177, 183, 195
卓越性 ……………………… 5, 109, 114, 117-120, 178, 183
チェルノブイリ原発事故 ……………………… 110, 120,
　　　130, 171, 178
地球温暖化 ……………………… 7-8, 129
嫡出推定 ……………………… 88, 92-93, 96, 99-101
中等教育 ……………………… 122-123, 133, 136, 186
　初等—— ……………………… 124, 144, 148-153, 157
通常人 ……………………… 84
津　波 ……………………… 23-25, 28-29, 143, 169, 175-176
DNA（型）鑑定 ……………………… 52-66, 69,
　　　75-77, 87, 94, 114, 139-140
低線量被曝 ……………………… 134, 180
適用限界 ……………………… 65, 109
当事者主義 ……………………… 79, 80, 85
同性婚 ……………………… 101
東北地方太平洋沖地震（東北地震） … 22-29
討論型世論調査 ……………………… 173, 177
トランス・サイエンス ……………………… 8, 16,
　　　107-121, 134, 171, 209
　——の共和国 ……………………… 108-109, 113, 118

◆ な　行 ◆

21世紀科学 ……………………… 125-128, 131-134, 138
二重盲検法 ……………………… 30-31
捏　造 ……………………… 57-58, 60
knowledge about science ……………………… iii, 142
knowledge of science ……………………… iii, 142

◆ は　行 ◆

ハイルブロンの怪人（事件） ……………………… 58, 115
バカロレア ……………………… iv, 187
判　決 ……………………… 15-17, 53, 56, 58, 62-65, 72-75,
　　　78, 83-85, 101, 114-115, 145, 154, 182
反　証 ……………………… 7-8, 142
PISAテスト ……………………… 185-188
ピアジェ ……………………… 123
BSE（牛海面状脳症，狂牛病） …… 116, 120,

214

	131, 171-172, 180
東日本大震災	22-29, 116, 122, 136-137, 142, 176
ヒッグス粒子	9, 15
複雑系	17, 114
福島第一原発事故	122, 133, 169, 180-181, 210
福沢諭吉	5, 19
不定性マトリックス	110-119, 175, 192-197
フライ判決	75
プラシーボ	31, 49
プレート	22-25, 28, 126
フレーミング	113, 115
平均律と純正律	140
法	61, 69, 73-74, 77, 82, 84, 87-93, 96, 102-103, 144, 146-149, 153, 155-157, 188
法教育	144-158, 188
法教育推進協議会	153
放射性廃棄物	126-130
放射線被曝	17, 131
放射能汚染	172, 178, 180-182
法廷	14, 80-83, 101, 190-191
法的思考	155, 157
法的な考え方	151, 156
法律の考え方	148
法リテラシー	156-157
ポランニー	108
ポリグラフ	69, 74-75

◆ま 行◆

マートンのノルム	19
水俣病	71-72, 187
民事	71-73, 78-80, 92
民事裁判	72, 74, 79-80, 83-84
民法	87-94, 98, 100, 102-103, 145-146, 156
無知（不定性マトリックスにおける）	112, 115-120, 195
メタボリックシンドローム	32-47, 50, 115

◆や 行◆

予測	iii, 5, 12, 16, 21, 29, 37, 108, 114, 175, 206
予防原則	127-130, 134, 182
予防接種	175-176
四大公害病訴訟	71

◆ら 行◆

卵子提供	95
リスク	34, 41, 73, 90, 98, 108, 112, 128, 179
リスク（危険性）	34
リスク因子	37
リスク管理	127, 174
リスクコミュニケーション	127, 179
リスク評価	109, 111, 159, 175
臨床医学	42-48
臨床疫学	45-47
倫理	115, 128, 132
倫理的問題	128, 177
ルンバール判決	14, 84
ローカル・ノレッジ	178-179, 181

◆わ 行◆

ワインバーグ	108-110, 118, 171, 180
和歌山毒物カレー事件	64

〈編 者〉

本堂　毅（ほんどう・つよし）
　東北大学大学院理学研究科准教授

平田光司（ひらた・こうじ）
　高エネルギー加速器研究機構特別教授

尾内隆之（おない・たかゆき）
　流通経済大学法学部准教授

中島貴子（なかじま・たかこ）
　立教大学兼任講師

科学の不定性と社会
―― 現代の科学リテラシー ――

2017（平成29）年12月10日　第1版第1刷発行

編　者　　本堂　毅・平田光司
　　　　　尾内隆之・中島貴子
発行者　　今井　貴
発行所　　株式会社　信山社
〒113-0033 東京都文京区本郷 6-2-9-102
Tel 03-3818-1019
Fax 03-3818-0344
info@shinzansha.co.jp
出版契約 No. 2017-1583-0-01010　Printed in Japan

©編著者, 2017　印刷・製本／亜細亜印刷・渋谷文泉閣
ISBN978-4-7972-1583-0-012-010-010 C3332
分類400.000-b010 P232. 自然科学・教育・司法

JCOPY　〈(社)出版者著作権管理機構　委託出版物〉
本書の無断複写は著作権法上での例外を除き禁じられています。複写される場合は、
そのつど事前に、(社)出版者著作権管理機構(電話03-3513-6969, FAX03-3513-6979,
e-mail:info@jcopy.or.jp) の許諾を得てください。

死ひとつ　唄 孝一

第1編 母亡ぶ
　発病から死亡までの3日間の記録
　診断及び看護における問題点をふりかえる
　主治医との話しあいを求めて
　解剖結果を求めて
第2編 自我と母と家と世間
　「孝行息子」の親不孝
　三つの映画―扶養問題を解決するのは法ではない
第3編 医療の前後
　医療における法と倫理
　医療をいかに裁くか―法律の立場と医療の進歩

不帰の途　脳死をめぐって　竹内一夫

医療、生命倫理、法律などに関わる方々必読の書。日本の脳死判定基準を定めた著者が、いかなる考えや経験をもち、「脳死」議論の最先端の「途」を歩んできたのか、分かり易く語られた、今後の日本の「脳死」議論に欠かせない待望の書籍。

生と死、そして法律学　町野 朔

法律学は、人間の生死にいかに向き合うか。刑法、医事法、生命倫理など広い視座から、長く第一線で研究を続ける、町野朔教授による、40年の論稿を1冊に集成。よりよい将来社会の構築のために必読の文献。

生殖医療と法　町野朔・水野紀子・辰井聡子・米村滋人 編集

生命倫理と法、医療と法を考えるための重要資料集。政府の報告書、弁護士会の意見書、医学会の指針、日本学術会議の報告書、親子関係をめぐる裁判例などを収載。信頼の編集陣による解題も掲載した研究、実務、学習に必備の資料集。

信山社

◇ 好評の入門シリーズ ブリッジブック ◇

法学入門	南野 森 編
先端法学入門	土田道夫・高橋則夫・後藤巻則 編
法哲学	長谷川晃・角田猛之 編
憲法	横田耕一・高見勝利 編
行政法	宇賀克也 編
先端民法入門	山野目章夫 編
刑法の基礎知識	町野朔・丸山雅夫・山本輝之 編著
刑法の考え方	高橋則夫 編
商法	永井和之 編
裁判法	小島武司 編
民事訴訟法	井上治典 編
民事訴訟法入門	山本和彦 著
刑事裁判法	椎橋隆幸 編
国際法	植木俊哉 編
国際人権法	芹田健太郎・薬師寺公夫・坂元茂樹 著
医事法	甲斐克則 編
法システム入門	宮澤節生・武蔵勝宏・上石圭一・大塚浩 著
近代日本司法制度史	新井勉・蕪山嚴・小柳春一郎 著
社会学	玉野和志 編
日本の政策構想	寺岡寛 著
日本の外交	井上寿一 著

信山社

現代選書シリーズ

<small>未来へ向けた、学際的な議論のために、
その土台となる共通知識を学ぶ</small>

畠山武道 著　環境リスクと予防原則 Ⅰ
　　　　　　　　－リスク評価〔アメリカ環境法入門〕

中村民雄 著　EUとは何か（第2版）

森井裕一 著　現代ドイツの外交と政治

三井康壽 著　大地震から都市をまもる

三井康壽 著　首都直下大地震から会社をまもる

林　陽子 編著　女性差別撤廃条約と私たち

黒澤　満 著　核軍縮入門

森本正崇 著　武器輸出三原則入門

高　翔龍 著　韓国社会と法

加納雄大 著　環境外交

加納雄大 著　原子力外交

初川　満 編　国際テロリズム入門

初川　満 編　緊急事態の法的コントロール

森宏一郎 著　人にやさしい医療の経済学

石崎　浩 著　年金改革の基礎知識（第2版）

信山社